Methodik der Innovation

Erik Busch · Klaus Henning Busch
Volker Heyse · Kai Nobach

Methodik der Innovation

Grundrechenarten des kreativen
Problemlösens

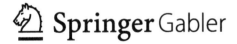

Erik Busch
Hemhofen, Deutschland

Klaus Henning Busch
Rostock, Deutschland

Volker Heyse
Donaustauf, Deutschland

Kai Nobach
Fürth, Deutschland

ISBN 978-3-658-42736-8   ISBN 978-3-658-42737-5 (eBook)
https://doi.org/10.1007/978-3-658-42737-5

Die Deutsche Nationalbibliothek verzeichnet diese Publikation in der Deutschen Nationalbibliografie; detaillierte bibliografische Daten sind im Internet über https://portal.dnb.de abrufbar.

© Der/die Herausgeber bzw. der/die Autor(en), exklusiv lizenziert an Springer Fachmedien Wiesbaden GmbH, ein Teil von Springer Nature 2023

Das Werk einschließlich aller seiner Teile ist urheberrechtlich geschützt. Jede Verwertung, die nicht ausdrücklich vom Urheberrechtsgesetz zugelassen ist, bedarf der vorherigen Zustimmung des Verlags. Das gilt insbesondere für Vervielfältigungen, Bearbeitungen, Übersetzungen, Mikroverfilmungen und die Einspeicherung und Verarbeitung in elektronischen Systemen.

Die Wiedergabe von allgemein beschreibenden Bezeichnungen, Marken, Unternehmensnamen etc. in diesem Werk bedeutet nicht, dass diese frei durch jedermann benutzt werden dürfen. Die Berechtigung zur Benutzung unterliegt, auch ohne gesonderten Hinweis hierzu, den Regeln des Markenrechts. Die Rechte des jeweiligen Zeicheninhabers sind zu beachten.

Der Verlag, die Autoren und die Herausgeber gehen davon aus, dass die Angaben und Informationen in diesem Werk zum Zeitpunkt der Veröffentlichung vollständig und korrekt sind. Weder der Verlag noch die Autoren oder die Herausgeber übernehmen, ausdrücklich oder implizit, Gewähr für den Inhalt des Werkes, etwaige Fehler oder Äußerungen. Der Verlag bleibt im Hinblick auf geografische Zuordnungen und Gebietsbezeichnungen in veröffentlichten Karten und Institutionsadressen neutral.

Planung/Lektorat: Vivien Bender
Springer Gabler ist ein Imprint der eingetragenen Gesellschaft Springer Fachmedien Wiesbaden GmbH und ist ein Teil von Springer Nature.
Die Anschrift der Gesellschaft ist: Abraham-Lincoln-Str. 46, 65189 Wiesbaden, Germany

Das Papier dieses Produkts ist recyclebar.

Vorwort

Zur Motivation für die Lektüre dieses Buches erzählen wir die Geschichte einer Fabrik in China, in welcher Seife hergestellt und in Schachteln verpackt wird.

Der Verpackungsprozess in dieser Fabrik ist fehlerhaft, so dass einige Schachteln keine Seifenstücke enthalten. Dies führt natürlich zu Kundenbeschwerden. Der Fabrikdirektor beauftragt daher zwei Ingenieurteams mit der Lösungsfindung und dem Bau eines Prototyps.

Das erste Team kommt aus dem hochentwickelten Osten/Norden Chinas, das zweite aus dem weniger entwickelten Westen Chinas.

Team 1

nutzt die neueste am Markt verfügbare Technologie.

Mithilfe von Laserstrahlen wird die Vibration der Seifenschachteln auf dem Förderband bestimmt und aus diesen Daten dann anschließend – unter Nutzung eines sehr schnellen Rechners – auf den Inhalt geschlossen.

Damit das Ergebnis auch ganz genau ist, wird noch ein redundantes System parallelgeschaltet. Dieses bestimmt mittels Radars den Inhalt der Schachtel.

Anschließend werden die Schachteln markiert, die leer sein sollen, und mittels Roboter vom Band genommen.

Die Lösung ist recht teuer und die lernenden Algorithmen werden Zeit und vielleicht noch Softwareupdates brauchen um sehr genau zu werden.

Team 2

stellt einen Ventilator neben das Band. Dieser bläst die leeren Schachteln herunter.

Abbildung 1: Alternative Lösungsmöglichkeiten nach (E. Busch, Bulitta, et al., 2021).

Hier hört die Fiktion auf, und die Realität beginnt. Nachdem die amüsante und unterhaltsame Seite dieser Geschichte verklingt, stellt sich der eine oder andere vielleicht die Frage: „Was kann ich aus der Geschichte lernen?".

- Aus diesem Beispiel wird ersichtlich, wie essentiell wichtig die Suche nach Lösungsvarianten für den unternehmerischen Erfolg ist.
- Die Variation ist eine der grundlegenden Innovationsmethoden.
- Innovation muss nicht zwangsläufig mit kostspieligen Investitionen einhergehen

In diesem Buch wird die Grundmethodik für innovatives Handeln beschrieben und an Beispielen aus der Medizintechnik und anderen Branchen erläutert. Darüber hinaus wird auf weitere wichtige Aspekte für erfolgreiches Innovieren eingegangen.

Warum sollten Sie gerade den Ausführungen dieser Autoren folgen?

Die an diesem Buch beteiligten Autoren sind ein multidisziplinäres Team, das sich seit langer Zeit intensiv mit Innovationsprozessen beschäftigt und diese aus unterschiedlichen Blickwinkeln beleuchtet. Wir möchten uns nun kurz vorstellen, da dies die Grundvoraussetzung für das Gelingen eines gemeinsamen Vorhabens oder auch lediglich für das Führen eines interessanten Gespräches ist.

Dr. Erik Busch
ist mit den Herausforderungen von IT-Startups und globalen Medizintechnik-Anbietern vertraut. Er hat in Europa, USA und Asien die Markt- und Kundenbedürfnisse analysiert, diese Anforderungen in innovative Produkte übersetzt und dann so vermarktet, dass sie Markenwert und Geschäftsergebnis nachhaltig steigern.

Vorwort

Prof. Dr. sc. Klaus Henning Busch
erwarb sich die Grundlagen für seine berufliche Tätigkeit in Maschinenbau- und Pädagogikstudium an der Technischen Universität Dresden. Auf seine Assistentenzeit und die Entwicklung von veterinärmedizinischer Forschungstechnik folgte der Wechsel in die Bildungsforschung. Die Spezialgebiete liegen in der Innovationsmethodik und in der beruflichen Weiterbildung.

Prof. Dr. Volker Heyse
ist Geschäftsführender Gesellschafter mehrerer Personalentwicklungs-Beratungsunternehmen (ACT SKoM GmbH, CeKom GmbH, AdRem) und Gründungsrektor der staatlich anerkannten privaten Fachhochschule des Mittelstands (FHM) Bielefeld. Auf dem Gebiet der Kompetenz- und Stärkenentwicklung lehrt er im In- und Ausland und ist Autor und Herausgeber zahlreicher Bücher.

Prof. Dr. Kai Nobach
ist Professor an der Technischen Hochschule Nürnberg Georg Simon Ohm und Managementberater und Trainer. Er befasst sich seit vielen Jahren in Praxis, Forschung und Lehre intensiv mit Methoden des Innovations- und Projektmanagements und lehrt im In- und Ausland. Seine Schwerpunkte liegen auf betriebswirtschaftlichen Steuerungskonzepten sowie Controllingsystemen für klassische, agile und hybride Projekte.

Da Sie nun die am Entstehen dieses Buches beteiligten Akteure kennengelernt haben, möchten wir im Folgenden auch Sie vorstellen. Sie sind schließlich unsere Partnerin/ unser Partner als Lesende*r und unser*e Mitwirkende*r beim Arbeiten mit diesem Material.

Wir kennen Sie (noch) nicht persönlich. Wir wissen jedoch bereits Einiges über Sie. Wir sind uns sicher, Sie sind Student*in, Lehrende*r, Künstler*in, Ingenieur* in, Betriebswirt*in, Manager*in und/ oder Sie interessieren sich für das Erarbeiten und

Realisieren von originellen Ideen. Sie können dies mit Begeisterung tun und haben sich eventuell auch schon etwas mit Literatur über Kreativität beschäftigt.

Wir haben daher eine gemeinsame Basis für die weitere Arbeit mit dem vorliegenden Material.

Zunächst sollten wir uns über eine gemeinsame *Zielstellung* für die Arbeit mit diesem Material abstimmen.
Mit diesem Buch wollen wir ein *Lern- und Arbeitsmaterial* bereitstellen, das Sie dabei unterstützt, neue originelle Lösungen zu erarbeiten und Innovationen erfolgreich umzusetzen.
Sie sollen dabei auch etwas Spannung und Freude erleben und schließlich die gewünschten und erforderlichen Erfolge erreichen.
Diese Erfolge sollen sowohl Ihnen Nutzen stiften als auch für Ihr Unternehmen und für die Allgemeinheit nützlich sein.

Nun ist die Frage zu klären, wie wir dieses gemeinsame Ziel erreichen wollen – also *den Weg zum Ziel*.
Das Entstehen von neuen Lösungen in der Technik, der Medizin, der Kunst, der Politik, im Militär und im täglichen Leben war und ist noch häufig vom Nebel der Inspiration umschleiert

Das kreative Arbeiten ist jedoch zunehmend aus dem Stadium der „Alchemie" herausgewachsen.
Stattdessen präsentieren erfahrene Praktiker, Wissenschaftler und auch „Kreativitätspropheten" eine nahezu unüberschaubare Anzahl von Methoden zum Erarbeiten schöpferischer Ideen.

Aus dieser immens hohen Methodenvielfalt und Rezepten ergibt sich in der Praxis ein Komplexitätsproblem.
Im Gegensatz zu einigen Innovationsmethoden kommen die Mathematik, die Musik und einige Religionen mit relativ wenigen Elementen (Ziffern, Zeichen, Noten) und wenigen Grundregeln (z.B. zehn Gebote, vier Grundrechenarten) aus.

Wir fragen uns daher:
Kann das kreative und innovative Arbeiten – das Erfinden – auch auf wenigen Grundrechenarten aufbauen?

In diesem Buch soll zunächst gezeigt werden, dass ausgehend von der Erkennung und Diagnose innovativer Problemstellungen die *Basismethoden Analogie und Adaption* eingesetzt werden können, um grundlegend schöpferisch zu arbeiten.

Darüber hinaus wird dargestellt, wie erarbeitete Ideen erfolgreich – von der Invention zur Innovation – umgesetzt werden können und welche grundlegende Bedeutung die Kommunikation sowie Vermittlung von Innovationskompetenzen für Innovationsprozesse besitzt. Überdies wird aufgezeigt, wie Innovationsprozesse aus betriebswirtschaftlicher Sicht effektiv gesteuert werden können.

Gehen wir diesen Weg zum Ziel zusammen!
Packen wir es gemeinsam an!

Sommer 2023   Die Autoren

Inhaltsverzeichnis

Vorwort 5
Abbildungsverzeichnis 15
1   Grundlagen des innovativen Denkens und Handelns 19
   1.1   Definition der Kreativitätsregeln 20
   1.2   Sensibilisieren für innovative Problemstellungen 31
   1.3   Bedeutung und Umsetzung von Innovationen aus Sicht der Betriebswirtschaft 39
   1.4   Definition und Merkmale von Innovationen 40
   1.5   Motivation für die Durchführung von Innovationen 42
   1.6   Arten von Innovationen aus ökonomischer Sicht 44
   1.7   Analyse von Innovationsbedarfen und Umsetzung von Innovationspotenzialen 48
2   Rationelle Verfahren zum Erkennen innovativer Problemstellungen 53
   2.1   Auswahl und Anwendung geeigneter Verfahren 53
   2.2   Die System-Analyse 54
   2.3   Die Portfoliotechnik 61
   2.4   Die Hüllkurventechnik 65
   2.5   Die Delphitechnik 67
   2.6   Die Szenariotechnik 70
   2.7   Die Prozessanalyse 71
   2.8   Die Produktlinienanalyse 73
3   Diagnose der Problemsituation 75
   3.1   Systemanalytische Betrachtungsweise 75
   3.2   Erkennen und Analysieren von Widersprüchen 84
4   Erarbeiten von Lösungsideen 87
   4.1   Vielfalt der Methoden 87
   4.2   Ermitteln von Analogien 89
       4.2.1   Einführende Bemerkungen 89
       4.2.2   Anregungen aus benachbarten Gebieten 90
       4.2.3   Anregungen aus der Natur 91

	4.2.4	Anregungen aus historischen Quellen	93
4.3		Adaption der abstrakten Lösungsideen	101
	4.3.1	Einführende Bemerkungen	101
	4.3.2	Konkretisieren durch Variieren	101
	4.3.3	Konkretisieren durch Kombinieren	108
5		Die Kommunikation im Innovationsprozess	111
5.1		Die zentrale Rolle des Dialogs	111
5.2		Das zentrale und tragende Element im Inventionsprozess	112
5.3		Grundlagen der Kommunikation	115
5.4		Rationelle Kommunikationsverfahren im Innovationsprozess	117
5.5		Die besondere Wirksamkeit schöpferischer Gruppen	118
6		Von der Invention zur Innovation	143
6.1		Zielorientierung und Erfolgswille	144
6.2		Controlling von Innovationsaktivitäten	147
	6.2.1	Ziele und Aufgaben des Innovationscontrollings	148
	6.2.2	Bedeutsame Steuerungsebenen des Innovationscontrollings	149
	6.2.3	Controllingsysteme für die Innovationssteuerung auf Unternehmens- und Portfolioebene	151
	6.2.4	Besonderheiten bei der Steuerung von Innovationsprojekten	156
	6.2.5	Controllinginstrumente für klassische Innovationsprojekte	157
	6.2.6	Controllinginstrumente für agile Innovationsprojekte	166
6.3		Sichern des geistigen Eigentums	174
6.4		Transfergerechte Aufbereitung der Invention	179
	6.4.1	Erprobung von Funktionsmodellen	179
	6.4.2	Zulassung der Produkte	179
6.5		Implementation und Distribution	187
	6.5.1	Von der Herstellung zur Anwendung	187
	6.5.2	Erarbeiten der Distributionsstrategie	188
6.6		Erwerben und Vermitteln von Innovationskompetenz	189
	6.6.1	Lebensbegleitendes Erwerben von Innovationskompetenz	189
	6.6.2	Projektintegrierte Vermittlung der Innovationskompetenz	195
6.7		Implementieren der Innovationsmethodik	202

6.7.1	Innovationsfelder	202
6.7.2	Distributionspfade zum erfolgreichen Einsatz der Methodik	203
6.7.3	Fördern des Einsatzes der Innovationsmethodik	206

Nachwort 211

Literaturverzeichnis 213

Abbildungsverzeichnis

Abbildung 1: Alternative Lösungsmöglichkeiten nach (E. Busch, Bulitta, et al., 2021). 5
Abbildung 2: Lagerung von Patienten auf dem Operationstisch nach (E. Busch, 2021). 23
Abbildung 3: Widersprüche für das Beispiel Patientenauflage. 25
Abbildung 4: Basismethoden im Inventionsdreieck nach (E. Busch, Bulitta, et al., 2021). 27
Abbildung 5: Die Methoden als Sprungbrett beim Überwinden gedanklicher Barrieren, (Busch, 1976) 30
Abbildung 6: Rangfolge der Impulsgeber im Innovations- und Entwicklungsprozess nach (E. Busch, Strobel, et al., 2021). 31
Abbildung 7: Klassifikation von Problemstellungen. 35
Abbildung 8: Problemwürfel nach (K. H. Busch & Busch, 1980). 36
Abbildung 9: Iterative Weiterentwicklungen im Produktlebenszyklus 37
Abbildung 10: Zentrale Rahmenbedingungen für Innovationen in der Praxis. ...39
Abbildung 11: Wesentliche Merkmale und Zielgrößen von Innovationen 41
Abbildung 12: Ökonomische Motive für betriebliche Innovationstätigkeit 43
Abbildung 13: Bedeutsame Systematisierungsansätze für Innovationen 44
Abbildung 14: Mögliche Ansätze und Instrumente zur Analyse von Innovationsbedarfen 49
Abbildung 15: MediGuide Technologie - Nutzung von symbolhafter Überlagerung auf EKG und atemsynchronen Röntenserien. 55
Abbildung 16: IT-Infrastruktur Interventioneller Labore nach (E. Busch, 2003). 58
Abbildung 17: Modulare Rechnerstruktur nach (E. Busch, 2003). 60
Abbildung 18: Portfolio-Matrix 62
Abbildung 19: Entwicklungskurven. 65
Abbildung 20: Szenariotechnik. 70
Abbildung 21: Schema zur Aufbereitung von Problemstellungen. 77
Abbildung 22: Leitblatt zum Aufbereiten von Problemstellungen für das Entwickeln von technischen Lösungen. 78
Abbildung 23: Operatoren und Operationen in der Prozessanalyse. 79
Abbildung 24: Analyse des Systems „Embryotransfer" in vereinfachter Darstellung. 82
Abbildung 25: Ein Beispiel für die interdisziplinäre Entwicklungsarbeit v. l. Dr. med. Claus Christmann, Prof. Dr. Klaus Henning Busch, Dr. rer. nat. Klaus-Jürgen Kurth. 83
Abbildung 26: Vorgehen bei der Lösungssuche am Beispiel Analogiemethode ...92
Abbildung 27: Originalität der Analogien in Abhängigkeit von der Abstraktionsebene und vom Analogiebereich. 96
Abbildung 28: Hypothesisches Schema der Analogie. 99
Abbildung 29: Variationsmöglichkeiten nach (K. H. Busch, 1985, S. 61) 103
Abbildung 30: Varianten für die Unterstützung des Blutstromes. 105

Abbildung 31: Signalkabel bei der Rotationsangiographie. 106
Abbildung 32: Variationstabelle. 107
Abbildung 33: Kabelhalter im Angiographie-Labor. 108
Abbildung 34: Kombinationsmöglichkeiten (K. H. Busch, 1985, S. 68) 109
Abbildung 35: Stellung des Dialogs im Inventionsprozess nach (E. Busch, Bulitta, et al., 2021). 112
Abbildung 36: Skizze für die gewünschte „Schüttelvorrichtung". 113
Abbildung 37: Sender und Empfänger Modell. 116
Abbildung 38: Gründungsphase. 124
Abbildung 39: Konfliktphase. 125
Abbildung 40: Normierungsphase. 125
Abbildung 41: Arbeitsphase. 126
Abbildung 42: Korrelation zwischen den Reihungen der Versuchspersonen und dem tatsächlichen Flächeninhalt. 130
Abbildung 43: Das ctc-Kollegium vor dem Bauhaus in Dessau. 140
Abbildung 44: Seminar in einem ctc-Kurs. 141
Abbildung 45: Zentrale Steuerungsebenen des Innovationscontrollings 150
Abbildung 46: Überblick bedeutsamer Controllinginstrumente für Innovationsaktivitäten 151
Abbildung 47: Beispiel für eine Nutzwert- und Portfolio-Analyse (Nobach, 2021) 153
Abbildung 48: Beispiel für die Wirtschaftlichkeitsanalyse einer Innovation (Nobach, 2021) 155
Abbildung 49: Basiselemente der klassischen Projektplanung (Nobach, 2021).. 158
Abbildung 50: Dokumentations- und Berichtsinstrumente für Innovationsrisiken (Nobach, 2021) 160
Abbildung 51: Beispiele für eine Meilenstein- und Kosten-Trendanalyse (Nobach, 2021) 161
Abbildung 52: Berechnungsbeispiel für eine Earned-Value-Analyse (Nobach, 2021) 162
Abbildung 53: Beispiele für mögliche Berichtsformate im Projektreporting. (Nobach, 2021) 165
Abbildung 54: Beispiel für eine Function-Point-Kurve und ein Burndown-Chart.(Nobach, 2021) 168
Abbildung 55: Beispiel für ein Burnup-Chart zur Steuerung des Gesamtprojektfortschritts. 169
Abbildung 56: Bedeutsame Kennzahlen für das Controlling agiler Innovationsprojekte. 170
Abbildung 57: Schutzrechtsstrategien in Abhängigkeit von der Erfindungshöhe und der Marktentwicklung. 175
Abbildung 58: Produkt-Lebenszyklus. 176
Abbildung 59: Innovations- und Entwicklungsprozess nach (E. Busch, 2021)... 183
Abbildung 60: Implementierung und Distribution. 188
Abbildung 61: Lernen und Arbeiten in den Phasen des Innovationsprozesses. .. 198

ZEITSPARENDE NAVIGATION DES BUCHINHALTES

Zeit ist eine begrenzte und daher wertvolle Ressource. Daher ist dieses Buch so gestaltet, dass man es schnell navigieren kann.

Für besonders wichtige Textpassagen gibt es die folgenden Symbole:

1 Grundlagen des innovativen Denkens und Handelns

Als Kinder haben wir oft gespielt: Ich sehe was, was du nicht siehst – und das sieht rot aus (oder blau). Das schult die Aufmerksamkeit und unterstützt auch das Erkennen und Bezeichnen von Farben.

Einige wenige Jahre später könnte man auch spielen: Ich sehe was, was du auch siehst – und das Gesehene könnte man anders (oder besser) machen. Das schult die Phantasie und das lässt deutlich werden, dass nicht alles optimal ist und dass manches anders oder besser gemacht werden könnte. Es schult – zunächst noch versteckt und unbewusst – damit die Fähigkeit, Verbesserungswürdiges zu erkennen. Es fördert und trainiert das Persönlichkeitsmerkmal Problemsensibilität – und ist damit eine Grundlage des innovativen Denkens und Handelns.

In diesem Kapitel widmen wir uns dem Erkennen von Problemen, den ihnen zugrunde liegende Widersprüchen und gewinnen einen Überblick über die Vorgehensweisen, die geeignet sind, die erkannten Probleme zu lösen.

Zunächst geben wir ihnen zehn Regeln an die Hand, die wichtige Erfahrungen vermitteln und dabei auch gleichzeitig Mut machen, den Hürdenlauf vom erkannten Problem bis zu seiner Lösung erfolgreich zu gehen. Auf diesem Weg wird ihnen das Lösen von Widersprüchen nicht erspart. Aber dieses Prinzip haben sie ja bereits beim Hören und Lesen von Märchen kennengelernt. Sie sind damit in der Rolle des tapferen Ritters oder der klugen Bauerntochter.

In diesem Kapitel erfahren sie auch, dass das „Handwerkszeug" des Problemlösers aus wenigen Methoden und Verhaltensweisen besteht. Es gibt – so wie die Mathematik mit wenigen Grundrechenarten auskommt – auch einen überschaubaren „Baukastensatz" zu dem die Analogiemethode, die Variationsmethode, die Kombinationsmethode und – als verbindendes Element – die Kommunikation gehören.

Nicht jede schwierige Situation muss ein Problem sein. Wir unterscheiden daher zwischen Problemen und Aufgaben, die mit dem fachbezogenen Wissen lösbar sind, und wir zeigen dazu die unterscheidenden Merkmale von Problemen und Aufgaben auf.

Es ist wichtig zu akzeptieren, dass das Erkennen des Innovationsbedarfes und damit die Anregungen für neue Lösungen nicht nur aus dem technischen Bereich, sondern besonders auch aus der Ökonomie, der Medizin, der Biologie sowie aus allen Lebensbereichen kommen können. Die Untersuchungen auf dem Gebiet der Medizintechnik zeigen auch, dass die

Impulsgeber für Neuerungen aus allen Stufen des Innovationsprozesses stammen. Zu ihnen gehören die Anwender (z. B. das medizinische Personal), der Vertrieb, der Service, das Produktmanagement und das an der Entwicklung beteiligte Personal.

Im Kapitel 3 werden einige bewährte Verfahren vorgestellt, die das hier beschriebene Erkennen von Problemen rationell gestalten können.

1.1 Definition der Kreativitätsregeln

Seit der Zeit, als die Griechen den Aufführungen der Tragödien ihren Beifall spendeten, ist es üblich, dem eigentlichen Werk einen Prolog voranzustellen. Auch heute dient im Film und im Fernsehen der Prolog der Einführung in den vorzustellenden Inhalt. Dabei werden einstimmende Informationen zur Idee des Stoffes, zur Motivation und zu den Zielen vermittelt.
Analog dazu hat die Ouvertüre bei der Eröffnung von Konzerten, Opern oder auch von einigen Schauspielen eine einführende und eröffnende Funktion. Die Ouvertüre ist i. d. R. dreiteilig gegliedert und kann typische Elemente der Handlung sowie Hinweise zu den handelnden Personen und deren Charakter enthalten. Die wichtigsten Motive und Melodien werden vorgestellt.

In diesem Buch werden wir an diese Traditionen anknüpfen und in diesem einstimmenden Abschnitt bewährte Verhaltensweisen und Regeln sowie ein einführendes kurzes Beispiel vorstellen. Dabei sollen auch einige wichtige Begriffe wie zum Beispiel Analogie, Adaption, Diagnose und Transfer erläutert werden.
Wir halten uns dabei an Lohmann und Luther, die einer Erläuterung der Begriffe und Normen eine besondere Bedeutung beimaßen.
Lohmann forderte in seiner Methodik-Vorlesung: Erst das Kind – und dann die Taufe. (Also erst eine Beschreibung und dann das Benennen.) (Lohmann, 1960, 1960)
Der Reformator Martin Luther lieferte für jedes der zehn Gebote mit „Was ist das?" eine Erklärung. (Luther, 1950)

Beginnen wir also zunächst mit einigen Regeln, die beim Erarbeiten von schöpferischen Lösungen von Nutzen seien können.

Erste Kreativitätsregel

Täglich traten mehrere Personen aus dem Haus und stolperten nach wenigen Metern über einen liegengebliebenen Mauerstein.
Die erste Person störte das wenig. Sie ging weiter, als wäre nichts passiert.
Die zweite Person stolperte und schimpfte über diese Unordnung – ging aber flott weiter.
Die dritte Person stolperte – und schob den Übeltäter einfach zur Seite.
Die vierte Person hob den Stein auf – und überlegte, wie sie ihn gebrauchen konnte.
Was erkennen wir aus diesem unterschiedlichen Verhalten?

Entwickle Deine Problemsensibilität!
In jedem erkannten Problem liegt die Chance für eine nutzbringende Lösung!

Zweite Kreativitätsregel

Die im Vorwort erzählte Geschichte aus der Seifenfabrik ist hierfür ein gutes Beispiel. Nachdem die amüsante und unterhaltsame Seite dieser Geschichte verklungen ist, merken wir uns die erste Kreativitätsregel:

Strebe stets das verblüffend Einfache an!

Dritte Kreativitätsregel

Im Ingenieurbüro für Mechanisierung Gotha sollte eine Maschine zur Herstellung von Eis am Stiel entwickelt und gefertigt werden (Linde, 1988).
Das Problem: Beim Gefrierprozess presste sich das Eis – durch die Ausdehnung – fest an die Wandung und konnte daher nicht problemlos aus der Form entnommen werden.
Die Formen wurden daraufhin kegelförmig oder pyramidenförmig gestaltet, so dass sich das Eis durch die Ausdehnung selbst aus der der Form schob.
Wir merken uns die zweite Kreativitätsregel:

Strebe solche Lösungen an, bei denen sich das Problem von selbst löst!

Vierte Kreativitätsregel

Es gibt weltweit viele Regionen in denen auch in heutiger Zeit der Bedarf an Fleisch – und besonders an hochwertigem Fleisch – nicht gedeckt werden kann. Seit Jahrtausenden ist es üblich, männliche Haustiere sowohl als Arbeitstiere einzusetzen als auch für die menschliche Ernährung zu nutzen. Dazu werden sie häufig in früher Jugend ihrer „Männlichkeit beraubt". Dabei zeigt sich allerdings eine Schwierigkeit.

Männliche Tiere haben einen guten Zuwachs an Muskelfleisch hoher Qualität und sie verfügen über eine bessere Futterverwertung als weibliche Tiere. Andererseits besitzen die männlichen Tiere durch ihre Pheromone und durch Testosteron eine besondere Geruchs- und Geschmacksintensität, die mit den Essgewohnheiten in vielen Regionen nicht vereinbar ist.

Wenn also die männlichen Jungtiere, die für die Mast vorgesehen sind, – wie üblich – kurz nach der Geburt (spätestens bis zum fünften Lebenstag) kastriert werden, wachsen sie nicht so gut heran, wie weibliche Tiere oder wie unbehandelte männliche Tiere.

Werden die Tiere jedoch erst zwölf Wochen vor der Schlachtung kastriert, verliert das Fleisch zwar seinen intensiven Geruch und Geschmack; allerdings sind die gesundheitlichen Probleme für die Tiere durch diesen Eingriff erheblich. Die angesetzte Fleischmasse geht teilweise wieder verloren.

Dieser Widerspruch musste durch eine originelle Idee gelöst werden.

Als eine Möglichkeit wurde vorgeschlagen, im Jugendalter eine Vorrichtung einzupflanzen, die dann im entsprechenden Alter „gezündet" wird.

Eine zweite Variante sah vor, den Eingriff zwölf Wochen vor dem Schlachttermin durch eine minimalinvasive OP durchzuführen.

Wir leiten folgende Kreativitätsregel ab:

 Erkenne den Hauptwiderspruch im Kern des Problems und löse das Problem!

Fünfte Kreativitätsregel

Seit etwa 1820 wurde in mehreren Ländern an der Erzeugung von Licht durch elektrischen Strom gearbeitet. Patente wurden bereits 1845, 1852 und 1854 erteilt (Conrad, 1980).

Joseph Swan entwickelte ab 1860 eine Glühbirne, und 1878 gelang ihm die Entwicklung der ersten brauchbaren elektrischen Glühbirne.

Edison verbesserte die Glühbirne von Swan. Die Verbesserung auf bis zu 1000 Stunden Leuchtdauer nahm weitere drei Jahre Entwicklungszeit in Anspruch.
(König, 1997)

Dazu wird die folgende Geschichte erzählt. Als man Edison nach zahlreichen Fehlversuchen sagte: „Das Projekt ist gescheitert." Soll er entgegnet haben: „We didn't fail. Now I know a thousand ways not to make an incandescent lamp."
(*brainyquote.com*, 2021)
Swan und Edison gründeten nach ihrem Erfolg die gemeinsame Firma Ediswan.
Was erkennen wir aus diesem Entwicklungsprozess?

Erfolg hat der Erfinder, der weiterarbeitet, wenn andere bereits aufgegeben haben!
Eine Invention wird erst dann wirksam, wenn sie sich als Innovation auf dem Markt durchgesetzt hat!

Wie oben versprochen, wollen wir uns in dieser Einführung einem *einfachen Beispiel* zuwenden, das die charakteristischen Merkmale des schöpferischen Prozesses in kurzer Form demonstrieren kann.

Bei Eingriffen sowohl mittels minimalinvasiver Methoden (z.B. Katheter- oder Endoskopie-Technik) als auch bei konventionellen Operationstechniken ist eine stabile und komfortable Lagerung von Patienten unverzichtbar.

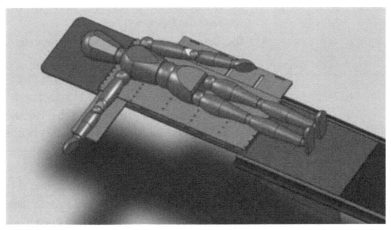

Abbildung 2: Lagerung von Patienten auf dem Operationstisch nach (E. Busch, 2021).

Im Prozess ihrer Arbeit erkannte das medizinische Personal einige Möglichkeiten der Verbesserung bzw. Weiterentwicklung der Operationstische. Die Mediziner waren damit die Impulsgeber für die Entwicklungsarbeiten

Folgende Probleme wurden benannt:
- Insbesondere die sichere Lagerung von schweren Patienten ist bisher mit hohem Risiko belastet, da die Sicherung der Festschürze meistens mit Gurten, Bändern oder ähnlichem erfolgt. Bedingt durch deren kleine Fläche – im Vergleich zum gehaltenen Volumen – ist der Patientenkomfort gering.
- Das Wärmemanagement zum Vermeiden des Auskühlens der Patienten wird in der Praxis entweder durch isolierende Materialien – welche kein aktives Wärmemanagement erlauben – oder durch wärmeabgebende Unterlagen – welche die Röntgenstrahlen absorbieren und damit die Bildqualität beeinflussen – realisiert.
- Zur Vermeidung von Dekubitus durch Verteilung der Druckbelastung werden bisher nicht ausreichende Verfahren im OP-Bereich umgesetzt. Dies liegt insbesondere an der Schwierigkeit der Umlagerung im sterilen Bereich in dem sich der Patient während der Operation befindet.
- Die Gewichtserfassung und die Erfassung der Vitaldaten erweisen sich als unzureichend.
- Die mechanische Fixierung ist unsachgemäß.
- Die Patientenüberwachung ist nicht optimal.
- Die Anpassung der Betthöhe an die Tischhöhe ist problematisch. Es können Lücken zwischen dem fahrbaren Patientenbett und Patiententisch auftreten.

Die Aufgabe wird aktuell dadurch erschwert, dass die Anzahl der übergewichtigen Menschen – und damit der adipösen Patienten – zunimmt. Seit 1980 hat sich ihre Anzahl nahezu verdoppelt. Dieser Trend ist auch bei der Entwicklung von biomedizinischen Geräten zu berücksichtigen.

1. Grundlagen des innovativen Denkens und Handelns

Aus benannten Problemen werden mehrere *Widersprüche* erkennbar. Beispiele dafür sind:

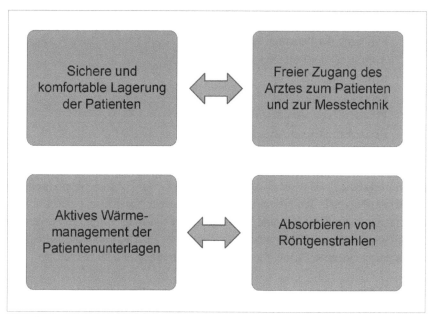

Abbildung 3: Widersprüche für das Beispiel Patientenauflage.

Die Erkannten Probleme und Widersprüche wurden vom medizinischen Personal über den Vertrieb – der gleichzeitig als *Impulsgeber* und als *Verbindungsperson* fungiert – in die Organisation des Unternehmens eingebracht.
Für die im **Product Lifecycle Management (PLM)** – als *Problemlöser* – wurde folgende *Entwicklungsaufgabe* formuliert:
„Vorrichtung zur Lagerung von Patienten auf Untersuchungs- und OP-Tischen"

In der Diagnose der Problemsituation – besonders hinsichtlich der Prozeduren im Herzkatheterlabor – wurden u. a. folgende Anforderungen an die zu erreichende Lösung fixiert:
- Veränderung der Patientenlagerung zum Zwecke eines verbesserten Zugangs des Arztes zu den zu behandelnden Körperregionen
- optimale Druckentlastung - Hilfsmittel zur Oberflächenvergrößerung
- strahlendurchlässig
- keine Faltenbildung wegen Druckstellenreduktion
- Isolation gegenüber elektrischen Strömen
- Wärmespeichernd

- hygienisch und schnell mit Flächendesinfektion zu reinigen
- geringe Kosten für Anschaffung und Instandhaltung
- Die komplexe Problemstellung wurde zunächst in mehrere Teilprobleme zerlegt:
- Fixierung der Patienten
- Anpassung der Betthöhe an den OP-Tisch
- Patiententransfer
- Patientenüberwachung
- Erfassung von Vitaldaten
- Besonderheiten adipöser Patienten

Bei der Präzisierung der Problemstellung und bei der Suche nach Lösungsideen stand zunächst die *Kommunikation zwischen den beteiligten Partnern*, also dem medizinischen Personal, den Vertriebsmitarbeitern, dem Service und den Entwicklungsingenieuren im Vordergrund. Der Dialog blieb auch nachfolgend das zentrale Element im gesamten schöpferischen Prozess und ist auch als kontinuierlicher Kontakt ein entscheidendes Element in der Kundenbetreuung und im Marketing.

Die Entwicklungsarbeiten zur Lösung der Problemstellungen begannen mit dem *Ermitteln von Analogien*.

Bei den Beteiligten spielte dabei das *Erinnern* an ähnliche Lösungen in analogen Problemsituationen einen „Einstieg" in die Ideensammlung. Vorrang hatten dabei ähnliche, bereits vorliegende technische Lösungen.

Da keine fertige Lösung übernommen werden konnte, musste auf einer höheren Abstraktionsebene nach Anregungen gesucht werden. Dabei fielen den Mitarbeitern folgende *Analoga* ein: Ausziehtisch, Gabelstapler und Hebebühne.

Aus diesen konkreten Anregungen musste der Kern der Lösungsidee zunächst auf eine *abstrakte Ebene* gehoben werden, um dann das Wirkungsprinzip wieder auf einer konkreten Ebene *an die gegebenen Bedingungen und Forderungen anzupassen*.

1. Grundlagen des innovativen Denkens und Handelns

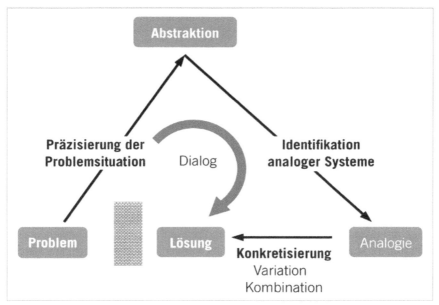

Abbildung 4: Basismethoden im Inventionsdreieck nach (E. Busch, Bulitta, et al., 2021).

Die erwähnten Arbeitsschritte werden durch folgendes methodische Mittel für das Erarbeiten von Lösungsvarianten realisiert:
- die Analogiemethode,
- die Variationsmethode,
- die Kombinationsmethode und
- die Dialogmethode.

Das Ermitteln von Varianten basiert auf intuitiven und systematischen Vorgehensweisen.

Die *Analogiemethode* baut auf dem Erinnern an Ähnliches und der Übertragung auf die vorliegende Situation auf.

Bei der *Variationsmethode* werden aus einer vorliegenden Lösung durch zielgerichtete, systematische Veränderungen verbesserte, weiterentwickelte oder neuartige Lösungsmöglichkeiten abgeleitet. Die Variation setzt eine Strukturanalyse voraus. Verändert werden können dabei alle Systemeigenschaften, also die einzelnen Elemente, deren Kopplungen und Anordnungen sowie die Funktion und Umgebung des Systems.

Als Variationsoperationen sind neben den quantitativen Modifikationen besonders qualitative Veränderungen durch
- Austauschen,
- Hinzufügen,
- Weglassen,
- Zerlegen,
- Zusammenfassen und
- Umkehren

möglich.

Die *Kombinationsmethode* baut auf der Variation auf. Für die Variablen werden Realisierungsvarianten ermittelt. Diese Varianten sind dann vollständig oder teilweise miteinander in Beziehung zu setzen (zu kombinieren). Als Darstellungsformen sind die Kombinationstabelle und die Kombinationsmatrix üblich. Die Darstellung als Matrix ermöglicht es, die einzelnen Felder in ihrem Zusammenhang zu betrachten und Vorzugsvarianten zu kennzeichnen.

Die *Dialogmethode* (Brainstorming, Brainwriting, Braindesign) nutzt Assoziationsketten, um von einer Startsituation aus der Verknüpfung von Vorstellungen, Begriffen und anderen Merkmalen einzuleiten. Der Dialog wird bei der Variantensuche in verschiedenen Formen geführt. Neben der Diskussion, dem Erfahrungstransfer in Workshops, Tagungen und Seminaren hat das Brainstorming eine große Verbreitung gefunden.

Im Ergebnis der Lösungssuche liegen meist mehrere alternative Lösungsvarianten vor, über deren weitere Bearbeitung zu entscheiden ist. Die ermittelten Ideen sind zu bewerten, um die günstigste(n) Variante(n) auszuwählen.

Während eine Invention – also eine Erfindung – eine Idee liefert, schließt eine Innovation die erfolgreiche Umsetzung in der Praxis einschließlich der Vermarkung ab (siehe Abschnitt **Bedeutung und Umsetzung von Innovationen aus Sicht der Betriebswirtschaft**).

Eine Innovation ist damit eine Neuerung im Ergebnis menschlicher Arbeit, die einen Qualitätssprung in einem Entwicklungsprozess widerspiegelt. Die neue Qualität ist im Allgemeinen das Ergebnis der Lösung eines Widerspruchs.

Im vorliegenden Beispiel wurde als ein Ergebnis der Entwicklung die Sperrveröffentlichung „Erweiterte Funktionen zur erhöhten Patientensicherheit an Angiographiesystemen" vorgelegt. Folgendes Ergebnis wird auszugsweise dargestellt:

„Eine Kombination von verschiedenen einzelnen Komponenten verbessert die Sicherheit des Patienten auf dem Angiographietisch enorm.

Die Integration von Gewichtssensoren in den Tisch ermöglicht eine schnelle und präzise Erfassung des aktuellen Patientengewichts.

Der wesentliche Aspekt dieser Erfindung besteht in der Integration von Sensorik zur Gewichtsmessung. In der Aufnahme der Tischplatte befinden sich Sensoren zur Druck- und damit Gewichtserfassung. Drucksensoren werden an der Gegenseite des Vorsprungs/ Absatzes von der Tischplatte im Sockel integriert. Die Tischplatte stützt sich nunmehr auf den Sensoren ab, und nicht mehr an der Tischaufnahme im Sockel.

Eine Kalibrierung der Sensoren auf die einzelnen Tischplatten mit unterschiedlichem Gewicht und Geometrie erfolgt in gleicher Weise wie die Tischplattenerkennung mittels der Positionierstifte. Jede Platte besitzt eine unterschiedliche Anzahl bzw. Geometrie der Positionierstifte und ist somit eindeutig vom Tischsockel zu identifizieren. Somit ist sichergestellt. Dass auch bei unterschiedlichen Tischplatten jeweils nur das Patientengewicht erfasst wird.
Da es sich bei der Sensorik um sicherheitsrelevante Baugruppen handelt, ist diese redundant, d.h. mindestens doppelt auszulegen. Beim Ausfall eines Sensors oder einer Verarbeitungseinheit arbeitet das System unverändert weiter. Eine entsprechende Meldung zum Ausfall von Komponenten kann ausgegeben und Maßnahmen zur Reparatur eingeleitet werden.
Der gemessene Wert wird über eine freie Schnittstelle mit der Verarbeitungshardware erfasst und mithilfe geeigneter Software verarbeitet. Eine direkte Eintragung in das Patientenprotokoll und die Anzeige auf den Monitoren erfolgt. ...
Eine weitere Ausführung dieser Erfindung besteht in der Erweiterung des Angiographietisches mittels Sensorik für das Erkennen von Gewichtsunterschieden auf der Tischplatte. Drucksensoren werden dazu in die seitlichen Auflageflächen in den Tischsockel eingebaut." (E. Busch et al., 2009)

Mit der erfolgreichen Realisierung der Lösung wurde die Problembearbeitung abgeschlossen.

Mit diesem Prolog hatten wir uns das Ziel gestellt, in unsere Vorgehensweise beim Problemlösen vorzustellen und einige der verwendeten Begriffe und Verhaltensweisen zu erläutern.

Wir stehen im Allgemeinen dann vor einem Problem, wenn eine Unzulänglichkeit oder eine schwierige Situation zu beheben sind oder wenn ein Wunsch zu erfüllen ist und wir (noch) über keine (oder keine hinreichende) Lösung verfügen.
Vor uns steht (bildlich gesprochen) eine gedankliche Barriere – eine Wand, die wir überwinden müssen.

Heinrich Busch (H. Busch, 1976) hat das im folgenden Bild skizziert und dabei gleichzeitig dargestellt, dass für das Überwinden der Barriere ein „Sprungbrett" sehr zweckmäßig ist.

In den folgenden Abschnitten wollen wir uns mit den einzelnen Phasen des Problemlösungsprozesses näher beschäftigen.

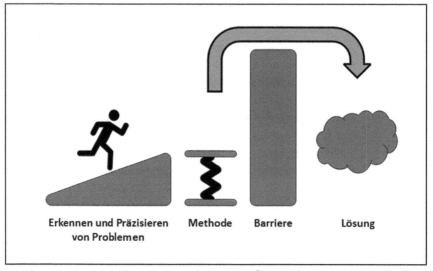

Abbildung 5: Die Methoden als Sprungbrett beim Überwinden gedanklicher Barrieren, (Busch, 1976)

1.2 Sensibilisieren für innovative Problemstellungen

Die Quellen für originelle Ideen sind vielfältig und vielgestaltig. Die folgenden vier Beispiele sollen einige dieser Besonderheiten aufzeigen.

Im Rahmen der Untersuchungen zur „Entwicklung biomedizintechnischer Geräte mit großer und langlebiger Basis und den damit verbundenen Dienstleistungen" (E. Busch, Strobel, et al., 2021) zeigte sich folgende Rangfolge der Impulsgeber für Neu- und Weiterentwicklungen:

- der Vertrieb mit 53 %.
- die Kunden / Anwender mit 28 %,
- das Produktmanagement mit 7 %,
- der Service mit 5%,
- das Kundenbeziehungsmanagement mit 4% und
- die Konkurrenz mit 3%.

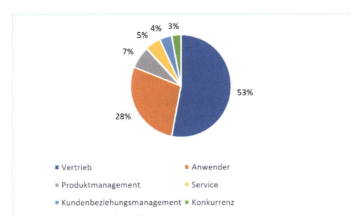

Abbildung 6: Rangfolge der Impulsgeber im Innovations- und Entwicklungsprozess nach (E. Busch, Strobel, et al., 2021).

Diese Impulsgeber sind wichtig für die marktorientierte Steuerung der Innovations- und Entwicklungsaktivitäten im Unternehmen.

Im Rahmen eines vorausschauenden *Unternehmensmanagements* und besonders des Controllings werden die Marktentwicklung, die internationalen Patentaktivitäten, Krisensituationen, Nachhaltigkeitsaspekte und die zunehmende Digitalisierung beobachtet und analysiert. Daraus werden – besonders unter betriebswirtschaftlichen Aspekten Innovationsstrategien für das eigene Unternehmen abgeleitet (siehe Abschnitte **Bedeutung und Umsetzung von Innovationen aus Sicht**

der Betriebswirtschaft und *Motivation für die Durchführung von Innovationen*).

Im Rahmen des *Betrieblichen Vorschlagswesens* bekommen alle Beschäftigten eines Unternehmens die Möglichkeit, ihre Ideen zur Verbesserung der Produkte, Arbeitsmittel, Organisationslösungen sowie zum Umfallschutz einzureichen.

Im *persönlichen Umfeld*, im Vereinsleben und im weiteren gesellschaftlichen Umfeld entstehen Ideen, vorhandene technische, gestalterische oder organisatorische Gegebenheiten zu verändern. Dabei können die Veränderungen – soweit sie gewollt und möglich sind – sowohl eigenständig oder als Fremdleistung realisiert werden.

Diese vier Beispiele haben gemeinsam, dass im individuellen Erkenntnisprozess zum Identifizieren innovativer Problemstellungen eine umfangreiche Informationsverarbeitung mit mehreren Filtern und Verstärkern stattfindet.
Die Grundlage für das Entwickeln eigener Aktivitäten ist zunächst das subjektive Wahrnehmen einer Abweichung von einem Erwartungswert. Die Ist-Merkmale (Parameter) eines objektiv vorhandenen Systems (bzw. eines Prozesses) weichen dabei vom subjektiv gewünschten oder objektiv erforderlichen Soll-Zustand ab.
Bei dieser Wahrnehmung werden objektiv vorhandene Reize der Sinnesorgane in subjektiv erlebte Empfindungen umgesetzt.
In diesem Prozess ist eine ad-hoc-Bewertung integriert, die von den jeweiligen Einstellungen, subjektiven Normen und Verhaltensorientierungen bestimmt wird.
Dabei haben sowohl die Tragweite als auch Dringlichkeit der Behebung der Situation einen Einfluss. Das zeigt sich u. a. im Verhalten bei Katastrophen und Unfällen im Vergleich zu langfristig vorhersehbaren Entwicklungsvorhaben.
Die Empfindungen und deren Bewertungen sind die Voraussetzung für das Auslösen von Handlungsimpulsen. Die vom Ignorieren bis zum schöpferischen Reagieren reichen können.
Das Bewusstwerden von Problemsituationen und die darauf aufbauenden Handlungsimpulse werden von der Zielorientiertheit, der Interessiertheit, der Denkeinstellung, der Motivation und den Emotionen beeinflusst.

Die zum Wahrnehmen von Problem- und Widerspruchssituationen sowie Verbesserungsmöglichkeiten erforderliche Persönlichkeitseigenschaft bezeichnen wir als *Problemsensibilität*.

Diese Persönlichkeitseigenschaft bildet die Grundlage dafür, dass innovationsfordernde Situationen erkannt und Aktivitäten zur Problemlösung eingeleitet werden können.

Zur Veranschaulichung erinnern wir an die folgende Situation:
Täglich traten mehrere Personen aus dem Haus und stolperten nach wenigen Metern über einen liegengebliebenen Mauerstein.
- Die erste Person störte das wenig. Sie ging weiter, als wäre nichts passiert.
- Die zweite Person stolperte und schimpfte über diese Unordnung – ging aber flott weiter.
- Die dritte Person stolperte – und schob den Übeltäter einfach zur Seite.
- Die vierte Person hob den Stein auf – und überlegte, wie sie ihn gebrauchen konnte.

Je nachdem ob für die Lösung der erkannten Situation bereits ein Lösungsweg bekannt ist, oder ob eine Vorgehensweise neu erarbeitet werden muss, unterscheiden wir zwischen Aufgabe und Problem.

Ein *Problem* charakterisiert das „*Wissen eines Individuums oder einer Menschengruppe darüber, dass das beherrschte Wissen nicht genügt, ein durch die Praxis gefordertes Ziel erreichen zu können, und dass dieses Wissen deshalb entsprechend erweitert werden muss.*

Im engeren Sinne wird die Kenntnis eines derartigen Wissensmangels nur dann ‚Problem' genannt, wenn
- *das fehlende Wissen nicht von anderen Gesellschaftsmitgliedern übernommen werden kann, sondern neu erarbeitet werden muss,*
- *und kein Algorithmus bekannt ist, durch den der festgestellte Wissensmangel in endlich vielen und zugleich vollziehbaren Schritten behoben werden kann.*" (Klaus & Buhr, 1976)

Eine *Aufgabe* liegt dann vor, wenn ein Lösungsweg bekannt ist.

Das bewusste Erkennen und Formulieren von Problemen sind generell von den Charaktereigenschaften, Motiven, Fähigkeiten und Fertigkeiten der Menschen abhängig.
Folgende Voraussetzungen fördern das Erkennen von Problemsituationen:
- Motivation zum Verbessern vorgefundener Situationen und Strukturen
- Infragestellen „bewährter" Lösungen
- Erkennen von Widersprüchen
- Kenntnisse über die Gesetzmäßigkeiten der Entwicklung technischer und

- sozialer Systeme
- Kenntnis des internationalen Standes und des Trends auf dem eigenen und auf angrenzenden Fachgebieten einschließlich der Patentliteratur
- Kenntnisse über Schwach- und Starkstellen des betrachteten Systems
- Transfer von Erkenntnissen anderer Fachgebiete auf das eigene Arbeitsfeld
- Allgemeinwissen, Interesse und Aufgeschlossenheit

Von Heinrich Busch (H. Busch, 1976) wurde eine Klassifizierung von Problemsituationen vorgeschlagen.

Die folgende Abbildung 7 erläutert einzelne Klassen von Problemsituationen.

Ausgangs-situation A	Lösungsweg Prozess W	Ziel Resultat Z	Bemerkungen
bekannt	**bekannt**	**bekannt**	Es liegt **kein Problem** vor, sondern ein triviale Umformungs**aufgabe** mit vorgegebenem Algorithmus.
unbekannt	**bekannt**	**bekannt**	Es liegt **kein Problem**, sondern **eine Aufgabe** vor. Das geforderte Resultat ist mit einem bekannten Verfahren zu erreichen.
bekannt	*unbekannt*	**bekannt**	Es liegt **ein Problem** vor. Es ist ein Verfahren aus einem vorgegebenen Anfangszustand (input) in einen gewünschten Zielzustand (output) zu entwickeln. (Verfahrensentwicklung)
bekannt	**bekannt**	*unbekannt*	Es liegt **eine Aufgabe** vor, da der Lösungsweg bekannt ist. Aus einem vorgegebenen Eingang ist mit einem vorgegebenen Verfahren ein (unbekannter) Zielzustand zu ermitteln.
unbekannt	*unbekannt*	**bekannt**	Es liegt **ein Problem** vor. Für ein gefordertes Resultat sind ein Verfahren und geeignete Anfangssituation zu ermitteln.
bekannt	*unbekannt*	*unbekannt*	Es liegt **ein Problem** vor. Es sind neue Verfahren zu entwickeln, die aus vorliegenden Ausgangszuständen sinnvolle Ergebnisse ermöglichen.
unbekannt	**bekannt**	*unbekannt*	Für ein vorgegebenes Verfahren sind neue Einsatzgebiete (Anwendungsmöglichkeiten) zu ermitteln. (Mittel-Zweck-Zusammenhang)

Abbildung 7: Klassifikation von Problemstellungen.

Eine dichotome (zweiwertige) Einteilung der Informationen in „vorhanden" und „nicht vorhanden" kennzeichnet nur selten die vorhandene Situation.

Für die Ausgangssituation (input) sind häufig ergänzende Informationen zu beschaffen.

Für den Lösungsweg (Prozess) kann zwar ein generelles Verfahren bekannt sein, das jedoch den konkreten Bedingungen der Aufgabe anzupassen ist.
Für das erforderliche Resultat (output) sind häufig noch konkrete Parameter in Rahmen einer Präzisierung zu ermitteln und zu vereinbaren.
Wird daher die Situation als stetige Größe (z. B. von 0 bis 1) behandelt, kann sie als Problemwürfel dargestellt werden.

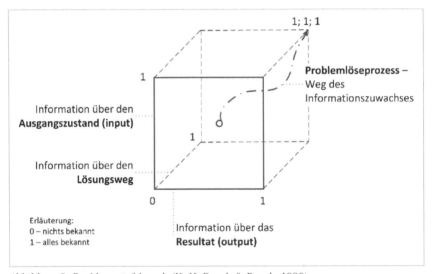

Abbildung 8: *Problemwürfel nach (K. H. Busch & Busch, 1980).*

Bei der *Entwicklung biomedizintechnischer Geräte* mit großer und langlebiger Basis und den damit verbundenen Dienstleistungen gibt es – ähnlich wie bei Kraftfahrzeugen und bei Softwareprodukten – Besonderheiten, die sich im Produktlebenszyklus darstellen lassen. Dabei werden vorhandene (veraltete) Produktkomponenten gegen Weiterentwicklungen ausgetauscht oder neue Funktionselemente ergänzend hinzugefügt. Damit kann die Rückgangsphase „gestreckt" oder ein neuer Lebenszyklus eingeleitet werden.

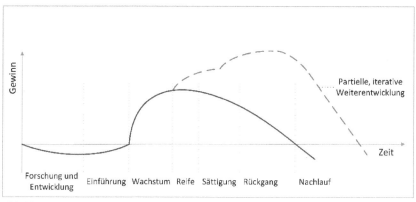

Abbildung 9: Iterative Weiterentwicklungen im Produktlebenszyklus

Die iterativen partiellen Weiterentwicklungen beziehen sich im vorliegenden Fällen besonders auf
- die Applikation,
- die Mechanik,
- die Geräteschnittstellen,
- die Benutzerschnittstellen und
- die Elektronik.

Die Art der Eingriffe betraf vorwiegend
- Reparaturen (gleichartiger Austausch),
- Detailverbesserungen,
- Ergänzungen und
- Aktualisierungen.

In dem Zeitraum zwischen der Anschaffung und dem Nutzungsende der Geräte verändert sich das klinische, technische und wirtschaftliche Umfeld. Dieses Änderungspotenzial wird aus verschiedenen Innovationsquellen gespeist. (MCDonald & Brown, 1994)

Ein *Innovations- und Entwicklungsprozess, der diese relevanten Innovationsquellen berücksichtigt* und damit die Änderungen des klinischen, technischen und wirtschaftlichen Umfeldes antizipiert, kann Produkte und Dienstleistungen hervorbringen, die besser die Marktbedürfnisse bedienen. (Vahs & Burmester, 2005)

Die eingesetzten biomedizintechnischen Geräte haben einen Lebenszyklus von circa 8 Jahren und einen hohen Anschaffungspreis. (Lee, 2014)

Eine Partizipation an der oben genannten Weiterentwicklung durch die Optimierung von klinisch, operativ oder finanziell relevanten Eigenschaften während des Lebenszyklusses ist daher finanziell attraktiver als die Neubeschaffung bzw. der komplette Ersatz. (Brooks, 2017; Ryckx et al., 2016; Sferrella, 2019; Siemens Healthineers, 2013)

Daraus ergibt sich die Motivation für die iterative Weiterentwicklung dieser biomedizintechnischen Geräte. Dies erfordert die Gestaltung des *Innovations- und Entwicklungsprozesses als Regelkreis*. (E. Busch, Strobel, et al., 2021)

Diese Feststellung belegt, dass Innovationsprozesse keineswegs eine rein technische Angelegenheit sind, sondern dass stets die *Einheit von Betriebswirtschaft und Invention* zu berücksichtigen ist.

Diese Verknüpfung ist Gegenstand der *Innovationsökonomie*.

Die Innovationsökonomie ist eine Teildisziplin der Wirtschaftswissenschaft.

Zu ihrem Gegenstand gehört die Verflechtungen von Inventionen und Betriebswirtschaft. Dabei werden besonders die Bedingungen zum Entstehen von Innovationen und ihrer Durchsetzung am Markt sowie ihre volkswirtschaftlichen Aspekte und regionalen sowie globalen Wirkungen berücksichtigt. (Grupp, 1997; *Innovationsökonomik*, 2022)

1.3 Bedeutung und Umsetzung von Innovationen aus Sicht der Betriebswirtschaft

In einer von Volatilität, Unsicherheit, Komplexität und Ambiguität geprägten Welt (VUKA-Umfeld) müssen Unternehmen schnell und flexibel handeln, um angemessen auf Marktveränderungen und andere Herausforderungen zu reagieren. Dies gilt vor allem mit Blick auf die Individualisierung von Kundenwünschen, Vernetzung der Wertschöpfung, Digitalisierung und Agilität sowie Krisensituationen und Nachhaltigkeitsaspekte. Das Management ist deshalb gefordert, die Geschäftsmodelle und Wertschöpfungsstrukturen laufend zu überprüfen und *frühzeitig innovative Veränderungen anzustoßen* (siehe Abbildung 10).

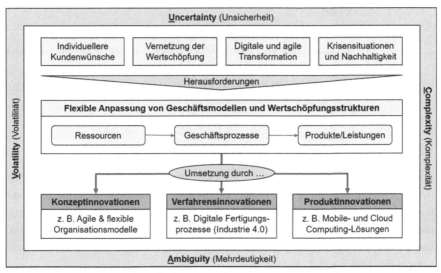

Abbildung 10: Zentrale Rahmenbedingungen für Innovationen in der Praxis.

Diese Wandlungsfähigkeit wird künftig eine noch wichtigere Rolle spielen, da sich die Unternehmen infolge der aktuellen Entwicklungen (Klimawandel, Covid-19-Pandemie, Energiekrise etc.) auf eine Umwelt einstellen müssen, die sich nach dem US-amerikanische Zukunftsforscher Jamais Cascio mit den Attributen „Brittle" (brüchig), „Anxious" (ängstlich), „Non-Linear" (nicht linear) und „Incomprehensible" (unverständlich) beschreiben lässt (Cascio, 2020). In dieser *VUKA-BANI-Welt* ist es von zentraler Bedeutung, systematisch neue Erfolgspotenziale aufzubauen und zu realisieren, da nur so die Existenz des Unternehmens langfristig gesichert werden kann. Hierzu müssen laufend Innovationsmöglichkeiten identifiziert und umgesetzt werden. Verfügt das

Unternehmen über die hierfür nötigen Kompetenzen, wird es gemeinhin als *innovationsfähig* angesehen (Landwehr-Zloch, 2022).

Als Auslöser für innovatives Handeln lassen sich neben technologiegetriebenen, politischen und nachhaltigkeitsbezogenen Faktoren vor allem Nachfrageaspekte und andere ökonomische Zwänge anführen. Aus diesem Grund werden nachfolgend die Eigenschaften und die Bedeutung von Innovationen aus betriebswirtschaftlicher Sicht beleuchtet sowie Ansätze zur Erkennung und Umsetzung von Innovationspotenzialen aufgezeigt. Hierbei wird im Einzelnen folgenden Fragen nachgegangen:

- Welche Merkmale haben Innovationen aus betriebswirtschaftlicher Sicht?
- Woher kommt in Unternehmen die Motivation zur Innovation?
- Welche Arten von Innovationen können aus ökonomischer Perspektive unterschieden werden?
- Wie lassen sich Innovationspotenziale systematisch analysieren und umsetzen?

1.4 Definition und Merkmale von Innovationen

In den Wirtschaftswissenschaften werden unter Innovationen gemeinhin *(komplexe) Neuerungen* verstanden, die mit technologischem, gesellschaftlichem und ökonomischem Wandel einhergehen (Möhrle & Specht, 2018). Aus betriebswirtschaftlicher Sicht stellen Innovationen Neueinführungen bzw. Veränderungen von Produkten, Prozessen oder Ressourcen dar, die dem Unternehmen Wettbewerbsvorteile verschaffen und Wachstumsmöglichkeiten bieten (Schuh & Bender, 2012). Der eigentliche Nutzen oder Wert einer Innovation ist deshalb oft erst nach längerer Zeit erkennbar. Die Nutzeffekte können dabei im Sinne der *Nachhaltigkeit* aus finanziellen, ökologischen oder sozialen Aspekten abgeleitet werden (zur Bedeutung von Nachhaltigkeit im Innovationsmanagement siehe (Nelke, 2016)).

Mit Blick auf die Phasen des Innovationsprozesses lassen sich nach Schumpeter die Begriffe *Invention, Innovation und Diffusion* unterscheiden (Schumpeter, 1961). Bei einer Invention handelt es sich um ein neues Konzept, Produkt oder Verfahren (Erfindung), das ausgehend von einer Idee entwickelt bzw. erforscht wurde. Eine *Innovation* liegt erst dann vor, wenn die *Invention* ein wirtschaftliches Nutzenpotenzial aufweist und konkret am Markt oder in Geschäftsprozessen umgesetzt wird. Die Markteinführung bzw. Anwendung einer neuen Problemlösung ist demnach als Innovation im engeren Sinne anzusehen. Der Begriff *Diffusion* beschreibt schließlich die allgemeine Verbreitung der Innovation im Markt bzw. unter den Anwendern. Dabei richtet sich die Diffusionsgeschwindigkeit der Innovation nach der Häufigkeit der Übernahme durch die Marktteilnehmer bzw. Anwender (Adoption).

Praktisch gesehen lässt sich Innovation damit wie folgt definieren (Weis, 2022):

 Innovation = Idee + Invention + Diffusion

Neben diesen allgemeinen Abgrenzungskriterien können noch *weitere Merkmale* herangezogen werden, um Innovationen aus Sicht der Betriebswirtschaft zu charakterisieren. Dies ist insofern bedeutsam, als die Ausprägungen dieser Merkmale die Erreichung der angestrebten Innovationsziele beeinflussen und sich damit auf den wirtschaftlichen Erfolg der Unternehmung auswirken (siehe Abbildung 11).

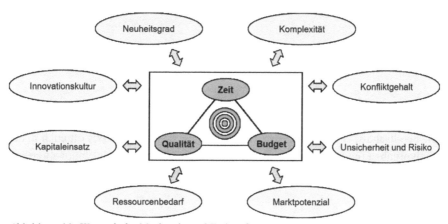

Abbildung 11: Wesentliche Merkmale und Zielgrößen von Innovationen

Maßgeblich für den Innovationserfolg sind dabei *drei Anforderungsebenen*, die sich mit einem in der Betriebswirtschaftslehre gängigen Modell beschreiben lassen:

 Das magische Dreieck von Zeit, Qualität und Budget.

Zeitlich gesehen müssen Innovationen *möglichst früh initiiert und schnell umgesetzt* werden, um Wettbewerbsvorteile zu generieren. So kann etwa bei Produktentwicklungen durch eine kurze Time-to-Use ein höherer Markterfolg erreicht werden

(Landwehr-Zloch, 2022). Die Qualität von Innovationsprozessen richtet sich danach, wie gut die Kundenbedürfnisse befriedigt werden und inwieweit durch die Innovation ein *Alleinstellungsmerkmal* im Sinne einer „Unique Selling Proposition (USP)" geschaffen wird. Das Innovationsbudget beinhaltet die verfügbaren physischen, personellen, technologischen und finanziellen Ressourcen zur Entwicklung und Umsetzung der Neuerung. Während als finanzielle *Budgetgrößen* bei internen Prozess- oder Konzeptinnovationen regelmäßig nur Kosten bzw. Auszahlungen relevant werden, muss bei marktorientierten Produktinnovationen die Betrachtung auf Marktanteile, Umsatzerlöse und Cash-Flow-Größen ausgeweitet werden.

Die Dimensionen Zeit, Qualität und Budget werden durch zahlreiche Faktoren beeinflusst, die sich aus den *spezifischen Merkmalen von Innovationen* ergeben. Dazu zählen neben dem *Neuheitsgrad* und Marktpotenzial auch der *Konfliktgehalt* sowie die unternehmensspezifische Innovationskultur und Ressourcensituation. Darüber hinaus sind Innovationstätigkeiten häufig mit hoher Komplexität verbunden und stets mit Unsicherheit behaftet.

 Innovationsvorhaben bergen daher immer auch Risiken.

Innovationsrisiken resultieren zum Beispiel aus Ressourcenknappheit, technischen Umsetzungsschwierigkeiten, Vermarktungsproblemen oder mangelnder Innovationsbereitschaft. Das Ausmaß der Risiken schlägt sich in der Praxis oft auch in den Zielvorgaben für die Kapitalkosten und die Amortisationsdauer des Innovationsprojektes nieder (zur Bewertung von Innovationsrisiken siehe etwa (Granig, 2007)).

1.5 Motivation für die Durchführung von Innovationen

Ökonomisch gesehen spielt die Suche nach neuen, möglichst einzigartigen Geschäftsideen sowie die Entwicklung bisher nicht bekannter Lösungen für existierende Problemstellungen eine zentrale Rolle für die *Sicherung der künftigen Wettbewerbsfähigkeit*, Beantwortung von Wachstumsfragen, Reaktion auf Nachhaltigkeitsanforderungen und Befriedigung von Kapitalgeberinteressen. Dies zeigt sich in der Praxis zum Beispiel an den hohen Forschungs- und Entwicklungsaufwänden der Wirtschaft (Stifterverband, 2022) sowie an aussagekräftigen Unternehmenspublikationen zu Innovationstätigkeiten und -ergebnissen (Landwehr-Zloch, 2022).

Die Motivation der Unternehmen für innovatives Handeln liegt darin begründet, dass durch aussichtsreiche Innovationen die *Existenz* und der *wirtschaftliche Erfolg* nachhaltig gesichert bzw. gesteigert werden können (Schäperkötter, 2022). Dabei geht es darum, die eigene Wettbewerbsposition durch Neuentwicklung innovativer Problemlösungen zu stärken und die finanziellen Zielgrößen unter Berücksichtigung ökologischer und sozialer Aspekte zu erreichen.

Aus ökonomischer Sicht zielen Innovationsprojekte insbesondere darauf ab, die *Rentabilität* zu steigern und die *Liquidität* zu sichern sowie den *Unternehmenswert* des Unternehmens nachhaltig zu erhöhen (siehe Abbildung 12).

Innovative Unternehmen suchen hierfür auf Ressourcen-, Prozess- und Produktebene regelmäßig nach Optimierungspotenzialen und kreativen Lösungen, um in zeitlicher, qualitativer und kostenmäßiger Hinsicht strategische Wettbewerbsvorteile zu generieren und die operative Effizienz zu steigern (Weis, 2022).

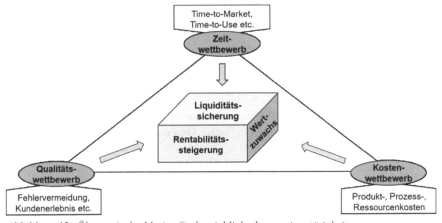

Abbildung 12: Ökonomische Motive für betriebliche Innovationstätigkeit

Σ Gelingt es Unternehmen, innovative Ideen durch Nutzung eigener und/oder fremder Potenziale effektiv umzusetzen, können sie am Markt Erfolge generieren, Cash-Flows realisieren und letztere schließlich wieder in den *Erhalt und Ausbau* der Innovationsfähigkeit investieren. Das Management muss daher gerade in einer sich schnell wandelnden Umwelt dafür sorgen, dass dieser *wirtschaftliche Kreislauf* durch kontinuierliche Innovationstätigkeit immer wieder neu initiiert und aufrechterhalten wird. (Landwehr-Zloch, 2022) Dabei kommt in der Praxis insbesondere der Entwicklung neuer Produkte und Services eine große Bedeutung zu, weil dies häufig die Chance bietet, größere Margen zu erzielen als bei einer Weiterentwicklung etablierter Produkte. Überdies spielt mit Blick auf die Generierung von strategischen Wettbewerbsvorteilen heute die *Innovation ganzer Geschäftsmodelle* eine zentrale Rolle, da hierdurch Renditen erreicht werden können, die mitunter um ein Vielfaches höher sind als bei Produkt- oder Prozessinnovationen (Fibitz, 2019).

1.6 Arten von Innovationen aus ökonomischer Sicht

Während die Relevanz von Innovationen für die Erzielung von wirtschaftlichem Erfolg in Theorie und Praxis unbestritten ist, wird die Frage, wann eine Neuerung als Innovation gilt, durchaus kontrovers diskutiert. *Das Verständnis von Innovation* reicht von der Entwicklung einer neuartigen Applikation ohne wesentliche Außenwirkung bis hin zu disruptiven Neuerungen, die als „Game Changer" bisherige Geschäftsmodelle und Marktkonstellationen radikal verändern. Disruptive Geschäftsmodellinnovationen werden dabei oftmals durch neue digitale Technologien ausgelöst bzw. ermöglicht (Michel, 2017).

Mit Blick auf die *weite Auslegbarkeit des Innovationsbegriffes* wurden in Wissenschaft und Praxis verschiedene Ansätze zur Systematisierung von Innovationen entwickelt, die ein zielgerichtetes Innovationsmanagement ermöglichen sollen.

Ausgehend vom betriebswirtschaftlichen Verständnis der Innovationstätigkeit können vier grundlegende *Systematisierungsansätze* genutzt werden, um Innovationen zu kategorisieren und die im jeweiligen Kontext relevanten Zielgrößen, Aufgabenfelder und Methoden der Innovationssteuerung abzuleiten (siehe Abbildung 13).

Abbildung 13: Bedeutsame Systematisierungsansätze für Innovationen

Stellt man auf den *Output* unternehmensspezifischer Innovationstätigkeit ab, kann zunächst danach differenziert werden, ob die Innovation im Ergebnis zu einer Änderung des Absatzprogrammes oder zu einer Optimierung interner Abläufe, Strukturen und Organisationskonzepte führt. Kommt es durch die Innovation zu einer erfolgreichen Markteinführung eines neuen Erzeugnisses oder Services, spricht man von einer *Produkt- bzw. Dienstleistungsinnovation*.

Bewirkt das innovative Handeln hingegen eine zeitliche, qualitative oder kostenmäßige Verbesserung der innerbetrieblichen Ressourcen und Abläufe, so liegt eine *Verfahrens-, Prozess- bzw. Infrastrukturinnovation* vor (Gemünden & Littkemann, 2007). Die Innovationsleistung kann schließlich auch darin bestehen, dass ein neues Geschäftsmodell oder eine neuartige Management- bzw. Organisationsform entwickelt wird (Kaschny et al., 2015). Derartige Neuerungen lassen sich unter dem Begriff *Konzeptinnovation* zusammenfassen.

Als weiteres Differenzierungskriterium für Innovationsleistungen kann der *Grad der Innovation* herangezogen werden (Schuh & Bender, 2012). Danach lassen sich inkrementelle Innovationen mit geringem Innovationsgrad (z. B. Erweiterung der Speicherkapazität bei Mobilfunkprodukten) und radikale Innovationen mit hohem Innovationsgrad (z. B. Erfindung des iPhones) unterscheiden. Diese Unterscheidung ist vor allem deshalb bedeutsam, weil *Projekte mit radikalen Innovationsinhalten* grundsätzlich anders gesteuert werden müssen, als Projekte, die nur auf inkrementelle Neuerungen abstellen (K. Möller et al., 2016). So muss bei radikalen Innovationsvorhaben besonders darauf geachtet werden, den Projektmitarbeitern bei der Durchführung der Innovationsaktivitäten eine autonome und flexible Steuerung zu ermöglichen. In diesem Zusammenhang spielt auch die *Innovationsgeschwindigkeit* eine entscheidende Rolle, da höhere Innovationsgrade oftmals von solchen Unternehmen erreicht werden, die neue Markterfordernisse frühzeitig erkennen und schnell darauf reagieren (Meyer, 2017).

Aus *prozessualer Sicht* können Innovationen danach unterschieden werden, in welcher Phase des Innovationslebenszyklus sie sich befinden. Die Bandbreite reicht hier von identifizierten Innovationschancen im frühen Stadium der Ideenfindung über Innovationen in der Planungs- und Konzeptionsphase bis hin zu konkreten Entwicklungsprojekten mit klar definiertem Business Case. Während Innovationsvorhaben in den frühen Phasen insbesondere durch Unsicherheit hinsichtlich technischer Realisierbarkeit und späterem Wertbeitrag gekennzeichnet sind, nimmt bei Projekten in der Umsetzungsphase aufgrund von Lerneffekten der Unsicherheitsgrad häufig ab, die Komplexität bezogen auf die Zahl zu koordinierender Akteure aber zu (Landwehr-Zloch, 2022).

Als vierter Systematisierungsansatz können Innovationen schließlich nach idealtypischen *Aktivitäten* und Ergebnissen im Bereich *Forschung und Entwicklung (F&E)* unterteilt werden. Dabei ist der generelle Erwerb neuer Erkenntnisse in Form von

Forschungsergebnissen, Technologieneuheiten oder Vorentwicklungen auf der einen Seite von der konkreten anwendungsorientierten (Weiter-)Entwicklung neuer Produkte, Prozesse oder Plattformlösungen auf der anderen Seite zu unterscheiden.

Aus Markt- und Wertschöpfungsperspektive, eignen sich insbesondere der *output-orientierte Ansatz und die Differenzierung* nach typischen *F&E-Aktivitäten*, um Innovationspotenziale strukturiert zu identifizieren und Innovationen durchgängig zu steuern.

Bei output-orientierter Betrachtung lassen sich Innovationsvorhaben grundsätzlich danach unterscheiden, ob sie sich auf *Produkte und Services, Geschäftsprozesse*, eingesetzte *Ressourcen* oder ganze *Geschäftsmodelle* beziehen. Für die weitere Untersuchung werden daher Potenziale und Maßnahmen zur Neugestaltung der unternehmensspezifischen Wertschöpfung in Geschäftsmodell-, Produkt-, Prozess- und Ressourceninnovationen unterteilt.

Geschäftsmodellinnovationen können sowohl das Nutzenversprechen für die Kunden als auch die unternehmensspezifischen Wertschöpfungsdimension und/oder das Ertragsmodell betreffen (Fibitz, 2019).

Mit Blick auf die Kundenbeziehung gilt zum Beispiel die Einführung und der Ausbau des Online-Handels als weitreichende Innovation, da digitale Verkaufsplattformen mittlerweile in nahezu jeder Branche eine tragende Vertriebssäule darstellen. Aus Produktsicht haben Geschäftsmodellinnovationen zu *digitalen Unternehmen* wie Apple, Google und Facebook oder Service-Anbietern wie Uber und Airbnb geführt (Michel, 2017). Letztere setzen etablierte Unternehmen mitunter erheblich unter Druck, indem sie Leistungen erbringen, ohne dafür selbst kapitalintensive Ressourcen wie Fahrzeuge oder Gebäude vorzuhalten.

Aus struktureller Perspektive können sich *Produktinnovationen* sowohl auf den Produktkern, als auch auf das Produktdesign oder produktspezifische Zusatzleistungen beziehen. Dabei wird die Gestaltung innovativer Produkte in vielen Branchen vor allem durch die Verfügbarkeit und Weiterentwicklung digitaler Technologien getrieben. Dies zeigt sich etwa bei Automobilherstellern, die ihr Produktspektrum infolge von Trends wie autonomem Fahren, E-Mobilität und Vernetzung von Fahrzeugen regelmäßig innovativ anpassen müssen. Im Hinblick auf die mit Produkten bzw. Leistungen am Markt zu erzielenden Erlöse eröffnen technische Neuerungen zudem die Nutzung innovativer *Entgeltmodelle*.

So führte beispielsweise der Flugzeugturbinenhersteller Rolls Royce bereits vor Jahren ein sogenanntes *„Pay-per-Use"-Konzept* für seine Kunden ein, nachdem die Flugzeugbetreiber eine Gebühr für jede Betriebsstunde des Triebwerkes entrichten, statt dieses selbst zu kaufen. Zur Umsetzung des Konzeptes werden die Triebwerksdaten über Sensoren erfasst, zentral gesammelt und ausgewertet. (Nobach, 2019)

Prozessinnovationen sind Änderungen der betrieblichen Abläufe durch Umgestaltung, Automatisierung, Digitalisierung, Outsourcing und andere Maßnahmen, die darauf abzielen, die Ressourcen für die Leistungserstellung und -verwertung effizienter einzusetzen (Schallmo & Brecht, 2017). Hier ist etwa an die Konzepte der *Industrie 4.0* zu denken, die es Unternehmen ermöglichen, neue Wirkungszusammenhänge zu erkennen, Unwirtschaftlichkeiten aufzudecken und Prozesse zu digitalisieren. Durch innovative Nutzung dieser Potenziale lassen sich zudem funktions- und unternehmensübergreifende *Wertschöpfungsnetzwerke* aufbauen, um Geschäftsprozesse schlanker, schneller und kostengünstiger abzuwickeln (Kaschny et al., 2015).

So kann beispielsweise in der Produktion die *Vernetzung von Werkstücken und Fertigungsrobotern* mithilfe moderner Sensortechnik dazu beitragen, Bearbeitungsabläufe und -reihenfolgen zu optimieren oder Anlagenausfälle zu reduzieren (Rusch et al., 2016). Überdies bieten die Ansätze künstlicher Intelligenz sowie Roboterlösungen weitere Innovationsmöglichkeiten, die auch für eine Automatisierung administrativer Prozesse genutzt werden können.

Ressourceninnovationen umfassen die Erfindung und Entwicklung neuer Inputfaktoren für bestehende oder künftige Geschäftsprozesse (z. B. neue Einsatzfaktoren, Technologien, Wissenspotenziale, Finanzierungsarten und Informationssysteme) sowie Neuerungen bei der Bereitstellung, Dimensionierung und Auslastung von Kapazitäten (z. B. innovative Vertragsgestaltung, In-/Outsourcing und neue Konzepte für das Ressourcenmanagement).

Als innovative *Erschließung neuer Inputfaktoren* gilt zum Beispiel der viel diskutierte Einsatz von Wasserstoff als Energieträger für Industrie- und Brennstoffzellenanwendungen. Im Rahmen der Kapazitätsbereitstellung und -auslastung lassen sich Innovationen etwa durch eine

Vernetzung des Wertschöpfungssystems mithilfe von Ansätzen der Industrie 4.0 erreichen. Dabei können Unternehmen beispielsweise die in einer *Smart Factory* über Machine-to-Machine-Kommunikation übertragenen Produktionsdaten dazu nutzen, die Kapazitätsdimensionierung und Auslastungssteuerung zu optimieren. Mit Blick auf die Bereitstellung von Ressourcen kann innovatives Handeln zum Beispiel auch darin bestehen, strategische Kooperationen einzugehen oder in andere Unternehmen zu investieren, um Zugang zu Schlüsselressourcen zu erhalten, die bislang nicht oder nicht ausreichend verfügbar sind. (Nobach, 2019)

1.7 Analyse von Innovationsbedarfen und Umsetzung von Innovationspotenzialen

Für eine strukturierte Analyse von Innovationsbedarfen und die systematische Umsetzung identifizierter Innovationspotenziale wurden in Theorie und Praxis diverse Vorgehensmodelle entwickelt, die im Kern folgende *Prozessschritte* beinhalten:

1. Analyse der Umwelt (Chancen und Risiken) und des Unternehmens (Stärken und Schwächen)
2. Problemdefinition und Zielbildung (Innovationsbedarfe)
3. Ideenfindung und -bewertung (Innovationspotenziale)
4. Priorisierung und Auswahl von Innovationskandidaten
5. Entwicklung, Erstellung und Vermarktung ausgewählter Innovationsvorhaben

Im ersten Schritt geht es zunächst darum, die externen Rahmenbedingungen und wirtschaftlichen Megatrends im unternehmensspezifischen Markt- und Wettbewerbsumfeld *systematisch zu analysieren*. Hierfür bietet das Methodenspektrum des strategischen Managements geeignete Instrumente, wie zum Beispiel die PESTEL-Analyse, das Branchenstrukturmodell von Porter oder das 7-S-Modell von McKinsey (Baum et al., 2013). Die damit identifizierten Herausforderungen (Marktentwicklungen, Wachstumserwartungen, Technologieänderungen, Verbrauchertrends etc.) motivieren das Management in der Regel dazu, innovative Wege zu gehen. Weitsichtige Manager werden daher aktiv nach neuen Kundenbedürfnissen, Anwendungsfeldern für Technologien, innovativen Dienstleistungsangeboten und anderen *Marktchancen* Ausschau halten. Ausgehend von den Marktbedingungen müssen anschließend die unternehmensinternen Strukturen und Abläufe untersucht werden, um einerseits Optimierungsbedarfe und andererseits Möglichkeiten zum *Ausbau der eigenen Stärken* zu erkennen.

1. Grundlagen des innovativen Denkens und Handelns

 Für eine systematische Ableitung von Innovationsbedarfen ist es sinnvoll, bereits in der Analysephase nach Produkten bzw. Services, Prozessen und Ressourcen zu differenzieren. Dabei können mit Blick auf die innovationsbezogenen Zielgrößen Zeit, Qualität und Kosten sowie die marktspezifischen Einflussfaktoren unterschiedliche *Ansätze und Instrumente* eingesetzt werden (siehe Abbildung 13).

Analyseansätze	Produkte/Services	Geschäftsprozesse	Ressourcen
technologieorientiert		Technologie-Portfolio (Pfeiffer)	
	Technologiebilanz (Hartmann)		
kostenorientiert	Technologiekostenanalyse (Hartmann/Mild/Sasse)		
	Lebenzykluskostenrechnung (Life Cycle Costing), Total Cost of Ownership		
	Target Costing	Prozesskostenrechnung	Ressourcenkostenanalyse
zeitbezogen	Entstehungs- und Marktzyklusanalyse		
kundenorientiert	Kundenbedarfs-/-zufriedenheitsanalyse		
	Lead User-Methode		
lieferantenorientiert	Crowd Sourcing / Open Innnovation	Lieferzeit- und Verfügbarkeitsanalysen	
mitarbeiterbezogen			Mitarbeiterbefragung
wettbewerbsorientiert	Benchmarking		

Abbildung 14: Mögliche Ansätze und Instrumente zur Analyse von Innovationsbedarfen

Aus *Produktsicht* geht es zunächst darum, die Kundenzufriedenheit und -bedürfnisse zu analysieren, um Ansatzpunkte für eine Verbesserung oder Neugestaltung von Produktfunktionen bzw. Ideen für Neuproduktentwicklungen zu identifizieren. Darüber hinaus müssen die verfügbaren Produkttechnologien sowie die produktspezifischen Entwicklungs-, Erstellungs- und Vermarktungszeiten beleuchtet und bewertet werden. Aus monetärer Perspektive können Innovationsbedarfe aus der Analyse der aktuellen und potenziellen *Erlös- und Bezahlmodelle und Kostenstrukturen* abgeleitet werden. Mit Blick auf die Vermarktung, Finanzierung und Zahlungsabwicklung von Absatzleistungen kann zum Beispiel untersucht werden, ob nutzungsabhängige Preismodelle (z. B. Pay per Use, Software as a Service), innovative Finanzierungsmodelle (z. B. Finetrading) oder digitale Bezahllösungen entwickelt und angeboten werden sollten. Für die Identifizierung produktspezifischer Kostensenkungspotenziale können etwa Konzepte, wie das *Target Costing* herangezogen werden (Horváth et al., 2020). Die Ermittlung der vom Markt erlaubten Produktkosten und Analyse der bisherigen Kosten für die Produktfunktionen und -komponenten deckt Kostenreduktionsbedarfe auf und fördert das Bewusstsein im Unternehmen, permanent nach innovativen Lösungen zur Kostenreduktion zu suchen.

Auf *Prozessebene* lassen sich zum Beispiel technologieorientierte Ansätze, Geschäftsprozessanalysen und das Benchmarking-Konzept einsetzen, um die Problembereiche und -situationen zu identifizieren, für die nach alternativen und innovativen Lösungen gesucht werden muss. Dabei können sowohl aus der Art und Qualität der Prozesse (zum Beispiel Automatisierungsgrad, Fehler und Doppelarbeiten) als auch aus den Prozesszeiten und -kosten Innovationsbedarfe abgeleitet werden. Zur Erkennung von Kostensenkungspotenzialen eignet sich insbesondere die *Prozesskostenrechnung* (Friedl et al., 2022), da diese die gemeinkostenintensiven Prozesse aufgedeckt und somit dabei unterstützen kann, Handlungsfelder für innovative Lösungen (z. B. Digitalisierung, Automatisierung und Outsourcing von Geschäftsprozessen) zu bestimmen.

Im Bereich der *Ressourcen* werden Innovationen meist aus Verfügbarkeits- und Kostengründen sowie organisatorischen, technischen und personellen Entwicklungen notwendig. Für die Ermittlung von Innovationsbedarfen bei der Ressourcenbereitstellung können etwa Lieferantenbeziehungen und Vertragsgestaltungen untersucht, Digitalisierungsgrade und Wissenspotenziale geprüft und Make-or-Buy-Analysen durchgeführt werden. Aus Kostensicht lassen sich beispielsweise Auslastungs-, Kapazitäts- und Kostenstrukturanalysen sowie das *Total Cost of Ownership-Konzept* nutzen (Fischer et al., 2015), um konkrete Problemstellungen für innovative Kostensenkungslösungen zu identifizieren.

Ausgehend von den Ergebnissen der markt- und unternehmensbezogenen Untersuchung müssen nun konkrete Problemlösungsbedarfe abgeleitet, *Innovationscluster* abgegrenzt und eindeutige *Innovationsfelder und -ziele* definiert werden.

In diesem Kontext sollten Unternehmen vor allem darauf achten, die Innovationsfelder und die damit verfolgten *Zielsetzungen möglichst klar zu beschreiben*, um den Suchraum für innovative Ideen und die Innovationskosten adäquat bestimmen zu können. Für die Identifikation innovativer Problemstellungen bieten sich verschiedene Verfahren an, die im nachfolgenden Kapitel 2 „Verfahren zum Erkennen innovativer Problemstellungen" vorgestellt werden.

Nach Festlegung der Innovationsbedarfe beginnt die *Suche nach konkreten Potenzialen* zur Lösung der identifizierten Problemstellungen bzw. Nutzung der erkannten Chancen. Dabei müssen zunächst markt-, technologie- und kostenbezogen Ideen generiert und anschließend hinsichtlich Attraktivität und Risiko bewertet werden.

Überdies sollten Ideensteckbriefe mit groben *Lösungsskizzen* erarbeitet und mit bestehenden Innovationsaktivitäten abgeglichen werden.

Bei der Ideenbewertung sollten einheitliche Kriterien (z. B. Marktpotenzial, Wirtschaftlichkeit, Anpassungsfähigkeit, Risiko, Akzeptanz, Resilienz etc.) verwendet werden, um eine transparente Beurteilung und Auswahl der Innovationskandidaten zu gewährleisten. Basierend darauf sollte zudem eine *Roadmap* mit entsprechender Priorisierung der Innovationsaktivitäten erstellt werden.

Hat das Management schließlich die Freigabe für ein Innovationsvorhaben erteilt, ist zügig mit der Entwicklungsarbeit zu beginnen. Hierbei ist neben einer *professionellen Projektdefinition, -planung und -abwicklung* darauf zu achten, das Projekt mit einem Change-Management und aktiver Kommunikation zu begleiten. Letzteres ist vor allem bei disruptiven Innovationen von zentraler Bedeutung, da der Innovationserfolg hier häufig eine entsprechend hohe *Veränderungsbereitschaft* der Mitarbeiter/-innen erfordert. Bei Produkt- bzw. Dienstleistungsinnovationen müssen zudem die Aktivitäten vom Prototypenbau über die Pilotierung und das Testing bis hin zur Leistungserstellung und -verwertung koordiniert werden. Für eine erfolgreiche Steuerung der Innovationstätigkeit in den einzelnen Prozessphasen ist es überdies notwendig, ein aussagekräftiges und übergreifendes *Innovationscontrolling* im Unternehmen zu etablieren (siehe dazu Kapitel 6.2).

Kernerkenntnisse des Kapitels
- Zu den Voraussetzungen des innovativen Denkens und Handelns gehören in erster Linie *das Wollen und das Tun* – also die innere Einstellung zum schöpferischen Arbeiten. Einführend werden dazu fünf *Kreativitätsregeln* vorgestellt, die die auf den Erfahrungen erfolgreicher Erfinder aufbauen.
- Eine zentrale Rolle beim Erkennen und Lösen innovationsfordernder Situationen spielt das *Lösen der inneren Widersprüche* in den betrachteten Systemen. Allein das Optimieren von Prozessen und Produkten führt in der Regel nicht zu Innovationen.
- Der Prozess des schöpferischen Arbeitens wird im *Inventionsdreieck* schematisch und zugleich anschaulich dargestellt. Dabei zeigt sich auch deutlich, dass wenige Basismethoden – ähnlich der Grundrechenarten in der Elementarmathematik – als methodische Mittel die Basis des Erarbeitens von Erfindungen bilden

können. Die Analogiemethode, die Variationsmethode und die Kombinationsmethode und deren Zusammenspiel über die Kommunikation werden dazu kurz vorgestellt.
- Als *Impulsgeber* für das erfinderische Arbeiten in Unternehmen werden überwiegend die Anwender der Produkte und Prozesse sowie die Kontaktpersonen zu diesen Nutzern wirksam. Daraus ergeben sich Schlussfolgerungen für die Arbeit des betrieblichen Innovationsmanagements.
- Deutlich wird gleichfalls die Bedeutung des *Zusammenspiels von Betriebswirtschaft und technischer Entwicklung*. Der Anstoß für innovative Veränderungen ergibt sich häufig aus ökonomischen Erkenntnissen und Erfordernissen. Dieses Zusammenwirken ist bereits in der beruflichen Ausbildung zu vermitteln und zu trainieren. In die *Lehre der Betriebswirtschaft* sind daher die Inventionsmethoden und deren Einsatz einzubinden und gleichfalls sind in der *technischen Ausbildung* die ökonomischen Anforderungen und Wirkungsweisen genauso wie die ökologischen und humanitären Aspekte umfassend zu berücksichtigen.

2 Rationelle Verfahren zum Erkennen innovativer Problemstellungen

Für die Stellung von Unternehmen im regionalen, nationalen und internationalen Wettbewerb ist es wichtig, Entwicklungstrends und damit entstehende oder sich verändernde Problemstellungen vorausschauend zu erkennen, um sich rechtzeitig auf zu erwartende Situationen einzustellen. Diese vorausschauende Orientierung ist jedoch nicht nur für Unternehmen, sondern u. a. auch für Forschungsinstitute, Bildungseinrichtungen, Ministerien, den Katastrophenschutz und die Landesverteidigung unverzichtbar.

Die Verfahren, die in diesem Kapitel beschrieben werden, betrachten die interessierenden Situationen und Prozesse aus verschiedenen Blickwinkeln und ermöglichen daher jeweils spezifische Erkenntnisse.

Die vorwiegend intuitiv orientierten Verfahren benötigen relativ wenig Aufwand und liefern schnelle Aussagen. Dazu gehört z. B. das destruktive Brainstorming.

Die Delphitechnik und die Szenariotechnik nutzen die Aussagen von Experten, gehen dabei jedoch mit gesicherteren Aussagen in mehrstufigen Entscheidungsräumen vor.

Die Portfoliotechnik stützt ihre Aussagen auf vorwiegend ökonomische Betrachtungsweisen, während die Hüllkurventheorie im Wesentlichen technische Parameter zu Grunde legt.

Die Zusammenhänge in Systemen und Prozessen werden besonders in der Systemanalyse, der Technikfolgenabschätzung, der Prozessanalyse und der Produktlinienanalyse berücksichtigt.

In ihrer praktischen Anwendung sind – je nach der erwarteten Tragweite der Aussagen – Kombinationen aus mehreren Verfahren möglich und sinnvoll.

2.1 Auswahl und Anwendung geeigneter Verfahren

Hilfsmittel für das Erkennen von innovativen Problemstellungen und für die Entwicklung von Handlungsstrategien sind

- Auswerten von Forschungsergebnissen
- Prognosemethoden, Trendanalyse, Hüllkurventheorie
- Systemanalyse, Funktionsanalyse, Prozessanalyse
- Technikfolgenabschätzung
- Wertanalyse

© Der/die Autor(en), exklusiv lizenziert an Springer Fachmedien Wiesbaden GmbH, ein Teil von Springer Nature 2023
E. Busch et al., *Methodik der Innovation*, https://doi.org/10.1007/978-3-658-42737-5_2

- Schwachstellenanalyse
- Kontrolllisten
- Destruktives Brainstorming
- Delphitechnik
- Szenariotechnik
- Portfoliotechnik

2.2 Die System-Analyse

Beispiel aus der Medizintechnik „Neue strahlungsarme Technologie erhöht Strahlendosis"

Nach neun Jahren Entwicklungszeit brachte die Firma St. Jude Medical MediGuide Technology ein neues 3D-Navigations-System auf den Markt. Das Marketingversprechen war, die Notwendigkeit für Fluoroskopie während der Untersuchung und damit die Röntgendosis zu reduzieren. (Abbott, 2016; todaysmedicaldevelopments.com, 2012)

MediGuide ist eine Technologie, bei der mittels Augmented Reality Katheterinformationen über vorhandenes, patientenspezifisches Bildmaterial überlagert wird. Dieses Bildmaterial wird üblicherweise zu Beginn der Prozedur erzeugt, ggf. atem- sowie EKG-gesteuert und anschließend mit einer symbolhaften Darstellung des Katheters überlagert. (Desert Regional Medical Center, 2013)

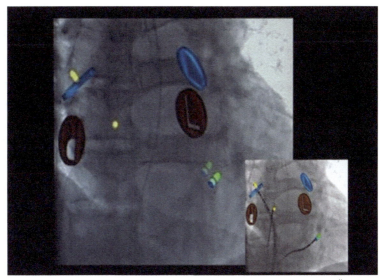

Abbildung 15: MediGuide Technologie - Nutzung von symbolhafter Überlagerung auf EKG und atemsynchronen Röngtenserien.

Der Industriepartner berichtete im Rahmen des gemeinsamen Integrationsprojektes, dass ein namhafter Kardiologe auf einem europäischen Kongress über seine Erfahrungen mit dem Einsatz einer neuen Technologie formuliert hatte: „*Die Nutzung der MediGuide-Technologie führt bei elektrophysiologischen Untersuchungen zu höheren Röntgendosisbelastungen als ohne diese Technologie.*"

Die Überprüfung dieser Aussage bestätigte die Erfahrung des Anwenders.

Es stellte sich heraus, dass in einem frühen Entwicklungsschritt ein Dosisprogramm als Standard definiert wurde, welches zu diesem Ergebnis führte.

In einer *ersten Iteration* wurden Empfehlungen für die verwendbaren Dosisprogramme erstellt und die entsprechenden Systeme durch die Applikationsspezialisten konfiguriert.

Das erforderte einen hohen Reise- und Arbeitsaufwand für diese Spezialisten, der mit einer steigenden Zahl der installierten Systeme wächst.

Daraus ergab sich die Motivation für eine Optimierung in einer *zweiten Iterationsschleife*.

Im Rahmen einer Kooperation mit dem deutschen Herzzentrum in München wurden die Anforderungen hinsichtlich der akzeptablen Bildqualität und Strahlendosis definiert.

Im Dialog mit den Anwendern optimierten die Ingenieure iterativ die Systemparameter, bis das nach dem ALARA Prinzip beste Ergebnis erreicht wurde.

Diese Einstellungen wurden im Rahmen einer Studie verifiziert. Das Ergebnis, eine Reduzierung der Strahlendosis um 77 %, publizierten die Anwender in der Zeitschrift „EP Europace". (Bourier et al., 2016) Nach erfolgter klinischer Evaluierung sind diese Dosisprogramme Standard bei den ausgelieferten Angiographie-Systemen.

Beispiel aus der Medizintechnik „Ausfallzeiten der Medizingeräte durch Wartung"

Der Trend in der medizinischen Diagnostik und der Therapie geht zu spezialisierten Facheinrichtungen mit mehreren Labors auch für die gleiche Modalität. Die nachfolgend beschriebene Erfindung bezieht sich auf das geschilderte Umfeld (siehe Abbildung 16).

Der Problemhinweis verwies auf Störungen des klinischen Betriebs durch Ausfallzeiten bedingt durch Wartung.
Bei der Analyse der Problemsituation wurden Ärzte, technische Abteilung bei Leistungsanbieter im Gesundheitswesen, Anwender bildgebender Systeme und Kollegen einbezogen.

Der Kurztext der Erfindungsmeldung (E. Busch, 2003) „Modulare Rechnerstruktur bei Linksherzkatheterlaboren" führt aus: *„Die Widersprüche sind dadurch gekennzeichnet, dass*
1. *bisher für jedes System separat eine feste, systemgebundene Vergabe von Lizenzen für Aufnahmemodi (z.B. Digitale Subtraktions-Angiographie) oder Nachbearbeitungssoftware (Quantifizierung von Stenosen) erfolgt – aber nie alle Softwarepakete in allen Laboren gleichzeitig genutzt werden,*
2. *jedes System bei Wartung und Softwareaufrüstung/-aktualisierung separat durch das Einspielen von Software-Updates per Datenträger (z.B. CD) adressiert wird – aber die Aufrüstung mit erheblichem zeitlichem und personellem Aufwand verbunden ist,*
3. *„maßgeschneiderte", dedizierte Lösungen für alle Funktionseinheiten, auch der IT-Komponenten, selbst entwickelt wurden – aber im Vergleich zur IT-Branche nur kleine Losgrößen gefertigt wurden und längere Zeiten bis zur Markteinführung vergingen und*
4. *die Integration in bestehende IT-Netzwerke gewünscht und zeitgemäß ist – aber das entsprechende Sicherheitskonzepte für den Schutz vor Viren und „Ausspähen" von personenbezogenen medizinischen Informationen fehlen.*
5. *Für eine effektive Auslastung die Untersuchungen in den LI-IK geplant werden müssen – aber zur zentralen Opti-*

mierung der Tagesplanung die Informationen im einzelnen LHK und im Krankenhausinformationssystem fehlen, bzw. manuell gehandhabt werden müssen."

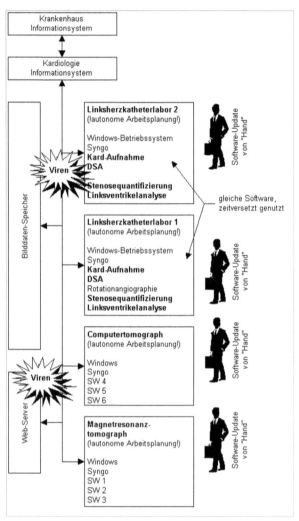

Abbildung 16: IT-Infrastruktur Interventioneller Labore nach (E. Busch, 2003).

Daraus wurde die Aufgabe abgeleitet, eine Lösung zu finden, die die Störungen des klinischen Betriebs auf ein Minimum reduziert.

Unter Einsatz der Arbeitsmethoden Analogiemethode und Optimierung wurde folgender Lösungsansatz im Kurztext der Erfindungsmeldung (E. Busch, 2003) „Modulare Rechnerstruktur bei Linksherzkatheterlaboren" beschrieben:

„*Es wird die in Abbildung 17. skizzierte Systemarchitektur eingesetzt. Der Client im Kontrollraum verfügt über einen konfigurierbaren Bildinformationen, Befundung, Ausgabe von Bildinformationen (z.B. auf Printmedien) beinhaltet. Die Hardwareanforderungen werden auf ein Minimum beschränkt. Die Bilddaten werden am Client in einem flüchtigen Speicher vorgehalten und parallel im Server sicher archiviert.*

1. *Der Server vergibt die Applikations-Lizenzen temporär an die Clients. Auf dieser Basis können für LHK neue Abrechnungsmodelle wie „floating licences" oder „pay per use" realisiert werden.*
2. *Die Softwareupdates werden von extern einmal in den Server gesendet und dann automatisch vom Server auf die Clients dupliziert.*
3. *Für die Clients und Sen/er werden Standard IT-Lösungen genutzt, die in großen Stückzahlen gefertigt werden.*
4. *Auf dem Server sind eine Firewall und Virenscanner installiert, die das nachgelagerte Netz der Clients vor Viren und dem „Ausspähen" von personenbezogenen medizinischen Informationen schützen.*
5. *Aufgrund der im Server für den Tag vorliegenden „Worklist" werden die Prozeduren so auf die einzelnen LHK verteilt, dass eine optimale Auslastung erreicht wird.*"

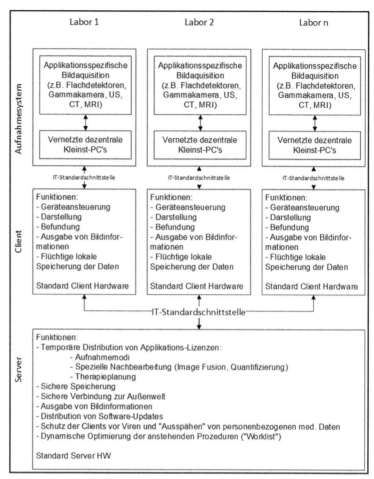

Abbildung 17: Modulare Rechnerstruktur nach (E. Busch, 2003).

2.3 Die Portfoliotechnik

Portfolios werden in vielen Gebieten mit unterschiedlichen Zielstellungen und Vorgehensweisen angewandt. Nachdem die Portfoliotechnik etwa 1952 in der Finanzwirtschaft entwickelt wurde, um eine optimale Kapitalanlage bei möglichst geringem Risiko und maximalem Erfolg zu erreichen, wird dieses Verfahren inzwischen in breitem Umfang angewandt. Im vorliegenden Abschnitt konzentrieren wir uns auf das Produktportfolio. Das Ziel besteht darin, aussichtsreiche Geschäftsfelder zu erkennen und Innovations- sowie Führungsstrategien festzulegen.

Beim Erarbeiten eines Produktportfolios sind die Objekte (Produkte, Verfahren, Marken) des Zielfeldes (Geschäftsfeldes) hinsichtlich
- ihres relativen Marktanteils und
- des Marktwachstums

einzuschätzen bzw. objektiv zu bewerten.
Diese Bewertung ermöglicht die Einordnung der Objekte in die Felder einer Matrix. (Fleig, 2022)
Weit verbreitet ist eine Vierfeldertafel mit den Gruppen
- Question Marks,
- Star,
- Cash Cow und
- Poor Dogs.

Die Arbeit mit der Portfoliomatrix und besonders die dabei ermittelten Erkenntnisse und Ergebnisse werden in der Regel – als grundlegende Managementwerkzeuge – streng vertraulich behandelt. In vielen Fällen können jedoch aus den öffentlich zugänglichen Medien aufschlussreiche Erkenntnisse gewonnen werden.
Im folgenden Beispiel der Firma Siemens Healthineers ergibt sich die Portfoliomatrix aus den angegebenen allgemein zugänglichen Presse-Veröffentlichungen.
- Siemens kauft Corindus (Höpner & Teigheder, 2019)
- Siemens kauft Varian (M. Müller & Deckstein, 2020)
- Medical IT Solutions an Cerner verkauft (*Cerner's Siemens Acquisition: What Does It Mean?*, 2014; Wonneberger, 2014)
- Patienten Monitore an Dräger verkauft (Siemens, 2009)
- Ausbau Standort Forchheim (*Siemens Healthineers baut Standort Forchheim aus*, 2021)
- Börsengang Siemens Healthineers (Schneid, 2017)

In der Matrix sind – neben der allgemeinen Erläuterung des Matrixfeldes – die betreffenden Produkte bzw. Geschäftsfelder eingeordnet.

Abbildung 18: Portfolio-Matrix

Die einzelnen Produkte bzw. Geschäftsfelder sollen zum besseren Verständnis im Folgenden kurz erläutert werden.

Roboter für gefäßchirurgische Eingriffe (Question Mark)
Die roboterassistierten gefäßchirurgischen Eingriffe gewinnen zunehmend an Bedeutung.
„Wenn zum Beispiel bei einer Thrombose eine Gefäßstütze, also ein Stent, gesetzt werden muss, kann der Arzt dies aus dem Nebenraum heraus mit einem Joystick tun. Der Eingriff geht so präziser und schneller. Der Arzt wird so auch weniger Strahlung ausgesetzt." (Höpner & Teigheder, 2019)
Dieses Geschäftsfeld ist durchaus nicht risikofrei. Weitere Forschungsarbeiten und Folgeinnovationen sind erforderlich. Das Geschäftsfeld ist rentabel zu gestalten.

Krebs-Strahlentherapie (Star)

"Stattdessen knüpfen der Firmenchef und seine Vorstandskollegen mit ihrem Zukauf an Bekanntes und Bewährtes an: ihre bildgebenden Geräte wie Computer- oder Magnetresonanztomografen (CTs und MRTs). Denn das jüngste Übernahmeziel Varian gilt als einer der Weltmarktführer bei Bestrahlungssystemen, die in der Krebsbehandlung eingesetzt werden. Die Bestrahlung zählt zu den festen Säulen in der Behandlung von Krebs – vor allem die Planung mittels Software ist heute präziser als je zuvor.

Dadurch hat sie an Stellenwert zuletzt eher noch gewonnen, auch und vor allem in der Kombination mit anderen Behandlungsstrategien wie einer Chemotherapie oder Operation. Siemens Healthineers könnte seine CTs und MRTs enger mit den Geräten von Varian verknüpfen, vor allem im Bereich der Software. Daten über die genaue Lage des Tumors, aber auch seine Abflussgebiete, könnten dann direkt in die Bestrahlungssoftware übertragen werden. Gegenüber Krankenhäusern würde man das wohl als Verkaufsargument für Großgeräte aus dem Hause Siemens ausschlachten.

Kommt der Deal wie geplant zustande, hätten andere Medizintechnikfirmen das Nachsehen, vor allem die Siemens-Hauptkonkurrenten Philips (Niederlande) und GE Healthcare (USA). In der Branche wird angenommen, dass dann die Schlacht um die schwedische Firma Elekta losgehen wird. Sie teilt sich mit Varian einen großen Teil des Marktes für Bestrahlungsmedizin. Siemens hat mit der irrwitzigen Bewertung für Varian die Preise verdorben – eine Übernahme von Elekta würde deshalb wohl ebenfalls entsprechend hochpreisig werden."
(M. Müller & Deckstein, 2020)

„Siemens macht Cashcow Medizintechnik zum Börsestar
Und so setzt Kaeser, dessen Vertrag gerade bis 2021 verlängert worden ist, zum nächsten Coup an: Die Medizintechnik, schon seit längerem eine Cashcow des Unternehmens, geht über den Verkauf neuer Aktien 2018 an die Börse.

Der gesamte Siemens-Konzern schnitt im dritten Geschäftsquartal allerdings schwächer ab als von Branchenexperten erwartet. Das war auch den deutlich geringeren Aufträgen im Vergleich zum Vorjahreszeitraum geschuldet. Erhebliche Rückgänge musste das neu formierte Windgeschäft Siemens Gamesa und die Stromerzeugungssparte Power und Gas hinnehmen. Am Donnerstag wurde indes bekannt, dass sich Siemens in einem Konsortium einen Großauftrag für ein Windkraftprojekt in der Türkei gesichert hat.

In der Sparte Power und Gas, in der unter anderem das Geschäft mit Turbinen gebündelt ist, brach der Auftragseingang um 41 Prozent ein, die Umsätze sanken um zwölf Prozent. Das Geschäft leidet unter Überkapazitäten und Preisdruck. Höhere Restrukturierungskosten drückten das Ergebnis zusätzlich, welches um 23 Prozent abnahm. Restrukturierungskosten belasteten auch das Windenergiegeschäft von Siemens Gamesa." (Schneid, 2017)

Patientenmonitore (Poor Dogs)

„Siemens wird seinen 25-Prozent-Anteil an der Dräger Medical AG & Co. KG an den Mehrheitseigner Dräger verkaufen. Das Medizintechnik-Unternehmen wird dann vollständig in den Besitz von Dräger übergehen. Der Verkaufserlös beträgt mindestens rund 250 Millionen Euro. Darauf haben sich der Vorstand der Drägerwerk Verwaltungs AG als persönlich haftende Gesellschafterin der Drägerwerk AG & Co. KGaA und der Vorstand der Siemens AG verständigt. Die Durchführung der Transaktion steht noch unter dem Vorbehalt der Zustimmung der Kartellbehörden.

Siemens und Dräger haben sich zu diesem Schritt entschlossen, um die Komplexität auf beiden Seiten zu reduzieren. „Überall dort, wo es für unsere Kunden von Nutzen ist, werden wir auch zukünftig die gute Zusammenarbeit unserer Unternehmen fortsetzen und ausbauen. Dies gilt insbesondere für technologische Lösungen an der Schnittstelle zwischen Diagnostik und Therapie", sagte Hermann Requardt, CEO des Siemens-Sektors Healthcare. Siemens hatte im Jahr 2003 das Geschäft des Unternehmensbereichs Elektromedizin in das Medizintechnik-Geschäft von Dräger eingebracht und war dafür mit einem Anteil von 35 Prozent an der Dräger Medical AG & Co. KGaA beteiligt. Im Jahr 2007 reduzierte Siemens seine Beteiligung auf 25 Prozent." (Siemens, 2009)

2.4 Die Hüllkurventechnik

Die Entwicklung der Leistungsparameter von biologischen, technischen oder auch organisatorischen Systemen folgt im Allgemeinen einem s-förmigen Verlauf, einer Wachstumskurve (siehe Abbildung 19).

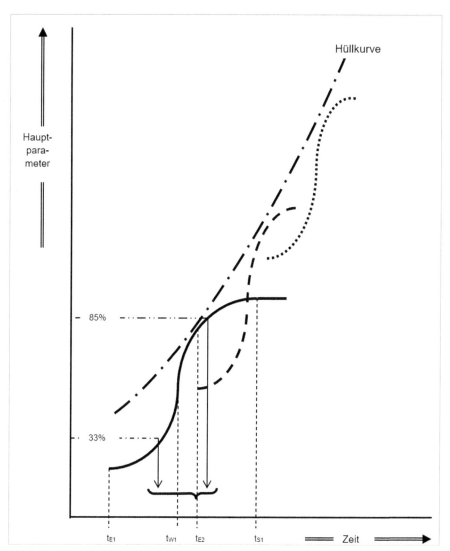

Abbildung 19: Entwicklungskurven.

Nach einer (meist schwierigen) Startphase (bei t_{E1}) beginnt eine progressive Wachstumsphase, die nach Überschreiten eines Wendepunktes zum Zeitpunkt t_{W1} in eine degressive Phase übergeht und ab dem Zeitpunkt t_{S1} nahezu zur Stagnation kommt. Zu einem Zeitpunkt t_{E2} entstehen die Bedingungen für die qualitative Weiterentwicklung (Qualitätssprung) durch eine innovative Lösung. Die quantitative Entwicklung des ursprünglichen Systems läuft noch eine Zeitlang weiter. Das alte und das neue System existieren in dieser Zeit nebeneinander.

Der Zeitpunkt für das Einleiten einer Neuentwicklung ist von der Art der betrachteten Systeme abhängig. Bei herkömmlichen technischen Systemen setze die Neuentwicklung in der Regel dann ein, wenn etwa 85% des Entwicklungspotenzials ausgeschöpft waren. In den Hochtechnologien (z. B. in der Schaltkreisentwicklung) erscheinen neue Lösungen bereits, wenn nur etwa 33% der möglichen Leistung erreicht sind. Der Zeitpunkt t_{E2} liegt daher in einem relativ breiten Toleranzfeld.

Die in der Abbildung 19 eingezeichnete Hüllkurve ergibt sich aus dem Wechsel quantitativer und qualitativer Entwicklungen im betrachteten Gegenstandsbereich.

Ein repräsentatives Beispiel für Entwicklungskurven in der Medizintechnik ist der **Übergang von Bildverstärkern zu Flachdetektoren in der Angiographie.** Dieser startete im Jahr 2000.

Das zugrunde liegende Prinzip ist bei *Bildverstärkern (BV)* und *Flachdetektoren (FD)* ist verschieden. Daraus ergaben sich theoretische technische Vorteile für die Flachdetektoren. Zum Beispiel war die Alterung kein relevantes Thema mehr beim FD.

Die neuen Herstellungsverfahren für den FD waren allerdings in der Hochlaufphase teurer und hatten höhere Ausfallraten. Dies war ein Faktor, der dazu führte, dass die Marktpreise für FD ein Vielfaches von BV betrugen.

Dies wurde – vor allem in den USA – durch entsprechende Vermarktungsstrategien der Krankenhausbetreiber als Wettbewerbsvorteil etabliert und so kompensiert.

Für den klinischen Nutzer ergaben sich initial – wenn man die Technologie der BV und FD separat betrachtet keine klinischen Vorteile, da die Bildqualität sowie die resultierende Dosis bei beiden Technologien vergleichbar waren.

Dies änderte sich in späteren Iterationen zu Gunsten der FD.

(Chase et al., 2015; Kottou et al., 2004)

In 2003 kommunizierte man an die Krankenhausbetreiber, dass
- die Flachbilddetektortechnologie ein höheres Potential für zukünftige Entwicklungen im Hinblick auf eine verbesserte Kontrastauflösung hat.
- die Flachbilddetektortechnologie als digitale Lösung der nächsten Generation wird in der Zukunft die Bildverstärker-/TV-Kette ersetzen.
- dem Kunden für eine Übergangszeit beide Alternativen angeboten werden.

2.5 Die Delphitechnik

Die Bezeichnung dieses Verfahrens bezieht sich auf das Orakel von Delphi. Die Seherin und zugleich Priesterin Pythia saß auf einen Dreifuß und vermittelte den Ratsuchenden im Apollotempel mit vieldeutigen Sprüchen vage Vorhersagen für zu erwartende Ereignisse oder erteilte Anweisungen für zukünftige Vorhaben. (Schwab, 1959)
So erhielt Herakles den Orakelspruch, dass er drei Jahre lang Knechtsdienste leisten müsse, um von seinem Siechtum – das ihm die Götter als Strafe für den Mord an Iphitos auferlegt hatten – befreit zu werden. Nach diesen drei Jahren machte er sich auf den Weg, um ein paar seiner bekannten Heldentaten zu vollbringen.
Auch die nachträgliche ehrenvolle Bestattung des Theseus wurde durch das Orakel von Delphi angeordnet, nachdem sein Geist die Griechen gegen eine zehnfache Übermacht der Perser zum Sieg geführt hatte.

Mit höherer Vorhersagesicherheit gibt das Bundesministerium für Bildung und Forschung seit 1993 die Ergebnisse von Expertenbefragungen als Delphi-Berichte heraus. Beispiele dafür sind „Deutscher Delphi-Bericht zur Entwicklung von Wissenschaft und Technik" und „Potentiale und Dimensionen der Wissensgesellschaft – Auswirkungen auf Bildungsprozesse und Bildungsstrukturen" (Stock, et al., 1998). In diesen umfangreichen Materialien sind Vorhersagen zur Entwicklung auf wichtigen Fachgebieten enthalten.

Das Prinzip der Delphi-Technik besteht darin, dass erfahrene Fachleute in mehreren Runden anonym befragt werden. Nach jeder Befragungsrunde werden die Aussagen verdichtet und an die Experten zurückgemeldet. In der jeweils nachfolgenden Runde sind die gefundenen Ergebnisse weiter zu präzisieren. Bei dieser Vorgehensweise sind drei bis vier Zyklen möglich und sinnvoll.

Folgende Fragestellungen sollen dieses Verfahren veranschaulichen:

Erster Zyklus	Welche Methoden der Krebsfrüherkennung und der Krebserkrankung sind zukünftig zu erwarten?
Rückmeldung	Liste von Diagnose- und Therapiemethoden
Zweiter Zyklus	Zyklus: Kann die erarbeitete Liste erweitert werden? Wie ist die Wichtigkeit der aufgeführten Methoden einzuschätzen?
Rückmeldung	Vervollständigte Liste Rangfolge
Dritter Zyklus	In welcher Entwicklungsphase befinden sich die aufgeführten Methoden? Welche Hemmnis-Faktoren können für jede einzelne Methode auftreten? Wie ist der Bedarf jeder Methode einzuschätzen? In welchem Zeitraum kann die Methode verwirklicht werden?
Rückmeldung	Tabelle mit quantitativen Experteneinschätzungen

Die Ergebnisse können die Grundlage für Expertentagungen und Workshops bilden, um einen Konsens der Meinungen zu bilden. Sie sind durch Experten weiter zu präzisieren und für Entscheidungsprozesse aufzubereiten.

> **Advisory councils** sind in der Praxis vielfach gut in den Strategie- bzw. Portfolioprozess etabliert. (Siemens, 2021)
> Der Erfolg dieser Veranstaltungen hängt maßgeblich von den Personen, den Rahmenbedingungen und der Methodik ab.

> Die *Auswahl der Personen*, die als Advisors eingeladen werden, sollte unter Berücksichtigung der zu erreichenden Ziele erfolgen. In welchem Marktsegment sind sie aktiv? Sind es erfolgreiche und bekannte Persönlichkeiten am Ende der Karriere oder Nachwuchstalente mit viel Potential? Sind sie vorrangig Netzwerker oder Meinungsbildner oder Experten?

> Die Psychologie spielt unter Umständen eine wichtige Rolle bei der *Auswahl der Rahmenbedingungen*. Wählt man den Veranstaltungsort möglichst realitätsnah, z.B. in einer typischen Arbeitsumgebung, oder visionär an einem inspirierenden Ort, z.B. in einem Observatorium, in Räumlichkeiten mit Blick über eine weite Landschaft.

Die *Methodik der Führung* der Advisors mittels Gestaltung des Veranstaltungsprogramm und der Themenauswahl erfordert viel Sorgfalt. Eine Mischung aus initialer Präsentation der Advisors zu Trends sowie fokussierter Bewertung neuer Entwicklungen durch die Advisors hat sich bewährt. Durch dieses Vorgehen wird sichergestellt, dass am Anfang das Marktsegment holistisch betrachtet wird und dadurch vorher nicht berücksichtigte Themen identifiziert werden und dann erst vorher identifizierte Detailthemen besprochen werden.

Für das *Einholen des Feedbacks* durch die Adivisors empfiehlt sich eine offene Fragestellung, da diese mehr Freiheitsgrade bei der Beantwortung ermöglich als geschlossene. Dadurch werden möglicherweise neue Lösungsvarianten ins Gespräch gebracht.
Zum Beispiel: „Was sind die 5 Probleme, die Sie am meisten täglich stören?" oder „Was sind die 5 Dinge die Sie an der aktuellen Technik verbessern würden?"

Ein *rekursiver Realitätscheck* hilft die Relevanz des Problems/ der potenziellen Lösung zu verifizieren. Dies kann durch folgende Fragen erreicht werden: „Was würde sich für Sie ändern, wenn das Problem gelöst würde?" oder „Welchen Einfluss hätte dies auf die Qualität ihrer Arbeitsergebnisse, ihren Arbeitsablauf und das finanzielle Ergebnis ihrer Unternehmung?".
Hier bietet es sich an, danach zu fragen, welche **äußere Rahmenbedingungen diesen Lösungsansatz möglicherweise unterstützen oder hindern**?

Abschließend sollte die *Bewertung der Themen* aus initialer Präsentation der Advisors und den vorgestellten Entwicklungen erfolgen, z.B. durch Wichtung nach (Kosten-)Nutzen-Verhältnis.

Die *regelmäßige Kommunikation mit den Teilnehmern* des Advisory councils über den Fortschritt empfiehlt sich, um kontinuierlich Feedback für den Innovations- und Entwicklungsprozess bereitzustellen oder um Marketing- und Distributionsaktivitäten mit Hilfe der Netzwerker und Meinungsbildner zu unterstützen.

2.6 Die Szenariotechnik

Die Bezeichnung dieser Vorgehensweise ist der Bühnensprache entlehnt. Das Bühnenbild und die Kulissen bilden im Theater den thematischen Rahmen für das Geschehen, für die Szenen.

Bei der Szenariotechnik werden verschiedene Möglichkeiten (Szenarien) für zukünftige Situationen vorausgedacht und alternative Wege (Pfade) in die Zukunftsräume erarbeitet, siehe Abbildung 20: Szenariotechnik

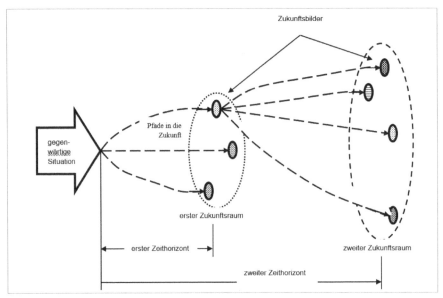

Abbildung 20: Szenariotechnik.

Die Vorgehensweise kann in folgende acht Schritte gegliedert werden:
- Präzisierung der Problemstellung
- Präzisieren des Aussageziels
- Beschreiben der Ausgangssituation
- Beschaffen der erforderlichen Informationen
- Festlegen der Zeithorizonte
- Ermitteln der Einflussfaktoren
- Erfassen der Einflussfaktoren (z. B. mit Kartenumlauftechnik oder Brainstorming)
- Bündeln (Clustern) der Faktoren (Bilden von Oberbegriffen)
- Ermitteln von Entwicklungsrichtungen (Trends)
- Erarbeiten von Varianten / Alternativen

- Darstellen der Wirkungszusammenhänge
- Ermitteln der Interaktionen (Wechselwirkungen) zwischen den Einflussfaktoren
- Erarbeiten einer Systemanalyse (Struktur der Wirkungszusammenhänge)
- Vorausdenken von Störereignissen
- Vorausdenken von möglichen Störereignissen (z. B. mittels Brainstormings oder Delphimethode)
- Ausarbeiten der Szenarien für die gewählten Zeithorizonte
- Ableiten von Konsequenzen
- Ausarbeiten von Strategien

Jedes gelöste Problem, jede erarbeitete Lösung ist eine Quelle und Ausgangspunkt neuer Problemstellungen. Wilhelm Busch formulierte das kurz und einprägsam so: *„Ein jeder Wunsch, wenn er erfüllt, heckt augenblicklich Junge."* (W. Busch, 1909, S. 365)

Nach jeder Problemlösung ist daher zu prüfen,
- wie die gefundene Lösung auch auf andere Fälle und Gebiete übertragbar ist (Mittel-Zweck-Zusammenhang) und
- wie neu entstandene Folgeprobleme präzisiert und bearbeitet werden können.

2.7 Die Prozessanalyse

Ein Beispiel aus der Praxis: Im Jahr 2015 wurde einer der Autoren damit beauftragt, den **Turnaround in einer Problemsituation** zu erreichen, bei der der Auftragseingang für die Produktfamilie A seit Jahren innerhalb einer engen Bandbreite stagnierte.
Nach *eingehender Analyse des Marktsituation und des eigenen Marketingmixes* – bestehend aus Marketing, Produkt, Preis und Vertrieb – wurde im Vertrieb das größte Verbesserungspotential identifiziert.

Für eine *Ursachenbestimmung wurde mit Vertriebskollegen weltweit als Gesprächspartner ein Dialog geführt*. Dabei wurde offensichtlich, dass die Verkäufe des Produktes A stagnierten, weil sich der Vertrieb sich vorzugsweise dem Verkauf anderer Produktfamilien widmete.

Auf die *Frage nach dem Warum* kann ein wertvoller Problemhinweis vom Vertrieb für die Ursache für den geringen Verkauf des Produktes A: *„Für die Konfiguration des Produktes A brauche ich genauso viel Zeit wie für das Produkt B mit dem zehnmal höheren Verkaufspreis. Wo investiere ich wohl meine Zeit, wenn die Provision proportional zum Verkaufspreis ist?"*

Im folgenden Dialog wurde die Ursache auf der nächsten Detailebene sichtbar. Ein komplexes Preisbuch erforderte signifikanten Aufwand und ein hohes Maß an Detailwissen bei der Erstellung eines korrekten Angebotes für Produkt A.
Daraus ergab sich der Ansatz zur Vereinfachung des Preisbuches für Produkt A. Als Ziel dieser Maßnahme wurde dementsprechend formuliert, dass der Aufwand und Provision in einem vom Vertrieb akzeptierten und mit anderen Produktfamilien im vergleichbaren Verhältnis stehen.

Zur Probe wurde dieser Ansatz im Dialog mit dem Vertrieb als Lösung für das identifizierte Problem – stagnierender Auftragseingang – vorgestellt und bestätigt.

Daraufhin erfolgte die Analyse der Nachfrage und das Kaufverhalten, die entsprechende Paketierung der verfügbaren Optionen und letztendlich die Festlegung der inhaltlichen und preislichen Positionierung.

Die *erreichte Lösung* zeichnet sich durch eine signifikante Reduzierung der Komplexität des webbasierten Preisbuches und der somit zu treffenden Entscheidungen sowie dem erforderlichen Wissen aus.

Durch die *Prozessanalyse*, die *Präzisierung der Aufgabenstellung* und die *Optimierung der sichtbaren Systemstruktur* könnte initial, innerhalb von zwei Jahren ein 40%-iges Wachstum erreicht werden.

Als Nebeneffekt wurde eine **erhöhte wahrgenommene Kompetenz des Anbieters** durch den Kunden und eine dadurch **erhöhte Attraktivität des Gesamtportfolios** für den Kunden festgestellt.
Die geschätzte Prozessdurchlaufzeit lag bei 30 Wochen.

In einer *zweiten Iteration* wurde dem Vertrieb für dieses Produkt eine weitere software-basierte Unterstützung zur Verfügung gestellt. Mittels „guided selling" (geführten Angebotserstellung auf Basis von für den Kunden verständlichen Fragen) konnte die **zur Erstellung eines Angebotes erforderliche Zeit nochmal um 73% reduziert** werden.

Der Auftragseingang des Produktes A stieg über einen Zeitraum von sechs Jahren um 75%.

2.8 Die Produktlinienanalyse

Mittels der der Produktlinienanalyse lässt sich abschätzen, welche ökologischen, wirtschaftlichen und gesellschaftlichen Effekte ein Produkt erzeugt (Klöpffer, 1991). Die Summe der Effekte des gesamten Produktportfolios wird dann – wie zum Beispiel im Sustainability Report 2021 der Firma Siemens auf Seite 16 (*Sustainability Report 2021*, 2021, S. 16) – sichtbar.

Kernerkenntnisse des Kapitels
- Das Erkennen und das darauf aufbauende Realisieren von innovationsfordernden Situationen darf in den Unternehmen nicht dem Zufall überlassen werden.
- Die *Innovationsstrategien* müssen gewährleisten, dass sich die Unternehmen rechtzeitig und vorausschauend auf zu erwartende Situationen auf dem Markt, auf wissenschaftliche Erkenntnisse und auf wirtschaftspolitische Trends einstellen.
- Dem *Innovationsmanagement* stehen zum Erkennen von innovationsfordernden Situationen mehrere Hilfsmittel zur Verfügung. Dazu werden besonders die System- und Prozessanalyse, die Portfoliotechnik, die Hüllkurventechnik, die Delphitechnik und die Szenariotechnik anhand von Beispielen dargestellt.
- Diese Vorgehensweisen ergänzen sich mit den Erkenntnissen aus dem betrieblichen Controlling.

3 Diagnose der Problemsituation

Bei dem Wort „Diagnose" werden Assoziationen geweckt, die uns an den Arztbesuch, die Fehlersuche beim Auto oder an die Überwachung und Wartung großer technischer Anlagen erinnern. Allen diesen Situationen ist gemeinsam, dass durch (dia) Erkenntnis (gnosis) die Grundlagen für die weitere Therapie, die Reparatur oder die Wartung geschaffen werden. Ohne eine präzise Analyse bleibt die weitere Arbeit an der Lösung des Problems häufig ein ermüdendes und unbefriedigendes Versuch-und-Irrtum-Spiel.

Damit die Diagnose zielgerichtet und effektiv erfolgen kann, werden in diesem Kapitel einige bewährte Vorgehensweisen in Form von Fragenkatalogen und Leitblättern vorgestellt und an Beispielen erläutert.

Unverzichtbar ist es – im Rahmen der Diagnose – zum Kern des erkannten Problems vorzudringen und Widersprüche im betrachteten System aufzudecken. Solche Widersprüche – die sich sowohl gegenseitig bedingen als sich auch gegenseitig ausschließen – können sich aus widersprechenden Wünschen, organisatorischen Bedingungen oder aus naturwissenschaftlichen Gesetzmäßigkeiten ergeben.

3.1 Systemanalytische Betrachtungsweise

Mit dem Erkennen einer Problemstellung liegt eine noch unscharfe Aussage darüber vor, dass die Lösung eines Problems sinnvoll oder notwendig sein könnte. In dieser Erkenntnisstufe sind im Allgemeinen noch keine ausreichenden Informationen für die Suche nach Lösungsvarianten oder sogar für das Erarbeiten eines Entwurfes für ein Produkt, ein Verfahren oder eine neue Organisationslösung verfügbar.

Die *Diagnose der Problemstellung* geht von einem erkannten Problem aus und führt über eine systematische Aufbereitung zur präzisierten Problemstellung. Die präzisierte Problemstellung hat mehrere Funktionen zu erfüllen.
1. Sie ist erstens die *Basis* für die nachfolgenden Arbeitsschritte;
2. sie muss daher alle wesentlichen Informationen zu ihrer rationellen Bearbeitung enthalten.
3. Sie ist zweitens die wichtigste Quelle zur *Motivierung* der Bearbeiter;
4. sie muss anregen, überzeugen und begeistern.
5. Die präzisierte Problemstellung ist drittens die *Grundlage der Vertragsgestaltung* bzw. der Vereinbarungen zwischen dem Problemsteller (als Auftraggeber) und dem Bearbeiter (als Auftragnehmer);
6. sie muss das Ziel und die Bedingungen im beiderseitigen Interesse exakt bestimmen.

Die Bearbeiterin, der Bearbeiter oder die Bearbeitergruppe müssen unter anderen an die möglichst exakte Beantwortung folgender Fragen denken:
- Welchem konkreten Zweck soll das Ergebnis dienen und welche Bedürfnisse soll es befriedigen?
- Welche Widersprüche sind zu lösen?
- Welches Ergebnis soll erreicht werden?
- In welcher Form soll es vorliegen?
- Welche qualitativen und quantitativen Kenngrößen sind zu erreichen?
- Wann sollen das Ergebnis bzw. die Zwischenergebnisse vorliegen?
- Was darf der Entwicklungsprozess kosten?
- Wie ist die Wirtschaftlichkeit der Lösung gewährleistet?
- Welche Voraussetzungen sind für die Bearbeitung zu schaffen?
- Was liegt bereits vor und ist verfügbar?
- Welche Voraussetzungen sind für eine erfolgreiche Umsetzung des Ergebnisses erforderlich?
- Welche Nebenwirkungen könnten auftreten?
- Welche der Nebenwirkungen sind erwünscht und welche sind unerwünscht?
- Unter welchen Umständen erfolgt die Problembearbeitung?

Nachfolgend wird daher in Abbildung 21 ein Schema zum Aufbereiten von Problemstellungen für das Entwickeln von technischen Lösungen in Anlehnung and die Vorgehensweise in der Systematischen Heuristik dargestellt (Koch, 1983).

3. Diagnose der Problemsituation

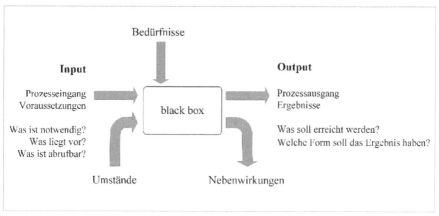

Abbildung 21: Schema zur Aufbereitung von Problemstellungen.

Dieses Leitblatt ordnet sich in folgende Arbeitsschritte ein:
- kritisches Prüfen der Zweckmäßigkeit der Problemstellung
- Präzisieren des Zieles
- Einordnen in das übergeordnete System, Definieren der Gesamtfunktion
- Präzisieren der Vorgaben und Anforderungen
- Erarbeiten des Ist-Standes
- Ermitteln der Teilaufgaben
    - Teilprobleme erkennen und ordnen
    - Teilaufgabenstellungen ableiten und Relationen zwischen ihnen darstellen
- Planen des Lösungsweges und der Ressourcen

Für die Anwendung in einzelnen Fachgebieten ist das Schema in der Abbildung 22 häufig zu allgemein. Nachfolgend werden daher Leitblätter zum Aufbereiten von Problemstellungen für das Entwickeln von technischen Lösungen (Koch, 1983) dargestellt.

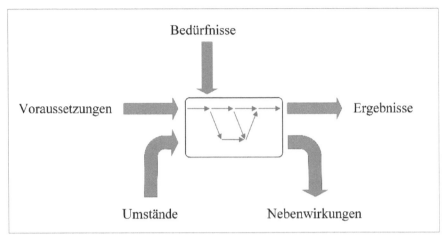

Abbildung 22: Leitblatt zum Aufbereiten von Problemstellungen für das Entwickeln von technischen Lösungen.

Voraussetzungen	Gibt es neue wissenschaftliche Erkenntnisse? Gibt es Änderungen im Kundenverhalten? Sind Veränderungen (Preise, Lieferbeschränkungen) bei den Zulieferungen zu erwarten (Material, Vorleistungen)? Welche neuen technologischen Verfahren gibt es? Welche Veränderungen beim eigenen Personal sind zu erwarten? Gibt es Veränderungen im Patentrecht?
Bedürfnisse	Welche Bedürfnisse wurden erkannt? Welche übergeordneten Zielstellungen, Strategien oder Visionen gibt es? Welche Widersprüche und Trends wurden erkannt? Welche Start- und Schwachstellen liegen vor? Welchem Zweck soll das Ergebnis dienen?
Ergebnisse	Welches Ziel soll erreicht werden? Welche neuen Ziele sind zu erwarten? Welche Parameter sind zu erreichen? Sind Änderungen in den Norm- bzw. Zulassungswerten zu erwarten? Welche neuen Vorgaben sind zu berücksichtigen?
Umstände	Welche Ressourcen sind verfügbar (Zeit, Personal, technische und finanzielle Mittel, …)?

3. Diagnose der Problemsituation

	Was kann förderlich sein (regionale und internationale Kooperationen)?
	Was kann hemmen (Schutzrechtsituation, Einfuhrbestimmungen, Liefer- und Leistungszeiten)?
Nebenwirkungen	Anzustrebende Nebenwirkungen (Patente, Lizenzen, Veröffentlichungen, wissenschaftliche Verallgemeinerungen)
	Zu vermeidende Nebenwirkungen (Verluste, Umweltbelastungen)

Als Hilfsmittel zur Aufbereitung von Problemstellungen sind Datenspeicher zur gezielten Informationsbeschaffung und Programme für das Projektmanagement nutzbar.

Bei der Formulierung des Zieles (output) zeigt sich sehr schnell, dass der Prozess, in dem das Entwicklungsergebnis (die Innovation) einzusetzen ist, genauer zu untersuchen ist. Dazu ist eine Prozessanalyse sinnvoll. Der Gesamtprozess wird in seine

- einzelnen Operationen (Elemente) und
- die (logischen, informationellen, stofflichen bzw. energetischen) Verbindungen (Relationen) zwischen den Operationen

aufgegliedert.

Gleichzeitig sind die *Operatoren* zu ermitteln, die die einzelnen *Operationen* bewirken. Folgende Darstellungsweise ist dazu sinnvoll:

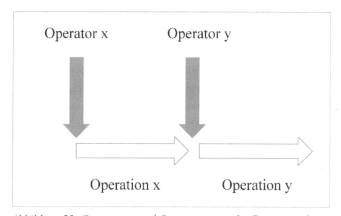

Abbildung 23: Operatoren und Operationen in der Prozessanalyse.

Die Analyse eines Prozesses soll nachfolgend am Beispiel dargestellt werden.

Die Entwicklung eines veterinärmedizinischen Gerätesystems
Die wissenschaftlich-technische und wirtschaftliche Zusammenarbeit der Ingenieure und Wissenschaftler der Staaten Osteuropas erfolgte von 1949 bis 1991 weitgehend im Rahmen von Projekten in gemeinsamen internationalen Arbeitsgruppen.

Das folgende Beispiel soll einige Aspekte dieses speziellen Innovationstransfers verdeutlichen.

Der internationale Trend zu großen Anlagen in der Tierhaltung erfordert eine entsprechende biotechnologische Organisation der Fortpflanzung und eine optimale Ausschöpfung des genetischen Potenzials der weiblichen Zuchttiere und der Vatertiere. Mit dieser Zielstellung wurde 1973 ein „Zeitweiliges Internationales Forschungskollektiv Eitransplantation" unter Federführung des Forschungszentrums für Tierproduktion der Akademie der Landwirtschaftswissenschaften gebildet. In diesem Projekt arbeiteten 25 Wissenschaftler aus sieben osteuropäischen Ländern. Ein wichtiges Ergebnis dieser Zusammenarbeit war die Entwicklung von Verfahren zur nichtchirurgischen Übertragung an Stelle der bisher üblichen chirurgischen Embryonengewinnung. (K. H. Busch, 2009)

Die Umsetzung solcher umfassenden naturwissenschaftlichen Forschungsergebnisse in technische Lösungen erfordert die multidisziplinäre und interdisziplinäre Zusammenarbeit verschiedener Fachgebiete, unter denen auch die Feinwerktechnik einen wichtigen Stellenwert hat.

Dabei musste die Entwicklung des Gerätesystems für den Embryotransfer und dessen Eingliederung in die Reproduktionsprozesse von landwirtschaftlichen Nutztieren denselben Regeln wie die Entwicklung von Systemlösungen bzw. Maschinensystemen für andere technische Prozesse folgen. Unter diesem Aspekt wurde das Gerätesystem für den Embryotransfer als Gesamtheit verschiedenartiger, hinsichtlich ihrer technischen und technologischen Parameter aufeinander abgestimmter und sich ergänzender technischer Arbeitsmittel zur Durchführung des gesamten Verfahrens Embryotransfer verstanden.

Aus dieser Analyse konnten in der interdisziplinären und multinationalen Abstimmung
- die Zielstellung für die Gestaltung des Gesamtprozesses,
- die Grundlagen für das Projektmanagement des Forschungs- und Transfervorhabens,
- die präzisierte Problemstellung für ein „Gerätesystem Befruchtungsbiologie"
- und die Aufgabenstellungen für die einzelnen Geräte des Systems abgeleitet werden.
- Für das Gerätesystem Embryotransfer waren – neben dem Einsatz tierärztlicher Standardinstrumente – die Entwicklung, Erprobung und Fertigung insbesondere folgender Geräte erforderlich:
- Gerätetechnik zur Untersuchung der Uterusmotorik
- ultraschallgeführte Follikelpunktionsgeräte
- Spülgeräte zur Oozytengewinnung
- rechnergestützte Bildauswertungssysteme zum Auffinden und Bewerten von Eizellen und Embryonen
- Geräte zur Kultivierung von Eizellen und Embryonen
- Gefäße für den mobilen Transport biologischer Materialien
- Mikromanipulatoren für biologische Objekte
- programmgesteuerte Tiefgefriereinrichtungen für Embryonen und somatisches Zellmaterial
- Generatoren zur Fusion embryonaler Zellen
- Implantationskatheter

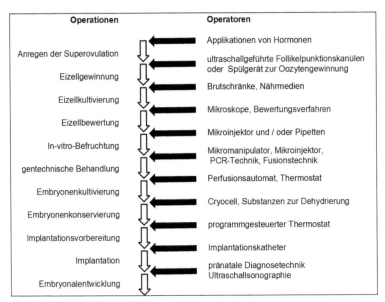

Abbildung 24: Analyse des Systems „Embryotransfer" in vereinfachter Darstellung.

Dieses Beispiel zeigt die enge Verknüpfung der Entwicklung von Gerätetechnik für die Agrarforschung mit der Medizintechnik. Bereits bei der Entwicklung der biotechnischen Verfahren und der gerätetechnischen Lösungen war diese Zusammenarbeit von gegenseitigem Nutzen. Noch deutlicher wurde die enge Verflechtung bei folgenden Entwicklungsaufgaben (K. H. Busch, 2003a):

- Vorrichtung einer Immediatdiagnose von Schädelfrakturen (Patentschrift DD 225 045 A1 vom 04.07.1983)
- Vorrichtung zum Verschließen von Blutgefäßen im tierischen Körper (Patentschrift DD 224 487 A1 vom 12.06.1984)
- Verfahren und Vorrichtung zum Kastrieren männlicher Nutztiere (Patentschrift DD 269 554 A1 vom 29.12.1987)
- Pneumatisches Massagegerät (Patentschrift DD 227 881 A1 vom 02.10. 1984)
- Vorrichtung zum Antrieb künstlicher Herzen (Patentschrift DD 218 558 A1 vom 20.04.1983)

3. Diagnose der Problemsituation

Abbildung 25: Ein Beispiel für die interdisziplinäre Entwicklungsarbeit v. l. Dr. med. Claus Christmann, Prof. Dr. Klaus Henning Busch, Dr. rer. nat. Klaus-Jürgen Kurth.

Neben der Entwicklung und internationalen Nutzung der Verfahren und Geräte, wurden wichtige Erkenntnisse auf dem Gebiet der Befruchtungsbiologie gewonnen und den Forschungseinrichtungen und Unternehmen der beteiligten Länder zur Verfügung gestellt.

Zwischen den Mitgliedern der internationalen Forschungsgruppe entwickelte sich eine Kommunikations- und Lernkultur, die in weitere Vorhaben und in die universitäre Lehre weitergetragen werden konnte. Die berufliche Aus- und Weiterbildung von Tierärzten und Veterinärmedizinischtechnischen Assistentinnen und Assistenten konnte um aktuelle Erkenntnisse bereichert werden.

In einem weiteren Beispiel konnte aus dieser Analyse
- die Zielstellung für die Gestaltung des Gesamtprozesses,
- die Grundlagen für das Projektmanagement des Forschungs- und Transfervorhabens,
- die Zielstellung für ein „Gerätesystem" und
- die Aufgabenstellungen für einzelne Geräte des Systems

abgeleitet werden.

Für einige der Geräte und Verfahren entstanden unter anderem folgende Patente:
- „Selbsterklärende Systemanalyse" US 7,698,596 und DE10351782 (E. Busch & Soukal, 2007, 2010),
- „System to Optimize Radiation Exposure for User and Patient" US 7,490,987 (E. Busch, 2009c) und
- System to calculate and communicate the "path of least resistance" through a chronic total occluded vessel DE102008031146B4 (E. Busch & Übler, 2012)

3.2 Erkennen und Analysieren von Widersprüchen

Bei der Behebung von Problemen, bei der Weiterentwicklung oder der Neuentwicklung von Geräten und Verfahren werden wir – besonders in der Medizintechnik – mit Situationen konfrontiert, in denen entgegengesetzte Wünsche und naturwissenschaftliche sowie Gesetzmäßigkeiten oder organisatorische Bedingungen wirken und die Lösungen (scheinbar) erschweren.

So wird bei bildgebenden Verfahren
- einerseits eine möglichst detaillierte Darstellung der Strukturen und Prozesse mit hoher Auflösung für eine bestmögliche Diagnose und Therapie erwünscht, und
- andererseits ist die Strahlenbelastung für den Patienten möglichst gering zu halten.

Für die Ausstattung von Laboratorien und Operationsplätzen
- sind einerseits möglichst universelle Hard- und Software-Systeme erwünscht, und
- andererseits sind die Anschaffungs- und Einsatzkosten möglichst gering zu halten und die unkomplizierte Bedienbarkeit ist zu gewährleisten.

3. Diagnose der Problemsituation

Häufig wird dann versucht, Kompromisse zu finden oder durch eine Optimierung eine akzeptable Lösung zu finden. Eine zukunftsorientierte Innovation ist im Allgemeinen nur dadurch zu erreichen, dass die im System vorhandenen und erkannten Widersprüche gelöst werden.

Den Begriff „Widerspruch" vereinbaren wir im Rahmen dieses Materials wie folgt: Ein Widerspruch ist der objektive wechselseitige Zusammenhang zweier real vorhandener Gegensätze eines Systems bzw. eines Objektes, die sich sowohl einander bedingen als sich gleichzeitig gegenseitig ausschließen.

Im Rahmen technisch-technologischer Entwicklungsprozesse (Innovationsprozesse) ist es entscheidend, den Hauptwiderspruch zu identifizieren, da von seiner Behebung die Lösung aller untergeordneten Widersprüche wesentlich beeinflusst wird (Klaus & Buhr, 1976)

Die Rolle des Widerspruchs und seiner Lösung spielt bereits in der chinesischen Philosophie durch die Begriffe Yin und Yang eine Rolle. Kant, Hegel und Marx befassen sich grundlegen mit dem Widerspruch (Antagonismus) und seiner Rolle in natürlichen und gesellschaftlichen Systemen. (Klaus & Buhr, 1976)

Kernerkenntnisse des Kapitels
- Die Diagnose der Problemsituation ist der Schlüssel für eine effiziente und konsequent zielgerichtete Problembearbeitung. Von der erkannten, jedoch zunächst noch unscharf formulierten Problemsituation führt die Diagnose – über eine systematische Aufbereitung – zur *präzisierten Problemstellung*. Dabei sind das *Ziel* des Vorhabens – also die angestrebte Innovation – sowie die zur Bearbeitung *verfügbaren Ressourcen* und Potenziale, alle zu erwartenden *Bedingungen* und die erwünschten sowie unerwünschten *Nebeneffekte* zu berücksichtigen. *Leitblätter* unterstützen dabei die systematische Vorgehensweise.
- Das Erkennen des der Problemsituation zugrunde liegenden Widerspruchs deckt den wechselseitigen Zusammenhang der inneren Gegensätze auf, die sich sowohl einander bedingen, als sich auch gleichzeitig gegeneinander ausschließen. Die Lösung des inneren Widerspruchs liefert den Kern einer schutzrechtlichen Sicherung der Invention.
- Für die präzise Erarbeitung der Diagnose ist erfahrungsgemäß ein Zeitbudget von einem Drittel der gesamten Projektbearbeitungszeit vorzusehen.

4 Erarbeiten von Lösungsideen

Die Anzahl der Methoden und Verfahren zum Erarbeiten von Lösungsideen ist nahezu unüberschaubar, und diese Anleitungen sind ein fruchtbares Völkchen, sie vermehren sich ständig weiter.

Dieses Kapitel führt als „Kompass" zu praktikablen Methoden der Ideenfindung. Dabei gelingt es, den Inventionsprozess in die Basiselemente zu zerlegen, die die Grundbausteine der Methoden und Verfahren bilden – ähnlich wie die elementare Mathematik auf den vier Grundrechenarten Addieren, Subtrahieren, Multiplizieren und Dividieren aufbaut.

Die „Grundrechenarten der Invention" sind

- die Analogie,
- die Variation und
- die Kombination

getragen von dem zentralen Element, dem Dialog, und verknüpft durch das Abstrahieren und Konkretisieren.

Die Analogiemethode, Die Variationsmethode und die Kombinationsmethode werden ausführlich beschrieben und mit anschaulichen Beispielen belegt. Die tiefergehende Analyse der Methoden liefert Grundlagen für deren rechentechnische Umsetzung.

4.1 Vielfalt der Methoden

Das Entstehen von neuen Lösungen in der Technik, der Medizin, der Kunst, der Politik, im Militär und im täglichen Leben war und ist noch häufig vom Nebel der Inspiration umschleiert.

Das kreative Arbeiten ist jedoch zunehmend aus dem Stadium der „Alchemie" herausgewachsen. Stattdessen präsentieren erfahrene Praktiker, Wissenschaftler und auch „Kreativitäts-Propheten" eine nahezu unüberschaubare Anzahl von Methoden zum Erarbeiten schöpferischer Ideen. (B. G. Busch, 1999)

Beispiele für grundlegende Veröffentlichungen sind: (K. H. Busch, 1983, 1985; K. H. Busch & Busch, 2015; K. H. Busch & Krause, 1973; Fenzl, 1927; Gordon, 1961; Hansen, 1965, 1976; Hildebrand, 1969; Hill, 2018; Höhne & Koch, 1976, S. 2005; Hürlimann, 1974; Krause, 1989; Lichtenheldt, 1961; Linde, 1988; Linde & Hill, 1993; J. Müller,

1979; Osborn; Ostwald, 1910; Polovinkin, 1976; *Werner Gruner – Leben & Werk*, 2005)

Aus dieser Vielzahl der Methoden ergeben sich für die praktische Arbeit unter anderem folgende Fragen:
- Wenn die Mathematik. die Musik und einige Religionen mit relativ wenigen Elementen (Ziffern, Zeichen, Noten) und wenigen Grundregeln (z.B. zehn Gebote, vier Grundrechenarten) auskommen, kann das kreative Arbeiten – das Erfinden – auch auf wenigen Basismethoden aufbauen?
- Welche Ideensuchmethode ist für eine vorgegebene Problemstellung die günstigste?
- Gibt es eine (universelle) Methode, die für alle Problemsituationen geeignet ist?
- Gibt es ein Ordnungssystem oder eine Klassifizierung der Methoden?
- Welche Methoden sind in die Aus- und Weiterbildung aufzunehmen?

Es zeigt sich, dass ein deutlicher Widerspruch zwischen der Anzahl der größtenteils empirisch gefundenen Methoden und deren theoretischer Basis besteht. Bereits ein oberflächliches Sichten der Methoden lässt deutlich werden, dass viele von ihnen eine unübersehbare Ähnlichkeit untereinander besitzen (H. Busch, 1979).

Diese Situation ist sowohl für das Anwenden von Ideensuchmethoden im Innovationsprozess als auch für das auf die praktische Anwendung orientierte Lernen äußerst problematisch.

Daher ist es sinnvoll und notwendig,
- dass dem schöpferisch tätigen Menschen eine überschaubare Anzahl von Ideensuchmethoden bereitgestellt wird,
- dass er die Kompetenz zum virtuosen Beherrschen und praktischen Anwenden dieser überschaubaren Anzahl von Methoden erwirbt,
- dass das Erwerben der entsprechenden Methodenkompetenz in den Bildungskonzeptionen und Curricula der beruflichen Aus- und Weiterbildung Berücksichtigung findet,
- dass die Lehrenden und die Lernberater über die erforderliche Kompetenz zum Vermitteln dieser Methoden einschließlich der Beratung und Betreuung im Lern- und Arbeitsprozess verfügen und
- dass geeignete Lehr- und Lernmittel (auch unter Nutzung von Informations- und Kommunikationstechniken) bereitgestellt werden.

Es ist erforderlich, den Innovationsprozess in solche Elemente zu zerlegen, die als Grundbausteine der einzelnen Methoden betrachtet werden können und damit eine ähnliche Rolle spielen wie Moleküle in der Chemie.

Im Folgenden wird gezeigt werden, dass die Basismethoden Analogie und Adaption die Grundlagen des schöpferischen Arbeitens bilden können.

Diese Methoden können durch ihre spezifischen Ausprägungen und Werkzeuge sowie durch die ergänzenden Operationen Diagnose, Kommunikation und Transfer (der Inventionen in Innovationen) ergänzt werden.

4.2 Ermitteln von Analogien

4.2.1 Einführende Bemerkungen

Das Ermitteln von Analogien baut auf grundlegenden Vorgehensweisen des menschlichen Denkens auf – auf dem Erinnern an Ähnliches und der Übertragung auf die vorliegende Situation. Analogien können dabei zu den verschiedenen Bereichen der Technik, der Natur, der Kunst oder der Wissenschaft gebildet werden. Dabei kann die Analogiebildung auf verschiedenen Abstraktionsebenen erfolgen. Es sind z.B. Analogien der Funktion, der Struktur, der Form und des Materials möglich.

Die Übertragung von Analogien aus der Natur in die Technik ist das Spezialgebiet der Bionik.

Die Vorgehensweise baut auf der Systemtheorie auf und geht davon aus, dass ein System eine Funktion, eine Struktur und eine Umgebung besitzt. Systeme besitzen also Funktionsmerkmale und Strukturmerkmale. Nach dem Präzisieren der Problemstellung sind wesentliche Funktionsmerkmale als Suchmerkmale zu abstrahieren.

Der Charakter der Analogieermittlung ändert sich in den verschiedenen Phasen des Problemlösungs- bzw. Innovationsprozesses. Während bei der Suche nach prinzipiellen Lösungsideen besonders entfernte und originelle Analogien ermittelt werden sollten, sind bei der konkreten Gestaltung der Lösung näher liegende Analogien sinnvoll (Modellversuche, Ähnlichkeitstheorie, Berechnungsverfahren).

In Abhängigkeit von der Abstraktionsebene und vom Analogiebereich können sich entweder triviale oder originelle Analogien ergeben. Triviale Analogien führen generell nicht zu Erfindungen. Die Suche von Analogien in benachbarten Gebieten (der Technik, der Medizin, der Biotechnologie, der Organisation, der Personalentwicklung usw.) kann sowohl auf der Gebildeebene als auch mindestens noch auf der Gebildeprinzipebene mittels Kataloge oder in Datenbanken als Identifikationsaufgabe realisiert werden.

4.2.2 Anregungen aus benachbarten Gebieten

Wird die Lösung für eine Problemstellung gesucht, stehen zunächst die Fragen:
- Was liegt schon vor?
- Was kann übernommen werden?

Standardisierte Bauelemente oder auch bereits fertig nutzbare Lösungen werden üblicherweise aus Katalogen (Datenbanken) „abgefragt" und direkt übernommen beziehungsweise an die Bedingungen der konkreten Problemsituation durch fachgerechtes Tun angepasst.

Für die Fälle, dass keine hinreichende Lösung übernommen werden kann oder dass eine völlig neue Lösung vorgelegt werden muss, sind zunächst in benachbarten (verwandten) Gebieten ähnliche Lösungen zu ermitteln. Solche benachbarten Gebiete sind zum Beispiel:
- Humanmedizin – Veterinärmedizin
- Fahrzeugmotoren – stationäre Motoren

Hierzu sind
- ein über das enge Fachgebiet hinausgehende Wissen und / oder
- die Nutzung von geeigneten Datenspeichern

erforderlich.

Die erforderlichen Informationen sind unter anderem über
- den Besuch von Messen und Ausstellungen,
- den Besuch von Tagungen und Kongressen,
- die Auswertung der Fachliteratur,
- Recherchen im Internet,
- Patentrecherchen und
- Gespräche mit Fachkollegen aus unterschiedlichen Fachgebieten

beschaffbar.

Aus patentrechtlicher Sicht ist zu beachten, dass Analogien möglichst in entfernten Gebieten zu suchen sind. Anregungen aus benachbarten Gebieten führen nur dann zu schutzfähigen Lösungen, wenn Vorurteile der Fachwelt zu überwinden oder wenn bei der Übertragung des gefundenen Prinzips in die konkrete Problemsituation innere Widersprüche zu lösen sind.

4.2.3 Anregungen aus der Natur

Das Suchen von biologischen Vorbildern für Produkt- Verfahrens und Organisationsinnovationen muss nicht dem Zufall überlassen werden. Von mehreren Wissenschaftlern wurden Wissensspeicher erarbeitet, die ein systematisches Ermitteln von Lösungsideen unterstützen (Hans Marguerre, 1991; Hill, 2018). Ein bereits pädagogisch aufbereitetes Material liegt von Hill vor (Hill, 1996). Dabei werden Kataloge biologischer Strukturen angeboten, die nach einem Orientierungsmodell geordnet sind. Dieses Orientierungsmodell basiert auf biologischen Grundfunktionen und erleichtert damit den Suchprozess.

Das Vorgehen bei der Lösungssuche am Beispiel Analogiemethode wird in Abbildung 26 illustriert.

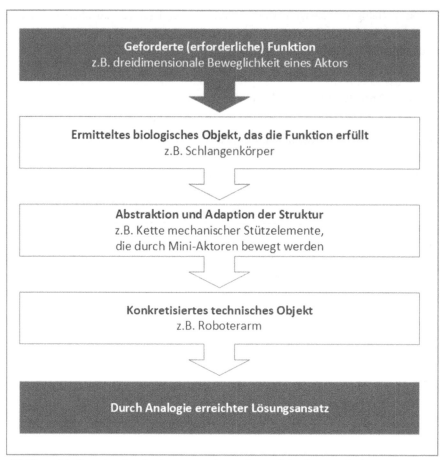

Abbildung 26: Vorgehen bei der Lösungssuche am Beispiel Analogiemethode

4.2.4 Anregungen aus historischen Quellen

Märchen und Sagen sind eine interessante Quelle für Entwicklung neuer Lösungen durch Analogien.
Betrachten wir einige Beispiele.

Der Rattenfänger von Hameln

„Im Jahre 1284 ließ sich zu Hameln ein wunderlicher Mann sehen. Er hatte einen Rock von vielfarbigem, buntem Tuch an, weshalb er Buntig geheißen haben soll, und gab sich für einen Rattenfänger aus. Er versprach, gegen ein gewisses Geld die Stadt von allen Mäusen und Ratten zu befreien. Die Bürger wurden mit ihm einig und versicherten ihm einen bestimmten Lohn. Der Rattenfänger zog darauf ein Pfeifchen heraus und pfiff. Da kamen alsbald die Ratten und Mäuse aus allen Häusern hervorgelaufen und sammelten sich um ihn herum. Als er nun meinte, es wären keine zurückgeblieben, ging er hinaus, und der ganze Haufe folgte ihm, und so führte er ihn an die Weser. Dort schürzte er seine Kleider und trat in das Wasser, worauf ihm alle Tiere folgten und beim Hineinstürzen ertranken.“ (Trommer, 1966, S. 85–86)

Das Anlocken und Vertreiben von Ratten, Mäusen und Maulwürfen mit akustischen Mitteln ist seit einigen Jahren Stand der Technik und die entsprechenden Geräte sind in vielen Versandhauskatalogen zu finden. Der Einsatz akustischer Mittel zur Beeinflussung von Tieren tritt in Sagen und Märchen häufig auf.
Ein weiteres Beispiel dazu ist:

Das Wolfsbacher Geigerlein

*„Es ging einmal ein Geigersmann von einer Kirchweih nach Hause, auf welcher er den Leuten bis tief in die Nacht aufgegeigt hatte. Das Männlein ging ohnedies nicht gern auf dem geraden Weg und kam daher auch in dem dicken Forst, durch den es musste, bald soweit zur Seite ab, dass es am Ende in eine Grube fiel, die der Jäger gegraben hatte, um darin Wölfe zu fangen.
Der Schreck war schon groß genug für den Geiger, als er so ohne weiteres von der Erde hinunter in die Tiefe fuhr. Sein Entsetzen wurde aber noch größer, als er unten auf etwas Lebendiges fiel, das wild aufsprang, und als er merkte, dass es ein Wolf war, der ihn mit glühenden Augen ansah. Der Mann hatte nichts als seine Geige in der Hand. In der Angst fing er an, vor dem geöffneten Wolfsrachen alle seine Stücklein zu geigen, die ihm aber diesmal selber gar nicht lustig vorkamen. Dem Wolf musste jedoch die Musik ganz besonders schön und rührend*

erscheinen; denn er fing an überlaut zu heulen, was wohl – wie bei unseren musikalischen Hunden, wenn sie Sang und Klang hören – gesungen heißen sollte.

Da kam zum Glück der alte Jobst, der Jäger, der den Wolf schon von weiten singen, den Geiger jedoch erst in der Nähe geigen gehört hatte. Der zog den Kapellmeister gerade noch zur rechten Zeit aus dem Rachen des hungrigen Wolfes heraus ...". (Trommer, 1966, S. 86–88)

Der Rattenfänger von Hameln wurde allerdings von seinen Auftraggebern enttäuscht:

„Nachdem die Bürger aber von ihrer Plage befreit waren, reute sie der versprochene Lohn, und sie weigerten ihn dem Mann unter allerlei Ausflüchten. So dass er zornig und erbittert wegging. Am 26. Juni, auf Johannis und Pauli Tag morgens sieben Uhr erschien er wieder, jetzt in Gestalt eines Jägers, erschrecklichen Angesichts, mit einem roten, wunderlichen Hut, und ließ seine Pfeife in den Gassen hören. Alsbald kamen diesmal nicht Ratten und Mäuse, sondern Kinder, Knaben und Mägdlein vom vierten Jahr an, in großer Zahl gelaufen, ... Der ganze Schwarm folgte ihm nach, und er führte die Kinder in einen Berg, wo er mit ihnen verschwand." (Trommer, 1966, S. 86–88)

Vermutlich war damit Buntig auch der Erfinder der Diskothek.

Auch im klassischen Altertum lassen sich bereits interessante Anregungen für modere technische Lösungen finden. Dabei spielen durchaus nicht nur Dädalus und Ikarus mit ihren Flugversuchen eine Rolle.

Herakles, ein Sohn des Zeus und der Alkmene, hatte sich am Scheideweg zwischen „Glückseligkeit" und „Tugend" für den beschwerlicheren Pfad der Mühe und der Arbeit entschieden. Die fünfte Arbeit, die eines Helden wenig würdig war, führte ihn zu König Eurystheus.

„Er sollte den Viehhof des Augias an einem einzigen Tage ausmisten. Augias war König in Elis und hatte große Vieherden. Sein Vieh stand nach Art der Alten in einer großen Verzäunung vor dem Palaste. Dreitausend Rinder waren da geraume Zeit gestanden und so hatte sich seit vielen Jahren eine unendliche Menge Mist angehäuft, den nun Herakles zur Schmach und, was unmöglich schien, an einem einzigen Tage hinausschaffen sollte.

4. Erarbeiten von Lösungsideen

Als der Held vor den König Augias trat und, ohne etwas von dem Auftrage des Eurystheus zu erwähnen, sich zu dem genannten Dienst erbot, maß dieser die herrliche Gestalt in der Löwenhaut und konnte kaum das Lachen unterdrücken, dass einen so edlen Krieger nach so gemeinen Knechtsdienst gelüstete. Indessen dachte er bei sich: der Eigennutz hat schon so manchen wackeren Mann verführt, es mag sein, dass er sich an mir bereichern will. Das wird ihm wenig helfen. Ich darf ihm immerhin einen großen Lohn versprechen, wenn er mir den ganzen Stall ausmistet, denn er wird an einem Tage wenig genug heraustragen. Darum sprach er getrost: „Höre, Fremdling, wenn Du das kannst und mir an einem Tage all den Mist hinausschaffst, so will ich dir den zehnten Teil meines ganzen Viehbestandes zur Belohnung überlassen."

Herakles ging die Bedingung ein, und der König dachte nicht anders, als dass er zu schaufeln anfangen würde. Herakles aber, nachdem er zuvor den Sohn des Augias, Phyleus, zum Zeugen jenes Vertrages genommen hatte, riss den Grund des Viehhofes auf der einen Seite auf, leitete die nicht weit davon fließenden Ströme Alpheos und Peneos durch einen Kanal herzu, ließ sie den Mist wegspülen und dann durch eine andere Öffnung wieder ausströmen. So vollzog er einen schmachvollen Auftrag, ohne zu einer Handlung sich zu erniedrigen, die eines Unsterblichen unwürdig gewesen wäre." (Schwab, 1959, S. 138–139)

Damit wurde Herakles zum Erfinder der Schwemmentmistung.

Methodische Schritte

Im Sinne der Systemtheorie der Kybernetik können alle Systembestandteile einschließlich der Systemumgebung Gegenstand der Analogiebildung sein. Damit ergeben sich folgende Analogieobjekte:
- System
  - Struktur
    - Elemente
    - Relationen zwischen den Elementen (Anordnungen, Kopplungen)
- Funktion
  - Übergangsfunktion (Input-Output-Relation)
  - Entwicklungsfunktion
- Systemumgebung

Hinsichtlich der Analogie der Gestalt können folgende Merkmale in die Analogiebildung einbezogen werden:
- Geometrie (Form)
- Stoff
- Zustand (Aggregatzustände, Spannungszustände)

Die Analogien können in mehreren Abstraktionsebenen gebildet werden:
- Gebildeebene
- Gebildeprinzipebene
- Verfahrensprinzipebene

Analogien können in unterschiedlichen Bereichen gefunden werden:
- benachbarte Gebiete des Problembereiches
- entfernte Gebiete vom Problembereich
- Natur
- Kunst usw.

In Abhängigkeit von der Abstraktionsebene und vom Analogiebereich können sich entweder triviale oder originelle Analogien ergeben, siehe Abbildung 27. Diese Aussage steht im Einklang mit den von (H. Busch, 1981) aufgeführten acht Postulaten zur Heuristizität der Analogie. (H. Busch, 1981)

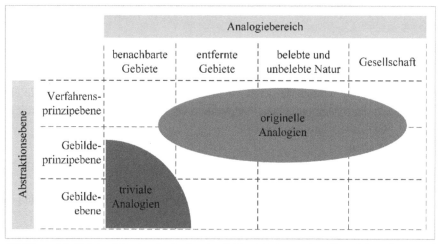

Abbildung 27: Originalität der Analogien in Abhängigkeit von der Abstraktionsebene und vom Analogiebereich.

4. Erarbeiten von Lösungsideen

Triviale Analogien führen im Allgemeinen nicht zu Erfindungen. Die Suche von Analogien in benachbarten Gebieten (der Technik, der Medizin, der Biotechnologie, der Organisation, der Personalentwicklung usw.) kann sowohl auf der Gebildeebene als auch mindestens noch auf der Gebildeprinzipebene mittels Kataloge oder in Datenbanken als Identifikationsaufgabe realisiert werden.

Die *allgemeine Vorgehensweise* bei der Anwendung der Analogiemethode lässt sich wie folgt formulieren:

1. Gegenstand der Analogiemethode sind Systeme (Originale), die in verschiedenen Abstraktionsebenen vorliegen können.
2. Liegt noch keine hinreichende Abstraktionsebene vor, so ist zunächst auf die für die Problemstellung wesentlichen Merkmale zu abstrahieren (siehe Abbildung 27). Diese Merkmale sind für den nachfolgenden Identifikationsprozess (Erkennen von Analoga) fixe (konstante) Suchmerkmale. Häufig sind das Merkmale der Funktion. In Abhängigkeit von der konkreten Problemstellung können auch geometrische (z.B. beim Produktdesign) oder stoffliche Merkmale zu Suchmerkmalen werden.
3. Durch Identifikation werden all die Systeme ermittelt,
   - die die Suchmerkmale besitzen und (im Sinne von „$\wedge$")
   - die im verfügbaren Speicher vorhanden sind und (im Sinne von „$\wedge$")
   - die in der verfügbaren Suchzeit erfassbar sind und (im Sinne von „$\wedge$")
   - bei denen (bei Identifikation durch den Menschen) eine subjektive Identifikationsschwelle überschritten wird.
4. Erkannte analoge System können entweder direkt als Lösung der Problemstellung verwendet oder weiter systematisch aufbereitet werden.
5. Die weitere Aufbereitung der erkannten Analoga zu den erforderlichen Problemlösungen kann über die Analyse der identifizierten Systeme bezüglich der variablen Merkmale, deren Verknüpfung und deren Anpassung (Adaption) an die konkrete Problemsituation erfolgen.

Die *Analogiemethode* ist eine Vorgehensweise im Problemlöseprozess; sie ist damit gleichzeitig Lerngegenstand und Arbeitsinstrument des einheitlichen Lern- und Arbeitsprozesses bei der Realisierung von Innovationen.

Zwischen Methodenanwendung und Lernprozess ergeben sich unter anderem folgende Wechselwirkungen:

Eine effektive Anwendung der Analogiemethode erfordert mindestens folgende Voraussetzungen:
- eine vorangegangene gründliche Präzisierung der Problemstellung
- ein sicheres Beherrschen der methodischen Vorgehensweise mit ihren problemadäquaten Modifikationen und die Fähigkeit, diese an konkrete Problemstellungen anzupassen
- ein breites Allgemeinwissen auf naturwissenschaftlichen, technischen und künstlerischen Gebieten
- eine ausgeprägte Beobachtungsgabe
- die Fähigkeit
    - zum Abstrahieren und Konkretisieren,
    - zum Analysieren und Synthetisieren,
    - zum Identifizieren (nach vorgegebenen Suchmerkmalen) sowie
    - zum Bewerten und Entscheiden (Auswählen, Selektieren)
- die Kenntnis über geeignete Wissensspeicher
- die Befähigung zur Arbeit mit Wissensspeichern einschließlich der eventuell erforderlichen Medienkompetenz
- Bei der Anwendung der Analogiemethode kann die Arbeit in Gruppen, die aus mehreren Fachdisziplinen zusammengesetzt sind, sehr förderlich sein.

„Für das Lernen in Innovationsprozessen *kann die Befähigung zur Anwendung der Analogiemethode direkt in die Projektbearbeitung eingegliedert werden. Dabei hat sind folgende Vorgehensweise bewährt:*
- *Einführung in die Methode*
- *Demonstration der methodischen Vorgehensweise an einem konkreten Beispiel*
- *Anwendung der Methode im konkreten Projektbearbeitungsprozess*
- *Reflexion des Arbeits- und Lernprozesses*
- *Zusatzinformationen über Spezialfälle, Modifikationen und sinnvolle Adaptionen*
- *weiterführende Lernberatung*

Bei der Anwendung der Methode (einschließlich der damit verbundenen Lernprozesse) in Innovationsprozessen kann es sinnvoll sein, den Lehrenden (auch in dessen Rolle als Betreuer und Lernberater) durch externe Experten aus den Fachgebieten zu unterstützen, aus denen die Anregungen zu Analogielösungen gewonnen werden sollen (Erschließen von implizitem Wissen)." (K. H. Busch, 2003b, S. 85)

4. Erarbeiten von Lösungsideen

Die folgende Abbildung ist illustriert eine rechentechnische Realisierung.

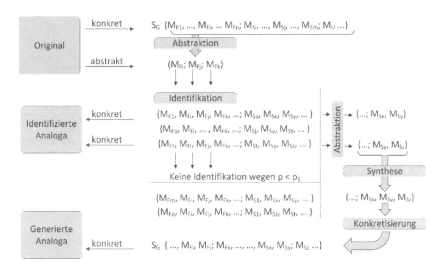

Abbildung 28: Hypothesisches Schema der Analogie.

Beispiel aus der Medizintechnik „Minimierung der Röntgendosis während Angiographieuntersuchungen"

Kurztext aus Patentanmeldung „Visualisierung der Katheterführung mittels Augmented Reatlity"

Die Problemsituation stellt sich wie folgt dar:

„*Zur Führung der Katheter im Gefäßsystem bis zum Herzen sind je nach Untersuchung bis zu mehreren Minuten notwendig. Während dieser Zeit wird nach heutigem Stand der Technik Röntgenstrahlung verwendet, um die Position des Katheters zu bestimmen.*" (E. Busch, 2008b)

Mit Hilfe des Arztes – als eingezogener Partner – wurde folgender Widerspruch formuliert

„*Die Röntgenstrahlung ist schädlich für den menschlichen Körper. Es ist daher ein grundlegendes Anliegen der Medizintechnik, die applizierte Dosis bei gleicher diagnostischer und therapeutischer Leistung zu reduzieren.*" (E. Busch, 2008b)

Daraus ließ sich folgende Aufgabe ableiten:

„Finde eine Möglichkeit, wie die Position des Katheters im Gefäßsystem mit geringerer Menge an Röntgenstrahlung visualisiert werden kann."
(E. Busch, 2008b)

Folgende Lösung wurde vorgeschlagen:
„Der Katheter wird durch ein semitransparentes Display, das über das Operationsfeld geschwenkt wird, erweitert. Auf diesem Display werden präoperativ erzeugte Planungs- und Bilddaten sowie live aufgezeichnete Röntgenbilder/ -serien eingeblendet. Die Katheterbewegungen werden durch ein Zusatzsystem verfolgt und die Position des Katheters auf dem Display zusammen mit präoperativ erzeugten Planungs- und Bilddaten sowie live aufgezeichneten Röntgenbildern/ -serien eingeblendet.". (E. Busch, 2008b)

4. Erarbeiten von Lösungsideen

4.3 Adaption der abstrakten Lösungsideen

4.3.1 Einführende Bemerkungen

Anpassen der gefundenen Anregungen an die konkreten Forderungen und Bedingungen der Problemstellung erfolgt durch
- die Variation und
- die Kombination.

4.3.2 Konkretisieren durch Variieren

Beim *Variieren* werden aus einer vorliegenden Lösung durch zielgerichtete, systematische Veränderungen von Systemeigenschaften verbesserte, weiterentwickelte oder neuartige Lösungsmöglichkeiten abgeleitet.

Die Variation setzt eine Strukturanalyse voraus. Verändert werden können dabei alle Systemeigenschaften, also die einzelnen Elemente, deren Kopplungen und Anordnungen sowie die Funktion und Umgebung des Systems.

Als Variationsoperationen sind neben den quantitativen Modifikationen besonders qualitative Veränderungen durch *Austauschen, Hinzufügen, Weglassen, Zerlegen, Zusammenfassen und Umkehren* möglich.

Einige Möglichkeiten für qualitative Modifikationen sind im Folgenden aufgeführt:

Austauschen	• Materialaustausch
	• Nutzung anderer physikalischer, chemischer oder biologischer Effekte
	• Anwendung analoger Prinziplösungen
Hinzufügen	• Gegenkräfte bzw. Vorspannung vorsehen
	• Aggregation von Elementen (Stift mit Radierer)
Weglassen	• Einsparen verzichtbarer Funktionen, Elemente und Relationen
	• Schaffen von Einzweck- und Spezialgeräten
Zerlegen	• Strukturierung in mehrere Subsysteme (Mehrstufenrakete, Mehrkammerreifen)
Zusammenfassen	• Kombination von Einzelfunktionen zu qualitativ neuer Funktion
	• Integration von Funktionen, Elementen und Relationen (Schlauchreifen)
Umkehren	• Vertauschen ruhender und bewegter Elemente
	• Umkehr von Ursache und Wirkung (Ventilator ⇔ Windmühle)

„Im Rahmen der Kombinatorik wird die Variation als Sonderfall der Kombinationen betrachtet. Aus einigen Untersuchungen zur Variation war zu erkennen, dass die Systemtheorie der Kybernetik eine wichtige Grundlage der Variation ist. Technische Objekte sind Systeme. Sie besitzen Funktion und Struktur und stehen in Beziehung zu ihrer Umgebung. Systeme werden durch eine Menge von Elementen und eine Menge von Relationen, die zwischen diesen Elementen bestehen, bestimmt. Aufbauend auf bisher vorliegenden Untersuchungen zahlreicher Autoren lassen sich folgende Aussagen zur Variation formulieren:

1. Gegenstand der Variation im Rahmen der Erfindungsmethodik sind ideelle Abbilder technischer Lösungen. Diese technischen Lösungen (Gebilde oder Verfahren) sind Systeme, die strukturiert sind und die Funktionen erfüllen können:

$$S\{\vec{M}_F, \vec{M}_S\}$$

$\vec{M}_F$: Menge der Funktionsmerkmale

$\vec{M}_S$: Menge der Strukturmerkmale

Die Struktur wird durch Mengen von Elementen $\vec{M}_E$ und Relationen $\vec{R}$ zwischen diesen Elementen charakterisiert. Sowohl die Elemente als auch die Relationen besitzen Merkmale:

$$M_E\{M_{E1}, M_{E2}, \ldots, M_{En}\}$$
$$R\{R_1, R_2, \ldots, R_n\}$$

2. Die Variation setzt eine Strukturanalyse voraus.
3. Das Wesen der Variation besteht in der quantitativen bzw. qualitativen Änderung (Variationsoperation) von Merkmalen M_x (Variationsobjeckte) der Elemente (M_{Ei}), der Relationen (M_{RJ}) oder der Funktion (M_{FK}) (durch Speicherabfrage):

4. Erarbeiten von Lösungsideen

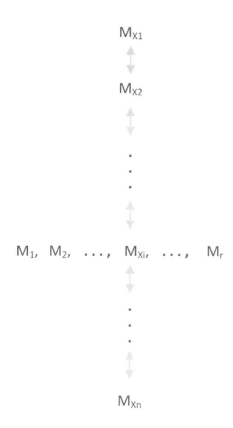

Abbildung 29: Variationsmöglichkeiten nach (K. H. Busch, 1985, S. 61).

(Es zeigt sich eine formale Ähnlichkeit mit der Turingmaschine.)

4. *Bei der Änderung der Merkmale sind in der Regel Abstraktions- und Konkretisierungsoperationen erforderlich.*
5. *Die Anwendung der Variationsoperationen auf die Variationsobjekte ergeben die in* Abbildung 29 *dargestellte Variationsmöglichkeiten.*

In Abbildung 29 wird eine Systematisierung der Variationsmöglichkeiten vorgeschlagen, deren Zweckmäßigkeit durch die Zuordnung der bei (Lohmann, 1960; Polovinkin, 1976) aufgeführten methodischen Regeln geprüft wird. (Lohmann, 1960) gibt folgende Maßnahmen zur Änderung eines Suchfeldes, das aus den Elementen a, b, c ... aufgebaut ist, an (Lohmann, 1960, S. 1293): „An beliebiger Stelle fügen wir z.B. die Elemente m, s und x ein."

Etwa 1980 wurde der Antrieb künstlicher Herzen in der medizinischen Forschung zu einem aktuellen Problem. Die Erinnerung an den damaligen Entwicklungsstand ist durch das Bild des amerikanischen Zahnarztes geprägt, der das Energie- und Antriebssystem für sein künstliches Herz auf einem kleinen Wagen ziehen musste.

Das biologische Problem war damit zunächst zwar technisch gelöst, nicht gelöst war allerdings dabei das Wiedergewinnen einer Lebensqualität mit aller Mobilität, die für ein erfülltes Leben wünschenswert ist.

An den medizinischen Gerätebau wurde daher die Aufgabe herangetragen, neue Pumpen und Antriebseinheiten zu finden, die energiesparend arbeiten, für eine Implantation geeignet sind und das mechanische Zerstören die Blutbestandteile weitgehend vermeiden.

Ausgangspunkt der Diskussion zwischen den Medizinern und Gerätetechnikern waren zunächst mechanische Pumpsysteme. Die Gedanken kreisten um mechanische Systeme mit elektrischem Antrieb. Diese Vorstellungen setzten sich in der Diskussion fest, grenzten das Suchgebiet ein und bildeten einen gedanklichen Wall – eine Barriere.

Die Fachgespräche wurden in einer lockeren, anregenden Form geführt, die für das Entwickeln (Generieren) neuer Lösungsvarianten förderlich war. Schließlich gelang im Dialog der Sprung über die begrenzende Barriere. Die Ideensuche wurde auf weitere Gebiete ausgedehnt. Für die einzelnen Teile des Systems „künstliches Herz" wurden auch entferntere Lösungsmöglichkeiten – also neue Varianten – in Betracht gezogen.

Die dabei entstehenden Ideen verlangten nach einer Ordnung. Für die Systematisierung bot sich das aus der Konstruktionswissenschaft bekannte System an, bei dem ein Gerät (System) gedanklich in seine Baugruppen (Elemente) zerlegt wird und für die vorhandenen Baugruppen bzw. Bauelemente analoge Möglichkeiten gesucht werden. Die Funktionseinheiten werden bei diesem methodischen Vorgehen zu Variablen, für die Varianten gesucht werden.

Am Beispiel der Entwicklung einer Vorrichtung zur Unterstützung des Blutkreislaufes bei Säugetieren (K. H. Busch, 2003a, S. 87) wurde die Funktion „physiologiegerechtes Bewegen des Blutstromes" in die Teilfunktionen
- Energiebereitstellung
- Antrieb
- Pumpe
- Steuern und Regeln

zerlegt.

4. Erarbeiten von Lösungsideen

Die Teilfunktionen werden zu Variablen, für die alternative Möglichkeiten – Varianten – zu finden sind.
Daraus ergab sich die in Abbildung 30 dargestellte Variationstabelle.

Energie	elektrisch	chemisch	mechanisch	biologisch
Antrieb	Elektromotor	Verbrennungsmotor	Muskel	
Pumpe	Kolbenpumpe	Zahnradpumpe	Schlauchpumpe	
Steuerung	konstante Steuerung	dynamische Regelung		

Abbildung 30: Varianten für die Unterstützung des Blutstromes.

Als entscheidende Lösungsidee ergab sich „der körpereigene Muskel". In multidisziplinärer Entwicklungsarbeit wurde daraus eine patentfähige Lösung vorgelegt.

Diese Vorgehensweise ist keineswegs neu. Bereits 1927 stellt Fenzl in seinem Buch „Die Schule des Erfindens" das Variieren am Beispiel der Press- und Schlagwerkzeuge dar. (Fenzl, 1927)

Praxisbeispiel „Gefahrenquelle Kabelführung"
Die disruptive Entwicklung der Angiographic Computed Tomography erlaubt die Erstellung von 3D-Bilddaten direkt im Angiographie-Labor. Dies ist vorteilhaft für die Diagnose und Therapie. (Lauritsch et al., 2005)
Die dazu erforderliche schnelle Rotation des C-Bogens um den Patienten war ein neuer Schritt im Behandlungsablauf. Bei der Rotation bewegt sich der C-Bogen in einem Bereich unter dem Patiententisch, in dem sich üblicherweise auch Signalkabel und Medienzuleitungen sowie bei Vollnarkose auch der Respirationsschlauch befinden. Diese Kabel, Zuleitungen und Schläuche sind Verbindungen zwischen dem Patienten und den medizinischen Geräten.

Problemsituation
Bei der schnellen Rotationsbewegung des C-Bogens können diese Kabel, Zuleitungen und Schläuche mitgeschleift werden und ggf. dabei aus den Anschlüssen an den Geräten oder aus dem Patienten gerissen werden. Aus diesem Grund bestand eine potenzielle Gefährdung für die Gesundheit des Patienten und für die Unversehrtheit der medizinischen Geräte.

Dies verkomplizierte die bereits herausfordernden Arbeitsbedingungen für die Anästhesie nochmals.

Bei der Entwicklung und Implementierung der ACT wurde das klinische Umfeld initial nicht ausreichend berücksichtigt. Erst durch die Anwendung des Verfahrens in der medizinischen Praxis wurde das Problem offensichtlich.

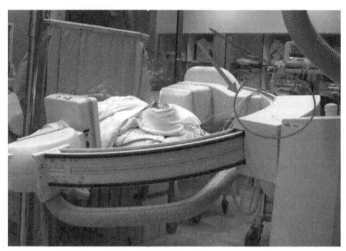

Abbildung 31: Signalkabel bei der Rotationsangiographie.

Impulsgeber
Die Anregungen für die iterative Weiterentwicklung formulierten und übermittelten die Anwender.

Arbeitsschritte der Problemlösung
- Praktikable Lösungsversuche (trial and error): In einer ersten Iteration fixierten die Applikationsspezialisten die Kabel, Zuleitungen und Schläuche mit im Labor verfügbaren Verbandsmaterialien am C-Bogen. Diese Lösung war für die Anwender nicht zufriedenstellend
- Auftragserteilung: Auf Basis dieser Rückmeldung durchlief das Problem eine weitere Iterationsschleife. Nach Analyse der Problemstellung wurde zu deren Beginn ein Entwicklungsauftrag erteilt. Die Lösung anhand der zu präzisierenden Problemstellung sollte im Rahmen einer Diplomarbeit erfolgen (Braune, 2009).

- Präsisierung der Aufgabenstellung: In Abstimmung mit dem Anwender definierten die involvierten Kollegen die Lösungskriterien, z. B. Durchmesser der verwendeten Kabel und erforderliche Position der Kabel am Angiographie-System.
- Dekomposition: Es folgte die Zerlegung des Gesamtproblems in Teilprobleme, z. B. der Positionierung der Kabel an bestimmten Orten, der Minimierung der Belastung der Kabel durch Bewegung des C-Bogens und Gewährleistung eines schnellen Zugangs.
- Erarbeiten von Lösungsvarianten: Für die Teilaufgaben erarbeiteten die Entwickler verschiedene Lösungsprinzipien. Dabei wurden die folgenden Lösungsmethoden eingesetzt: Variantenbewertung, Variations- und Dialogmethode.

Der *Dialog* stützte sich besonders auf das Brainstorming unter Nutzung von Skizzen. *Analogien* wurden u. a. in der Kabelführung in Lenksäulen von Fahrzeugen und in der Positionierung des Bord-MG in der Propellerachse.

Für die *Variation* wurde folgende Variationstabelle verwendet (gekürzte Darstellung).

Variable	Varianten	Bewertung
Position der Führung	Führung drüber	
	Führung zentral	
	Führung Boden	
	Führung im Unterboden	
Fixierung der Kabel	Kabelklammern	
	offener Kanal	
	Rohr	

Abbildung 32: Variationstabelle.

- Musterbau: Die Fertigung des Funktionsmusters erfolgte im Musterbau.
- Inverkehrbringung: Nach der Produktion folgte die Inverkehrbringung. Die bevorzugte Lösung führt die Kabel, Zuleitungen und Schläuche im Isozentrum der C-Bogen-Rotation. Die Bewegung der Kabel ist dadurch minimal.

In der klinischen Praxis erfüllte die Lösung die Erwartungen hinsichtlich Patientensicherheit und Arbeitsablauf für die Anästhesie.

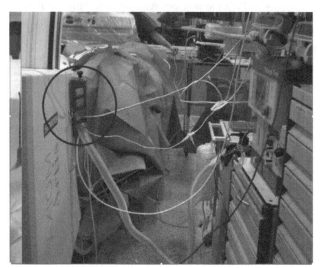

Abbildung 33: Kabelhalter im Angiographie-Labor.

4.3.3 Konkretisieren durch Kombinieren

Das Kombinieren baut auf dem Variieren auf. Zunächst wird die Gesamtfunktion in Teilfunktionen zerlegt. Für die wesentlichen Teilfunktionen werden Realisierungsvarianten ermittelt. Diese Varianten sind dann vollständig oder teilweise miteinander in Beziehung zu setzen (zu kombinieren). Als Darstellungsformen sind die Kombinationstabelle und die Kombinationsmatrix üblich. Die Methode des morphologischen Kastens (Zwicky, 1989) trug zur Popularisierung der Kombinationsmethode bei.

Die Darstellung als Matrix ermöglicht es, die einzelnen Felder in ihrem Zusammenhang zu betrachten und Vorzugsvarianten sowie bereits patentierte oder veröffentlichte Lösungen besonders zu kennzeichnen. Damit kann auch die Erarbeitung von Schutzrechtsstrategien erleichtert werden.

Aus Sicht des Patentrechtes ergeben sich Restriktionen, die auf die Schutzfähigkeit des Ergebnisses Einfluss haben. So sollten Varianten generell in entfernten Gebieten der Technik oder in der belebten oder unbelebten Natur gesucht werden, wenn ein Patent angestrebt wird. Die Kombination von einzelnen Elementen muss zu einer überraschenden, nicht vorhersehbaren Wirkung führen, die einen technischen Fortschritt realisiert. Dabei ist unter Verschmelzung der Einzelfunktionen eine neue einheitliche Funktion zu erreichen, die qualitativ über die Wirkung der Summe der

4. Erarbeiten von Lösungsideen

Einzelelemente hinausgeht. Aggregationen führen nicht zu patentfähigen Lösungen. Der Austausch bekannter Mittel (Schraube ↔ Niet ↔ Nagel) führt nicht zu schutzfähigen Lösungen, da diese Mittel als Äquivalente betrachtet werden. Patente können nur erreicht werden, wenn durch den Austausch von Materialien oder Elementen unerwartete technische Wirkungen entstehen.

„*1. Gegenstand der Kombination sind Systeme.*
2. Das betrachtete System wird analysiert und in Elemente zerlegt.
3. Relevant erscheinende Merkmale von Elementen werden variiert. (Zum Finden neuer technischer Lösungen werden vorwiegend Varianten von Teilfunktionen ermittelt. Prinzipiell können jedoch alle Merkmale des Systems und seiner Umgebung qualitativ und quantitativ geändert werden.) Voraussetzung für die Kombination ist, daß mindestens zwei Merkmale variiert werden.
4. Die Varianten werden vollständig oder teilweise (mit Einschränkungen) in Beziehungen gesetzt. Vorzugsweise Darstellungsform ist die Matrix.

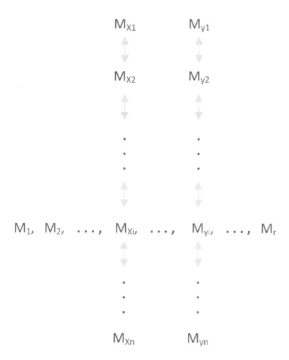

Abbildung 34: Kombinationsmöglichkeiten (K. H. Busch, 1985, S. 68)

Es ist zu erkennen, daß die Menge der Operationen der Variation eine Untermenge der Operationen der Kombination ist." (K. H. Busch, 1985, S. 68)

Kernerkenntnisse des Kapitels
- Das Erarbeiten von Lösungsideen baut sowohl auf intuitiven als auch systematischen Vorgehensweisen auf. Es zeigt sich, dass aus der nahezu unübersehbaren Vielfalt der bekannten Methoden, Verfahren, Regeln und Empfehlungen nur wenige *Basismethoden* zur Ideensuche erforderlich sind.
- Die *Analogiemethode* nutzt Ähnlichkeiten zu vorliegenden Lösungen aus der Natur, der Technik, der Literatur und der Geschichte um Anregungen für neue Ideen zu erhalten.
- Die *Variation* entwickelt aus vorliegenden Lösungsansätzen durch eine systematische Änderung von Systemeigenschaften neuartige Lösungsmöglichkeiten.
- Die *Kombination* setzt Ergebnisse der Variation vollständig oder teilweise miteinander in Beziehungen und stellt sie vorzugsweise in Form einer Kombinationstabelle oder Kombinationsmatrix dar.
- Die ermittelten Lösungsideen sind hinsichtlich der in der Diagnose ermittelten Kriterien zu *bewerten* und für die weitere Projektbearbeitung auszuwählen. Dabei ist in dieser Projetphase – neben ökonomischen, technischen, ökologischen und wirtschaftspolitischen Belangen – besonders auf schutzrechtliche Bedingungen zu achten (störende Patente und Gebrauchsmuster, Chancen für eigene Patentanmeldungen).
- Die Formalisierung der Ideensuchverfahren schafft Grundlagen für die Ideensuche mittels der *künstlichen Intelligenz* (KI).

5 Die Kommunikation im Innovationsprozess

In diesem Kapitel wird herausgearbeitet, dass der Dialog eine zentrale Rolle in den schöpferischen Prozessen spielt. Die Funktion – und die Probleme, die bei unzureichender Abstimmung zwischen den Beteiligten auftreten können – werden an Beispielen dargestellt.

Auf der Definition der „Kommunikation" aufbauend, werden sowohl rationelle und gewährte Verfahren zur Dialogführung (Dialogmethode) als auch die Entwicklung der Kommunikation in schöpferischen Gruppen und die Anforderungen an deren Führung beschrieben.

Die Kommunikation in internationalen und global arbeitenden multidisziplinären Gruppen wird neue Anforderungen an deren Gestaltung stellen.

5.1 Die zentrale Rolle des Dialogs

In der schematischen Darstellung der Operationen in schöpferischen Prozessen steht der Dialog nicht zufällig im Zentrum des Inventionsdreiecks. Der Dialog ist ein unverzichtbares Element in allen Operationen des Innovationsprozesses.

© Der/die Autor(en), exklusiv lizenziert an Springer Fachmedien Wiesbaden GmbH, ein Teil von Springer Nature 2023
E. Busch et al., *Methodik der Innovation*, https://doi.org/10.1007/978-3-658-42737-5_5

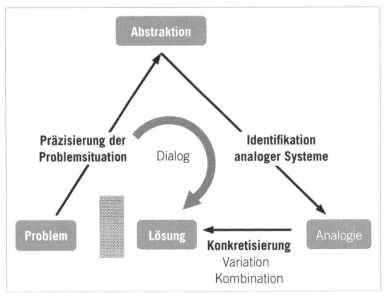

Abbildung 35: Stellung des Dialogs im Inventionsprozess nach (E. Busch, Bulitta, et al., 2021).

Beim *Erkennen von Problemstellungen* „stolpert" nicht selten eine einzelne Person über einen Mangel, der behoben werden sollte, oder über eine Situation, die günstiger gestaltet werden könnte. Häufig entspringen die Impulse für die Lösung einer Problemstellung jedoch der Kommunikation zwischen mehreren Beteiligten.

Im Rahmen der Untersuchungen zur „Entwicklung biomedizintechnischer Geräte mit großer und langlebiger Basis und den damit verbundenen Dienstleistungen" (E. Busch, 2021) zeigte sich, dass sowohl der Vertrieb als auch die Kunden, das Produktmanagement, der Service und die Konkurrenz als Impulsgeber für Neu- und Weiterentwicklungen fungieren können. Die Kommunikation im Rahmen der Kontakte des Vertriebes mit den Anwendern lieferten mehr als zwei Drittel der Anregungen

5.2 Das zentrale und tragende Element im Inventionsprozess

Unverzichtbar ist weiterhin der Dialog bei der *Präzisierung von Problemsituationen*. Die Erfahrungen im wissenschaftlichen Gerätebau (K. H. Busch, 2003a) und bei der Entwicklung und Weiterentwicklung von Medizintechnik zeigen, dass Fehlentwicklungen häufig aus einer unzureichenden Kommunikation zwischen den beteiligten Partnern und damit aus einer mangelhaften Präzisierung der Problem- bzw. Aufgabenstellung resultieren.

5. Die Kommunikation im Innovationsprozess

Zwei einfache Beispiele sollen das veranschaulichen.

Im **ersten Fall** gab ein Biologe in einem Institut für Gewässerforschung die Skizze für eine „Schüttelvorrichtung" (Abbildung 24) in einer der Institutswerkstätten – mit der Bitte um baldige Anfertigung – ab.

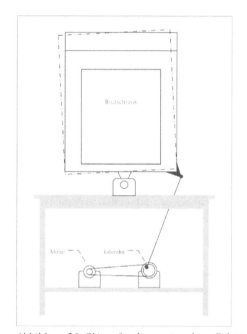

Abbildung 36: Skizze für die gewünschte „Schüttelvorrichtung".

Zu der baldigen Anfertigung kam es nicht, da die Werkstatt zum Bereich „Wissenschaftlicher Gerätebau" gehörte und sich die Physiker und Mechaniker dieses Bereiches den Auftrag näher ansahen.
Bei einer Tasse Kaffee (vermutlich waren es mehrere) entstand die folgende neue – gemeinsam erarbeitete – Aufgabenstellung:

Zur Lösung der Forschungsaufgabe ... ist es erforderlich, dass lebende Zellen in einer Nährlösung bewegt werden, um günstige Bedingungen für die ablaufenden Lebensvorgänge (speziell für den Stoffwechsel) zu sichern.

Folgende Bedingungen sind gegeben:

- Die Zellen befinden sich mit ihrer Nährlösung in Glasschälchen mit folgenden Abmessungen ... .
- Die Glasschälchen werden in einem Brutschrank mit den Innenabmessungen ... , einer Temperatur von ... +- .. °C und einer Luftfeuchtigkeit von ... % positioniert.
- Der Brutschrank hat die Außenabmessungen von ... x ... x ...mm und eine Masse von ...kg.

Folgende Forderungen sind einzuhalten:
- Im Brutschrank sind sterile Bedingungen zu garantieren.
- Die günstigste Bewegungsfrequenz wird im Bereich von 1 bis 10 Schwingungen pro Minute erwartet.
- Die Frequenz muss in diesem Bereich regelbar sein.

Aus der im kollegialen Dialog abgestimmten Aufgabe wurde das folgende Grundprinzip abstrahiert:
- Kugelförmige, druckempfindliche organische Gebilde von ... mm Durchmesser sind relativ zu der sie umgebenden Flüssigkeit zu bewegen.

Ausgeliefert und erfolgreich eingesetzt wurde letztlich eine elektromagnetisch erregte Taumelscheibe, die in den Brutschrank eingebracht wurde.

In einem **zweiten Beispiel** handelt es sich um ein Gerät zum Testen der Fitness von Labortieren.
In gemeinsamer Arbeit von Biologen und Mechanikern wurde in einem Forschungsinstitut ein mehrspuriges Laufband für die Arbeit mit Mäusen (als Modelltiere) entwickelt und erfolgreich eingesetzt. Das Gerät war mit zweckentsprechender Mess- und Regeltechnik ausgestattet.

Während einer Fachtagung wurde das Interesse anderer Forschungslabore für diese Technik geweckt. Eines dieser Labore erteilte an die Institutswerkstatt – als Hersteller des Laufbandes – einen Auftrag zur Fertigung eines Gerätes für den Einsatz mit Modelltieren.
Das Gerät wurde gefertigt und einsatzbereit geliefert.
Die Reaktion der Mitarbeiterinnen und Mitarbeiter des empfangenden Labors war ernüchternd: „... *und wie sollen wir unsere fetten Meerschweinchen in die schmalen Laufbahnen bekommen?*"

Beim Erteilen des Auftrages hatte man es einfach unterlassen, hinreichend zu kommunizieren und die Aufgabenstellung präzise zu formulieren.
Modelltier ist eben nicht Modelltier.

Bei der *Ermittlung von analogen Systemen* wird der Suchraum durch das Zusammenwirken von Personen aus unterschiedlichen Fachgebieten und aus allen Phasen des Entwicklungs- und Anwendungsprozesses wesentlich erweitert und ermöglicht damit unerwartete kreative Lösungsideen.
Schließlich kann die *Konkretisierung der Lösungsidee*, also die Anpassung der Idee an das konkrete Einsatzgebiet nur dann optimal gestaltet werden, wenn ein vertrauensvoller Dialog zwischen den Anwendern und den Entwicklern geführt wird.

Die Kommunikation erweist sich damit als das zentrale und tragendes Element im gesamten Inventionsprozess.

5.3 Grundlagen der Kommunikation

Unter dem Begriff *Kommunikation* verstehen wir in diesem Buch die Übertragung von Informationen zwischen Personen sowie zwischen Personen und Computern.

Die Übersetzung des lateinischen Wortes „communicare" ergibt die Bedeutung „teilen, mitteilen". (Auch in den sozialen Netzen begegnet uns das „Teilen" wieder.)

Die Informationen können sowohl verbal als auch nonverbal vermittelt werden.
Für eine wirksame Gestaltung der Kommunikation stellt die *Kommunikationspsychologie* wichtige Grundlagen bereit. (Frindte & Geschke, 2019)

Die Kommunikationspsychologie beschäftigt sich – als ein Teilgebiet der Psychologie – mit der wissenschaftlichen Untersuchung und mit der praktischen Gestaltung des Informationsaustausches zwischen einzelnen Personen und innerhalb von Personengruppen. Sie ist daher für Lehr- und Lernprozesse, für Trainingsmaßnahmen sowie für die Führung und Entwicklung von Organisationen von Interesse. Im Rahmen von Innovationsprozessen ist sie die Grundlage für die Arbeit schöpferischer Kollektive (siehe Abschnitt **Die besondere Wirksamkeit schöpferischer Gruppen**) und internationaler Forschungsgruppen.

Für die Beschreibung des Kommunikationsprozesses wird häufig das Sender-Empfänger-Modell verwendet (siehe Abbildung 37). Dieses Modell basiert auf einem Vorschlag von Claude E. Shannon und Warren Weaver. (Röhner & Schütz, 2015)

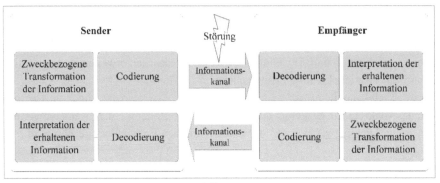

Abbildung 37: Sender und Empfänger Modell.

Im Rahmen dieses Buches interessiert uns ein besonderer Bereich der Kommunikation: der *Dialog*. Der Dialog bezieht sich im Allgemeinen auf eine wechselseitig geführte Rede (Zwiegespräch, Konversation) zwischen zwei oder mehreren Personen.

Dabei werden Assoziationsketten generiert, um – von einer Startsituation aus – die Verknüpfung von Vorstellungen, Begriffen und anderen Merkmalen einzuleiten. Die methodischen Elemente und die übrigen vorliegenden Bewusstseinsinhalte werden im Gehirn durch Assoziationen verbunden.

Für den Begriff „Assoziationen" verwenden wir folgende Erläuterung wie im „Philosophischen Wörterbuch auf Seite S. 131 – 133 definiert:

„Assoziationen zwischen Bewusstseinsinhalten sind die Widerspiegelung objektiv existierender Zusammenhänge zwischen Dingen, Systemen, Prozessen usw."
(Klaus & Buhr, 1976, S. 131–133)

Die Verbindungen können
- nach der Ähnlichkeit,
- nach der Gegensätzlichkeit und
- nach der räumlichen oder zeitlichen Nähe
- unterschieden werden.

Die Vorstellungen lassen sich auch mit psychischen Inhalten, wie zum Beispiel mit Gefühlen und Reizsituationen verknüpfen.

Zufällige Assoziationen können auch mittels Computer generiert werden. Die Rechentechnik bietet dabei die Möglichkeit, definierte Typen von Assoziationen zu generieren.

5. Die Kommunikation im Innovationsprozess

Da sich die von einer einzelnen Person generierten Ketten zunehmend auf subjektiv „eingefahrenen Bahnen" bewegen, sind bei der Ideensuche häufig keine neuartigen Lösungen zu erwarten. Um das Einengen des Suchraumes zu verhindern, können geeignete Verfahren zur Ermittlung innovativer Lösungen eingesetzt werden.

Wenn wir zum Beispiel in einer Kaffeerunde sitzen und aufmerksam zuhören, können wir feststellen:
- Ein Wort gibt das andere.
- Die Beteiligten kommen vom Hundertsten ins Tausendste.

Genau dieses „Abschweifen" und „Ballzuspielen" nutzen wir in den *Dialogmethoden*, um eingefahrene Bahnen zu verlassen und Hürden zu überspringen.

5.4 Rationelle Kommunikationsverfahren im Innovationsprozess

Ein bewährtes und häufig eingesetztes Verfahren ist das Brainstorming (die Ideenkonferenz).

Der Einsatz dieser rationellen Dialogform hat sich bei der Suche von Lösungsideen in den Fällen bewährt, in denen überhaupt irgendeine Idee zu finden ist – oder wenn unkonventionelle Lösungen erreicht werden sollen. Diese Vorgehensweise eignet sich darüber hinaus zur Auflockerung des Gruppenklimas in intensiven Arbeits- und Trainingsphasen.

Beim Brainstorming wird die Ideensuche konsequent von der Bewertung der Ideen getrennt. Besonderes Augenmerk wird darauf gelegt, eine Atmosphäre zu schaffen, die eine positive psychologische Beeinflussung für den ungehemmten Ideenfluss schafft.

Dazu gibt es einige bewährte „Spielregeln":
- Zur Durchführung sind 5 bis 12 „Mitspieler", ein „Spielleiter" und möglichst ein Protokollant erforderlich.
- Die Dauer einer Brainstorming-Sitzung sollte 20 bis 50 Minuten betragen.

Folgende Verfahrensweise sollte beachtet werden:

Vorbereitung
Die Einladung mit Bekanntgabe der Problemstellung sollte rechtzeitig und möglichst schriftlich erfolgen. Dabei ist auf eine günstige Zusammensetzung der Gruppe zu achten (Fachleute aus anderen Gebieten hinzuziehen; möglichst hierarchisch Gleichrangige einbeziehen), und ein geeigneter Raum (mit rundem Tisch) ist auszuwählen.

Durchführung

Der Spielleiter eröffnet und gibt die „Spielregeln" und die Problemstellung bekannt.
Die Teilnehmer äußern ihre Gedanken (Keine Referate! Keine „Killerphrasen"!).
Der „Spielleiter" achtet auf die Einhaltung der „Spielregeln".
Alle Ideen werden aufgezeichnet (Tafel, PC, Video).

Auswertung
Die Ideen werden durch Fachleute gesichtet und bewertet. Die Ergebnisse werden an das Projektteam übermittelt. Der Umgang mit den Urheberrechten ist eindeutig vor der Brainstorming-Sitzung zu klären.

Diese Art des „Gehirnsturmes" kann auch in schriftlicher Form erfolgen.

Bei der schriftlichen Variante – dem *Brainwriting* – werden auf vorbereiteten Blättern die Ideen von den Beteiligten notiert oder skizziert. Selbstverständlich kann dazu auch die Rechentechnik eingesetzt werden.
In einer vorher vereinbarten Taktzeit werden die Ergebnisse in einheitlicher Richtung an die jeweils benachbarte Person weitergegeben. Die notierten bzw. skizzierten Ideen sind die Grundlage für eine nachfolgende Aufbereitung in Analogie zum Brainstorming. (K. H. Busch, 2003a)

5.5 Die besondere Wirksamkeit schöpferischer Gruppen

Für die effektive Gestaltung von schöpferischen Prozessen hat der Dialog in interdisziplinären Gruppen eine grundlegende Bedeutung., vgl. (K. H. Busch et al., 1985).

„Entdeckungen und Erfindungen auf den Gebieten der Medizin und der Medizintechnik wurden in den vergangenen Jahrhunderten vorwiegend von vielseitig ausgebildeten Medizinern erarbeitet. Deren Leistungen lagen häufig auch im Bereich der Physik und der Technik. Einige Beispiele sollen das belegen.
- *Hermann Ludwig Ferdinand von Helmholtz (1821 – 1894) war nach dem Medizinstudium und fünfjähriger Militärzeit als Professor für Anatomie und Physiologie an den Universitäten Königsberg, Bonn und Heidelberg tätig. Zu seinen Leistungen gehören die Begründung der Dreifarbentheorie, die Konstruktion des Augenspiegels und Arbeiten zur Theorie des Hörens.*
- *Julius Robert von Mayer (1814 – 1878) wurde besonders durch seine Arbeiten zum Prinzip der Energieerhaltung und zur Äquivalenz von Arbeit und Wärme bekannt.*

5. Die Kommunikation im Innovationsprozess

- *Ernst Alban (1791 – 1856) beendete 1814 in Rostock das Medizinstudium und praktizierte ab 1815 als Augenarzt in Rostock. Nach seiner Habilitation beschäftigte er sich erfolgreich mit Hochdruckdampfmaschinen. 1829 gründete er die erste Maschinenbauanstalt Mecklenburgs und widmete sich dem Bau landwirtschaftlicher Geräte, dem Schiffbau und der Fertigung von Dampfmaschinen.*
- *Jean-Paul Marat (1744 – 1793) wirkte – neben seinem politischen Engagement als Arzt, Philologe, Soziologe, Physiker und Publizist.*
- *Copernikus (1437 – 1543) wirkte neben seiner medizinischen Tätigkeit erfolgreich als Astronom, Mathematiker und Jurist.*
- *Die Entwicklung von Wissenschaft und Technik – verbunden mit einerseits einer zunehmenden Spezialisierung und andererseits der Verflechtung vieler Fachgebiete untereinander – schuf neue Bedingungen für das Entdecken und Erfinden in der Medizin und der Medizintechnik.*
- *Bereits 1867 führte die Zusammenarbeit des Anatomen Mayer und des Ingenieurs Culmann zum Verständnis der trajektoriellen Knochenbällchenstruktur am Oberschenkelkopf.*
- *Eine Gruppe japanischer Mediziner und Ingenieure erbrachte 1957 den Nachweis piezoelektrischer Eigenschaften des Knochens und schuf damit wichtige Grundlagen für weitere Entdeckungen und medizintechnischer Erfindungen.*

Die modernen Entwicklungen der Medizintechnik – wie zum Beispiel künstliche Organe, Patientenüberwachungssysteme, Computertomographie, Magnetresonanztomografie oder die Laserchirurgie – sind nur in multidisziplinärer Arbeit zu erreichen." (K. H. Busch et al., 1985, S. 165–168)

Der Erkenntnisstand der Naturwissenschaften über die menschlichen Lebensprozesse wird durch die *multidisziplinäre und interdisziplinäre Zusammenarbeit* zwischen Medizinern und Ingenieuren maßgeblich gefördert. Aus dieser Symbiose entstehen neue klinisch-technische Verfahren. (Ector, 2008; Ohnesorge et al., 2002; Sferrella, 2012; Snopek, 2006)
Mit der Rückmeldung aus der klinischen Praxis werden diese Verfahren und Methoden entwickelt und verfeinert, um z. B. physikalische und chemische Nebeneffekte auf ein vertretbares Maß zu reduzieren. (Boer, 2004; Nickoloff, 2005)

Dabei kommt der Medizintechnik, z. B. Angiografie-Systemen und Messplätzen, eine entscheidende Rolle zu, denn sie ist ein wesentliches Arbeitsmittel des medizinischen Personals für Maßnahmen der Diagnose und Therapie. (Freyer, 1994)

Gegenwärtig haben sich besonders die Nahtstellen zwischen den Disziplinen als zunehmend bedeutsame neue Forschungsrichtungen herausgebildet. Sowohl eine Tendenz der Vertiefung disziplinorientierter Erkenntnisse – als auch eine deutliche Tendenz zu höherer Komplexität von Forschungsproblemen – sind sichtbar geworden. Letztere erfordert selbst wieder komplexe Lösungen, die nur in interdisziplinärer Zusammenarbeit wissenschaftlich bewährter und auf gemeinsame Problem- und Zielstellungen orientierter Spezialisten erreichbar sind.

Das Differenzieren einer Wissenschaft in Disziplinen, die Spezialisierung und die Interdisziplinarität schließen sich also nicht gegenseitig aus, sondern bedingen einander bei komplexen Neuerungsvorhaben.

Beim *multidisziplinärem Forschen* werden im Wesentlichen Teillösungen verschiedener Einzeldisziplinen zusammengefasst oder gesondert koordiniert und verdichtet. Interdisziplinäres Forschen hingegen erzielt solche Ergebnisse, die für jede Einzeldisziplin umfassender, neu und mit traditionellen disziplinären Methoden nicht erreichbar sind. Dieses Ergebnis kann nur in unmittelbarer Zusammenarbeit der verschiedenen Disziplinen, die während des gesamten Problembearbeitungsprozesses miteinander „vernetzt" sind, entstehen.

Multidisziplinäres Arbeiten stellt besonders hohe Anforderungen an die Führung entsprechender Gruppen und Teams, denn die Gefahr kommunikativer Missverständnisse (unterschiedliche inhaltliche Belegung von anscheinend gleichen Begriffen, unterschiedlichen quantitativen und qualitativen Arbeitsauffassungen und -weisen) ist zwischen den unterschiedlichsten Fachdisziplinen groß und können die Teambildungsprozesse unbeabsichtigt erschweren. Für die Leitung solcher schwierigen Prozesse haben Vertreter von Meta- und Querschnittsdisziplinen wie Mathematiker und Philosophen und berufserfahrene Personen, die internationale Projekte mit Vertretern unterschiedlichster Disziplinen erfolgreich geführt haben – also letztlich „interdisziplinäre Moderatoren" mit offenen ethnologisch-kulturellen Einstellungen und Praxiserfahrungen.

 Innovativ arbeitende Gruppen, die einen solchen Entwicklungsstand erreicht haben bezeichnen wir – im Rahmen dieses Materials – als *schöpferisches Team*.

Wenn nachfolgend der Frage nachgegangen wird, wie sich Arbeitsgruppen zu hocheffizienten Teams entwickeln können, wird unterstellt, dass sich nicht jede Gruppe von Menschen als Team erweist. Im Alltag wird der Begriff „Team" häufig verschwommen und für jedwede Gruppen verwendet. „Team" jedoch kennzeichnet eine hochentwickelte Gruppe, deren Mitglieder einen längeren Entwicklungsprozess mit Hochs und Tiefs durchlaufen haben und die sich weiter entwickelt. Ein solch „gewordenes" Team ist eine aktive Gruppe von Menschen, die sich zu gemeinsamen Zielen verpflichtet haben, harmonisch zusammenarbeiten und hervorragende Leistungen vollbringen. Die Mitglieder gehen enge fachliche wie soziale Beziehungen miteinander ein, um die für alle verbindlichen Ziele mit hoher Effizienz zu erreichen. Erfolgreiche Teams verbinden ferner geschickt die besonderen Handlungsfähigkeiten und Erfahrungen der einzelnen Teammitglieder mit einem konstruktiven Teamgeist. Insofern ist ein Team mehr als die Summe seiner Mitglieder. Die Teamarbeit steht ferner für ein „Wertesystem, das positive Verhaltensweisen fördert, wie Zuhören und konstruktiv auf Meinungsäußerungen anderer reagieren, anderen im Zweifel Recht geben, die unterstützen, die Hilfe benötigen, die Interessen und Leistungen anderer anerkennen" (Katzenbach & Smith, 1998)

Die Teamentwicklung ist spannend und zugleich riskant. Sie setzt bei allen Mitgliedern die Öffnung für neue Ideen und die Übernahme von Verantwortung aller zur Entwicklung neuer Ideen voraus. Das ist nur durch das gemeinsame Ringen um Fortschritte und durch den Aufbau einer auch in schwierigen Situationen tragbaren Vertrauensbasis möglich. Ein wichtiges Kriterium für ein effizientes Team ist schließlich die Interessenübereinstimmung in Bezug auf die Teamziele und -aufgaben und das verantwortungsvolle Zusammenspiel aller.

Teams gibt es in allen Bereichen der Gesellschaft. Im Folgenden werden vor allem schöpferische Teams und deren Entwicklung dargestellt; solche, die überdurchschnittlich anspruchsvolle Aufgaben in der F&E bearbeiten und kreative Ergebnisse erreichen. Und solche, die vorhandene kreative Ergebnisse umsetzen sollen, also schon bestehende Innovationen in neuem Umfeld zur Anwendung bringen und ggf. optimieren oder weiterentwickeln sollen.

Nicht jede Gruppe von Menschen erweist sich als ein schöpferisches Team und hebt sich dadurch von anderen Gruppen ab. Erfolgreiche schöpferische Teams vollbringen außerordentliche Leistungen auch unter schwierigen Bedingungen. Die Mitglieder fühlen sich für die Arbeit dieser hoch entwickelten Gruppe verantwortlich, unterstützen sich untereinander und erörtern offen alle Probleme, die ihnen im Wege stehen.

Sie verbinden geschickt die besonderen Handlungsfähigkeiten (Kompetenzen) der einzelnen Mitglieder mit einem konstruktiven Kollektivgeist. Deshalb ist ein schöpferisches Team mehr als die Summe seiner Mitglieder. Es ist zu einem gewissen

Teil ein emotionales Wesen, das im Fühlen wie im Denken seiner Mitglieder verwurzelt ist und auf dessen Wohlbefinden die Mitglieder besonders achten. Die Mitglieder gehen eine enge Beziehung miteinander ein, um ihre gemeinsamen Ziele mit hoher Effizienz zu erreichen.

Einem schöpferischen Team liegt eine hohe Interessen-Übereinstimmung zugrunde.

Der Kern des Teams ist ein gemeinsam erarbeitetes Wertesystem, das positive Verhaltensweisen fordert und fördert, insbesondere
- Akzeptanz von Einwänden und Vorschlägen anderer, Zuhören (als wichtiger Wert) und konstruktives Eingehen auf Meinungen anderer; kritische Toleranz, anderen im Zweifel Recht geben
- Interessen und Leistungen anderer anerkennen und gegenseitige Unterstützung.

Um auf das Niveau eines innovativen Teams zu kommen, bedarf es komplizierter Entwicklungsprozesse mit zeitweiliger Konfusion, Auseinandersetzungen zwischen den Gruppen-Teilnehmern, vieler auftauchender Fragen und Zweifel, Suche nach gemeinsamen Vorgehensweisen und Ausprobieren dieser, Suche nach neuen und kreativen Lösungen und Akzeptanz dieser durch alle Teilnehmer.

Grundsätzlich können *vier Phasen* in jeder Entwicklung von schöpferischen Teams unterschieden werden – unterschiedlich in Dauer, Intensität, und Ergebnis:

1. **Gründungsphase (Orientierung, Formierung, Kennenlernen)**
Gegenseitiges Abtasten, Erkunden der unterschiedlichen Ziele und Erwartungen, Unsicherheiten, Schutzbedürfnisse einzelner Gruppenmitglieder. Zurückhaltungen, vorsichtiges und unpersönliches Agieren.

2. **Konflikt-, Streitphase (Konfrontieren)**
Aufeinandertreffen unterschiedlicher Zielvorstellungen. Suche nach individuellen Rollen zur Interessendurchsetzung. Gefahr von Einzelgängern. Konflikte zwischen Untergruppen. Distanz gegenüber Gruppenleiter. Beharren auf Meinungen. Offene Konflikte. Mühsames Arbeiten. Gefühl der Ausweglosigkeit Beginn der Entwicklung von Gruppennormen.

3. **Normierungs-, Organisationsphase (Konsenswilligkeit herstellen)**
Abbau von Konflikten, neue Umgangsformen und Verhaltensweisen, Feedback, Konfrontation in der Sache. Die persönliche Beteiligung steigt. Festlegung der der wichtigsten übereinstimmenden Ziele und Aufgaben. Es gibt eine

Art Gruppenvertrag (gemeinsame Normen). Identitätssuche, Widerstände überwunden. Bildung von WIR-Gefühl.

4. **Arbeits-, Verschmelzungs-, Partnerschaftsphase (Kooperieren)**
Stabiler Gruppenvertrag (gemeinsame Werte), alle engagieren sich und identifizieren sich mit der Gruppe. Ideenreiches, konstruktives Arbeiten, flexibel, offen, solidarisch. Persönliche Probleme sind beseitigt, die Rollen flexibel und funktional verteilt. Freie Energien für die Aufgabenerfüllung.

Hat eine Gruppe die Phase 4 erreicht und die Aufgaben gemeinsam und innovativ auf hohem Niveau gelöst, kann sie neue Aufgaben übernehmen und sich erneut neu ausrichten, oder sie wird in der bisherigen aufgelöst. Somit kann auch von einer abschließenden Phase 5 gesprochen werden:

5. **Trennungs- oder Bilanzphase (Abschließen)**
Überprüfen des Gruppenvertrages (Wertkonsens), Neuaushandlung oder Auflösung. Auch möglich: Trennung bzw. Abschied der Gruppe.

Im Rahmen der beratenden Beobachtung und Auswertung von realen Gruppenprozessen spielen einerseits besonders wichtige Kennzeichen erfolgreicher schöpferischer Teams eine Rolle wie *Ziele, Leistung, Dynamik, Struktur, Klima, Mut und Ausdauer für kreative Problemlösungen*.

Schöpferische Teams – als zum Teil emotionale Wesen, die im Fühlen und im Denken der Mitglieder verankert sind, lassen sich in ihren Entwicklungsetappen auch visualisiert darstellen. Ein interessanter Weg ist die Aufforderung an die Gruppenmitglieder, zu gleicher Zeit, jedoch jeder für sich, ein Bild über die derzeitige Situation in der Gruppe zu zeichnen, in dem auch jedes einzelne Mitglied einen Platz erhält und charakterisiert wird in Bezug auf den Beitrag zur Gruppenentwicklung (Thema für alle: „Wie erlebe ich gegenwärtig unsere Gruppe?").

Aus solchen Zeichnungen, die nach Vorlage mit der gesamten Gruppe ausgewertet und besprochen werden, ergeben sich vielfältige Rückschlüsse und Anregungen zur gegenwärtigen Entwicklungsphase, zu Entwicklungsproblemen und -erfolgen. In und über die individuellen Zeichnungen wird in der Regel mehr Wesentliches ausgedrückt als es über die nur sprachliche Kommunikation möglich ist. Nachfolgend werden jeweils beispielhaft Zeichnungen von Gruppenmitgliedern aus realen Arbeitsgruppen zu den Entwicklungsphasen 1 bis 4 wiedergegeben (Heyse, 1993).

Sie vermitteln recht deutlich die Einheit von Rationalität, Emotionalität und gestalterischem Umfeld der Gruppenentwicklung. Die emotionale Seite, die für kreative

Prozesse unabdingbar ist, kommt bei der Unterstützung von Gruppenentwicklungsprozessen häufig zu kurz, zumal viele Führungskräfte darauf nicht vorbereitet werden und Gefühle und Emotionen lieber „außen vorgelassen" werden.

Bild zur Gründungsphase
Die einzelnen Mitglieder sind erkennbar.
Sie sind passiv abwartend und distanziert.
Es gibt noch keine Interaktionen und Handlungsfähigkeiten.

Abbildung 38: Gründungsphase.

5. Die Kommunikation im Innovationsprozess

Bild zur Konfliktphase
Jeder arbeitet vor sich hin.

Abbildung 39: Konfliktphase.

Bild zur Normierungsphase
Gruppenporträt:
Alle blicken nach vorn. Es gibt keine erkennbaren Dissonanzen.
Die Mitglieder sind unterschiedlich konfiguriert und „friedlich".

Abbildung 40: Normierungsphase.

Bild zur Arbeitsphase
Gruppe lässt einen dunklen Tunnel (Nachklang zurückliegender Entwicklungsphasen) hinter sich.
Sie kommunizieren und interagieren untereinander.
Sie schreiten nach vorn und blicken voran.

Abbildung 41: Arbeitsphase.

 Bei der Neubesetzung einer Gruppe mit dem Anspruch, Probleme kreativ zu lösen, zum Beispiel technische Prinzip-Lösungen oder gar Widerspruchslösungen zu erreichen, sollte in der Vorbereitung auch über die notwendigen (überfachlichen) Kompetenzen und die zeitweiligen Rollen der potenziellen Gruppenmitglieder nachgedacht und die Personalauswahl auch danach ausgerichtet werden.

Früher unterschied man grob nach folgenden Rollen:
- Alpha-Rolle: Führender der Gruppe
- Beta: Experte und rationaler Unterstützer der Führung
- Gamma: geführtes Gruppenmitglied
- Omega: Hinterfragende / „Gegenspieler" der Gruppenführung.

Heute gilt eine solche Einteilung als zu starr und nicht ausreichend, insbesondere bezogen auf kreative Lösungen. Stattdessen wird immer mehr von erforderlichen „Kompetenzclustern" in Gruppen ausgegangen.

Kompetenzen werden hierbei als Selbstorganisations-Dispositionen des Handelns gemeint, also als Fähigkeiten, kreativ und selbstorganisiert in zukunfts- und problemoffenen Situationen zu handeln. Solcherart Kompetenzen werden in problemoffenen Situationen unter den Bedingungen großer politischer und kultureller Ungewissheit und Unberechenbarkeit und durch die Digitalisierung immer wichtiger. Disruptive Umbrüche bedürfen zu ihrer Beherrschung vielfacher Kompetenzen auf individueller, Gruppen-, Unternehmens-, Organisations- und Netzwerkebenen.

Im deutschsprachigen Raum hat sich für solche Betrachtungen und für konkrete Ableitungen für die Personalauswahl, Personalentwicklung und Personalentwicklung der Kompetenz-Atlas durchgesetzt.

Für die Zusammenstellung und innovative Führung von Gruppen und kreativen Kollektiven können insbesondere folgende 10 Kompetenzcluster auf der Grundlage des Kompetenzatlas Orientierung geben:

P: Ruhender Pol, stilles Vorbild
Ist loyal, strahlt Glaubwürdigkeit aus, zeigt Eigenverantwortung und eine deutlich authentische normativ-ethische Einstellung

S: Teamplayer(in)
Verfügt über eine ausgeprägte Kommunikationsfähigkeit, beherrscht konstruktives Beziehungsmanagement, verfügt über ausgeprägte Kooperationsfähigkeit und Anpassungsfähigkeit

F: Experte(in)
Hat umfassendes Fachwissen, fachübergreifende Kenntnisse und differenziertes Planungsverhalten

A: Aktive(r) Umsetzer(in)
Strahlt Tatkraft aus, zeigt Initiative, ist mobil und stark in der Ausführungsbereitschaft

PA oder AP: Begeisterer(in)
Ausgeprägte Einsatzfähigkeit, offen mutig für Veränderungen, schöpferische Fähigkeiten und fähig, sich selbst zu managen, entscheidungsfähig, gestaltungsfähig, innovationsfähig und psychophysisch und sozial belastbar

PF oder FP: Verantwortliche(r)
Ausgeprägte Lernbereitschaft und -fähigkeit, ganzheitliche Denkfähigkeit, Fähigkeit zur Handlungsdisziplin, zuverlässig. Deutliche Wissensorientierung und analytische Fähigkeiten. Verfügt über starke analytische sowie (sachliche) Beurteilungsfähigkeiten. Strahlt Sachlichkeit aus.

PS oder SP
Verfügt über Humor, ist konfliktfähig, hilfsbereit. Kann integrieren, ist teamfähig und kann sich gut auf Kooperationspartner, Kunden, Öffentlichkeit einstellen.

AF oder FA: Koordinator(in)
Handelt ergebnisorientiert, ist zielorientiert und zielbeharrlich, verhält sich konsequent. Starke konzeptionelle Stärke und Organisationsfähigkeit. Ist fleißig und weist sich durch ein deutliches systematisch-methodisches Vorgehen aus.

AS oder SA: Initiator(in)
Strahlt Optimismus aus, gibt Impulse und ist schlagfertig. Sozial engagiert, akquisitionsstark, experimentierfreudig. Deutliche Problemlöse- sowie Beratungsfähigkeiten.

FS oder SF: Fachliche(r) Vermittler(in), Berater(in)
Fähigkeit, Projekte zu managen, Folgebewusstsein und -verantwortung, ausgeprägte Lernfähigkeit, externe und interne fachliche Anerkennung, sprachgewandt. Verständigungsfähigkeit, hohes Pflichtgefühl und Gewissenhaftigkeit.

Nobody is perfekt. Insofern kommt es im Rahmen der Personalauswahl für neue Gruppen und einer kreativen Synergiesuche auf Diskussionen zu den unbedingt zu vertretenden Kompetenzclustern in der neuen Gruppe auf ihre angemessene Vertretung an. Gleichzeitig ist zu überlegen, bei wem bestimmte Handlungsfähigkeiten bestärkt beziehungsweise entwickelt werden sollten / können. Die Auswahl der erforderlichen Kompetenzcluster muss sich natürlich nach den Zielen und Aufgaben der Gruppe in ihrer Entwicklung zum schöpferischen Team richten.

Das Hervorheben der Kompetenzcluster als Auswahl- und Arbeitsgrundlage für Gruppenentwicklungen wird auch in international zusammengestellten Gruppen besonders wichtig, in denen zusätzlich völkerkundliche, kulturelle (einschließlich bildungsspezifische) Besonderheiten beachtet (und genutzt) werden sollten. Die Kompetenzbetrachtung solcher Gruppen führt auch zur Frage, wie zeitweilige oder länger tätige ausländische Gruppenmitglieder auf das sich entwickelnde Wertesystem der Gruppe eingeschworen und das WIR-Gefühl der Gruppe und Vertraulichkeitsregeln persönlich verbindlich erleben und leben. Auch auf diese Seiten muss die Gruppe und die Führung der Gruppe vorbereitet und ertüchtigt werden.

Neben den bisher aufgeführten Vorzügen und Besonderheiten schöpferischer Teams sei auch noch auf einen in der Praxis viel zu wenig genutzten Gruppenvorteil hingewiesen: bei komplizierten (Ein-)Schätz-Aufgaben können wortgewandte oder statushohe Personen mit ihren Schätzergebnissen dominieren, obwohl andere Personen den wahren Schätzergebnissen viel näher sind. Wenn jedoch eine Anzahl von Personen unabhängig voneinander ihre quantifizierten Schätzergebnisse schriftlich abgeben, können große individuelle Unterschiede sichtbar werden. Je größer die Anzahl von unabhängig einbezogenen Personen und statistisch ausgewerteten Ergebnissen ist, desto näher liegt das Ergebnis dem wahren Wert.

Das klingt banal, kann jedoch in bestimmten Phasen des Problemerkennens und -lösens wichtige Impulse bringen – weit über einfache Diskussionen hinausführend, zumal ergebnisvertiefend die Einzeleinschätzungen auch durch gruppenexterne Befragte deutlich angereichert werden können.

Albert T. Poffenberger (1885 – 1977) war ein US-amerikanischer Psychologe und ehemaliger Präsident der American Psychological Association (APA). Er entwickelte die sogenannten Vergleichsfiguren mit unterschiedlichen Flächeninhalten, die zum Teil für das bloße Auge und ohne Messungen kaum wahrnehmbaren Differenzen aufwiesen. (Hofstätter, 1973).
Die Schätzungen der Flächeninhalte der sogenannten Poffenberger Vergleichsfiguren stehen für Schätzungen unterschiedlichster Art und haben quasi universelle Anwendbarkeit.

Seine wahrnehmungspsychologischen Untersuchungen gingen von zehn Figuren aus. Die Versuchspersonen sollten einzeln – separat von den anderen Versuchsteilnehmern – jeweils eine Rangreihe erarbeiten von der Figur mit dem größten Flächeninhalt bis zu der mit dem geringsten. Danach korrelierte er die Reihungen der Versuchspersonen und dem tatsächlichen Flächeninhalt.
In der Abbildung 42 sind die synthetischen Werte am Beispiel für 7 Versuchspersonen abgebildet. Vom Trend her ähnliche Differenzen wiederholen sich in den zahlreichen Untersuchungen. Die Anzahl der Personen mit den „besten Schätzungen" ist sicher gruppenkonkret interessant, mehr jedoch der Zuwachs an Schätzgenauigkeit mit Zunahme der Versuchspersonen. Allerdings ist der Zuwachs an

Schätzgenauigkeit bei einer Anzahl von mehr als 10 individuellen Schätzungen nur noch weniger nennenswert.

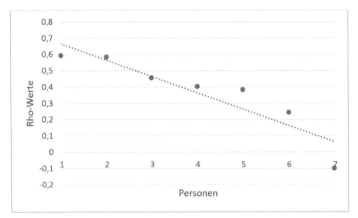

Abbildung 42: *Korrelation zwischen den Reihungen der Versuchspersonen und dem tatsächlichen Flächeninhalt.*

Nun stellt sich noch die Frage nach den Kennzeichen einer beispielhaft erfolgreichen („idealen") Gruppenentwicklung auf dem Niveau eines schöpferischen Teams.

Kennzeichen im Einzelnen am Ende der Entwicklungsphase 4:

Aufgaben und Ziele
Sie sind allen Mitgliedern klar und finden Zustimmung. Strittige Punkte werden in aller Offenheit und unter Einbeziehung aller Mitglieder diskutiert, und es wird gemeinsam nach Lösungen gesucht. Letztere werden auch gemeinsam gegenüber externen Dritten vertreten.

Aufgabenbearbeitung
Die Bearbeitung beginnt mit klaren Anforderungen und Anforderungen und mit der Akzeptanz aller Mitglieder. Verantwortlichkeiten werden ernst genommen, und es gibt Feedback innerhalb der Gruppe zu Art und Ergebnis ihrer Wahrnehmung.

Kommunikation
Die Kommunikation ist klar und offen, spontan und allen Mitgliedern zugänglich. Über ein vorurteilsloses Zuhören der Mitglieder untereinander finden auch die wichtigen Ideen Gehör aller. Alles was der Gruppe nutzt kann kommuniziert werden. Informationen werden auch ohne Nachfrage gegeben. Es gibt keine individuellen ängstlichen Kommunikationsblockaden und Zurückhaltungen.

Selbstreflexion der Gruppe

Die Gruppe ist zu sich selbst konstruktiv kritisch. Sie verfolgt ihre Arbeit, die Funktionsfähigkeit und das Miteinander, diskutiert offen über Schwierigkeiten und sucht gemeinsam nach Lösungen.

Kritik wird konstruktiv, offen und ohne Angst vertreten, und sie wird von den anderen Gruppenmitgliedern nicht als persönlichen Angriff oder persönlicher Wertung der Person aufgefasst. Eine konstruktive (!) Kritik bringt auch Ansichten der Vortragenden zu besseren Lösungen zur Diskussion. Sie soll bestehende Hindernisse erhellen und überwinden helfen.

Gruppenklima

Es ist weitgehend entspannt und optimistisch. Die gegenseitige Achtung und der spontane, ergebnisorientierte, unbürokratische Umgang miteinander sorgen für das Wohlfühlen in der Gruppe. Die Gruppe identifiziert sich mit den Aufgaben und auch mit den Möglichkeiten des Erfahrungsaustausches untereinander und der Erweiterung der eigenen Kompetenzen.

Gefühle

Es werden Gefühle gezeigt, soweit sie die Gruppenziele betreffen und zur Problemlösung beitragen. Jeder soll wissen, was die anderen Gruppenmitglieder denken und wie sie untereinander über sich denken. Feedback zur Sache und zu den persönlichen Beiträgen wird spontan und konstruktiv-förderlich gegeben und eingefordert.

Meinungsverschiedenheiten

Unterschiedliche individuelle Meinungen werden von der Gruppe akzeptiert und angehört. Dissonanzen und Konflikte werden nicht von vornherein als störend empfunden, sondern als Herausforderungen zu weiterem Diskutieren und Beraten. Als eines der Grundprinzipe gilt: Konflikte helfen der Gruppe weiter und müssen fernab von persönlichen Rivalitäten auf Kosten der Gruppe konstruktiv gelöste werden.

Entscheidungen

Die Gruppe prüft die Konsequenzen von potenziellen Entscheidungen (sachlich, sozial) und bereitet Entscheidungen im Geiste der Übereinstimmung in der Gruppe vor. Alle müssen den angestrebten Lösungen und en Wegen dahin zustimmen. Bedenken werden in aller Offenheit und präzise vorgetragen, diskutiert und weitgehend in der Entscheidung berücksichtigt.

Gruppenführung
Individuelle Ziele und Interessen der Gruppenmitglieder werden mit den Teamzielen verschmolzen. Die Mitglieder leben quasi ein Mitunternehmertum. Die Führung wird als gemeinsame Aufgabe betrachtet und wahrgenommen. Grundsätzlich besteht die Einsicht aller, die Zuständigkeiten selbstverantwortlich zu übernehmen und je nach Anforderung auch andere Verantwortlichkeiten und Zuständigkeiten zu übernehmen.

Ist das gemeinsame Handeln ausgerichtet auf gesellschaftliche Kernprobleme, die die schneller und effektiver als durch andere Gruppen – national und international – gelöst werden sollen, bildet sich beschleunigt eine gemeinsame Sprache der verschiedenen Spezialisten heraus.

Diese gemeinsame Sprache wird ferner von einem gemeinsamen zu schaffenden multidisziplinär anwendbaren *Mindestbegriffsnetz* und von den gemeinsam angewandten Methoden (strukturwissenschaftliche, spezielle Untersuchungs- und Problemlösemethoden) geprägt. Die mit einer „gemeinsamen Sprache" (auf höherer Abstraktionsebene) geborenen und formulierten Begriffe führen zu einem wesentlich erweiterten Forschungsfeld.

Schöpferische Teams – Wohin geht die Entwicklung im Rahmen der zukünftigen Arbeit

Bei ernsthafter Betrachtung der Anforderungen an künftige schöpferische Führung und Kompetenzentwicklung im Spannungsfeld des digitalen Wandels stellen sich viele Fragen, deren Antworten unmittelbar und mittelbar großen Einfluss auf Entwicklung und Einsatz von schöpferischen Teams haben, zum Beispiel

- Sieht es die Unternehmensleitung als Kernaufgabe der Führungskräfte an, Sinn sowie die Unternehmensziele verständlich und handlungsorientiert zu vermitteln und zeitweilig begrenzte Hochleistungsteams aus unterschiedlichsten Spezialisten zu bilden? Oder herrschen noch solche Vorstellungen und „AN-Reden" vor wie „VOR-Gesetzter" oder „MIT-Arbeiter"?
- Herrschen flache Hierarchien im Unternehmen vor, oder gehen innovative Vorschläge in einer „Befehlskette" unter?
- Werden radikale Ideen zugelassen, um als Unternehmen wirklich kreativ und innovativ sein zu können?
- Wie ist die Fähigkeit zur Werte- und Sinngebung im Unternehmen auf den Gruppen- und Team-Ebenen ausgebildet? Wie steht es mit der Kreativität und der Innovationsfähigkeit? Wie weit ist die Fähigkeit ausgebildet (und

erwünscht), auch aus Bestehenden neues Wissen und neue Problemlösungen zu generieren?
- Inwieweit liegen Erfahrungen zur Entwicklung der Interkulturellen Kompetenz vor – und wie wird diese im Unternehmen gelebt und verallgemeinert? (Heyse, 2018)

Die Führungskräfte übernehmen zunehmend Aufgaben als Digitalisierungsmanager und als Identifikationsverstärker. In schöpferischen TOP-Teams übernehmen je nach Anforderung unterschiedliche Mitglieder Führungsaufnahmen und müssen entsprechend vorbereitet werden.

Die Teammitglieder als hochqualifizierte Spezialisten unterschiedlicher Fachdisziplinen können mehreren zeitweiligen Teams im eigenen Unternehmen sowie in anderen Unternehmen – national und international – angehören und stehen vor einer Vielzahl neuer beziehungsweise erweiterter Anforderungen:
- Internationale Kommunikations- und Arbeitserfahrungen / Fremdsprachen-Beherrschung (Englisch, Französisch, Spanisch, Russisch…)
- Hohe Identifikation gegenüber den Unternehmen und unbedingte Verschwiegenheit gegenüber Dritten.
- Peer to Peer-Arbeitsweisen, Erfahrungsaustausch „Einer für viele" – national und international. Komplexe Arbeitsteilung, regionale Experten und Berater.
- Zur Verstärkung des Teams: Beauftragen statt Einstellen: Zweck- und zeitbezogene Expertenunterstützung intern/extern.
- Maschinen als „Kollegen", Kooperationspartner, Kontrolleure.
- Nicht-lineares Denken als menschliche Domäne: Digitalmanager, Experimentator und Innovator.
- Selbstmanagement als Kernqualifikation und Schlüsselkompetenz.

Für die bewusste Förderung von Selbständigkeit, Selbstverantwortung von Mitgliedern schöpferischer Teams gilt grundsätzlich, dass auch die Team-externen Führungskräfte

- sich anständig, vertrauenserweckend, akzeptierend gegenüber den Mitarbeitern verhalten und nicht „Führen durch Demütigungen" und Herabsetzungen – und sich stattdessen von der immer noch anzutreffenden Misstrauenskultur mit Angsthierarchien lösen;
- sich zwingen, einerseits mehr zu anstehenden Problemen und Lösungsmöglichkeiten im Arbeitsprozess zu kommunizieren und andererseits in der mündlichen sowie schriftlichen Kommunikation verständlicher werden und die wichtigsten Botschaften schnell, unverschlüsselt und von allen Mitarbeitern verstehbar und motivierend vermitteln.

Die Teams müssen darin bewusst unterstützt werden, weniger über einfache Verbesserungen nachzudenken, sondern Bestehendes in Frage zu stellen.

Wir sind auf dem Weg in eine Welt, in der unglaubliche Komplexität hinter einer verblüffend simplen Fassade verborgen ist. (Sumang Liu)

Der Effekt der Zusammenarbeit in Gruppen – auch in besonderen Situationen – spielt besonders auch bei Expeditionen, Katastrophen und in der Raumfahrt eine besondere Rolle.

In den folgenden Beispielen sollen die Kommunikation und das gemeinsame Handeln in sozialen Strukturen und in schöpferischen Teams veranschaulicht werden.

Erstes Beispiel: Die Hanse
Von der Mitte des zwölften bis zur Mitte des sechzehnten Jahrhunderts entwickelte sich die Hanse zum Träger des Innovationstransfers in einem Wirtschaftsraum der sich von Russland und Nordeuropa bis nach Italien erstreckte. (von Schlötzer, 1851)

Eine erfolgreiche wirtschaftliche Zusammenarbeit über mehrere Kultur- und Sprachbereiche sowie unterschiedliche Staatsformen erforderte von den Akteuren
- die Beherrschung mehrerer Sprachen,
- die Kenntnis und Respektierung unterschiedlicher Kulturen und Rechtssysteme,

- die Befähigung, erfolgreich Verhandlungen und Verkaufsgespräche zu führen
- und die Waren auf den Handelswegen sicher zu transportieren.

Neben dem Transfer von Waren erfolgte zwischen den Regionen der Austausch von Kenntnissen über die Partnerregionen, die Übernahme von technischen Lösungen und handwerklichen Verfahren, die Übernahme von rechtlichen Regelungen (u. a. das Lübsche Recht) und von Anregungen für die Gestaltung der regionalen Bildungssysteme. Besonders die Sprachentwicklung im Ostseeraum wurde durch die internationale Zusammenarbeit beeinflusst. Das Niederdeutsche wurde nicht nur in den deutschen Gemeinschaften in vielen Städten gesprochen, sondern übte auch einen großen Einfluss auf die jeweiligen Nationalsprachen aus. Es wird geschätzt, dass etwa ein Drittel der schwedischen Worte hansischen Ursprungs sind. Das betrifft besonders das Handwerk, den Bergbau und den Handel. (Dollinger, 2012)

Den wirtschaftlichen und kulturellen Bedingungen der internationalen Aktivitäten musste sich auch die Lernkultur in den Hansestädten anpassen. Neben der gründlichen Ausbildung in Deutsch und im Rechnen war das Erwerben von Kenntnissen in den nordischen Sprachen sowie in Englisch, Französisch und sogar in Italienisch erforderlich. Das Schulsystem musste sich diesen Anforderungen anpassen.

Die Kontakte mit Kaufleuten aus Partnerstädten bereiteten bereits die Kinder und Jugendlichen auf ihre späteren Aufgaben vor. Prägend für die berufliche Entwicklung waren besonders die Tätigkeiten in den ausländischen Kontoren der Hanse.

Die damaligen Anforderungen an eine internationale Kooperationskompetenz sind auch aus heutiger Sicht durchaus aktuell:
- *„gemeinsame Werte und Normen, jedoch mindestens die Akzeptanz der Werte- und Normensysteme der Partner,*
- *das Kennen und Akzeptieren der Kultur der Partnerregionen bei gleichzeitigem Bewahren der eigenen Kultur,*
- *das Kennen und Beachten der Rechtssysteme der Partnerregionen,*
- *das sichere Beherrschen einer gemeinsamen Sprache und*

- *das Beherrschen von mindestens Grundkenntnissen in den Sprachen aller Partnerregionen,*
- *die Befähigung, Kommunikationen zielgerichtet und wirkungsvoll zu führen,*
- *die Befähigung, Konfliktsituationen zu beherrschen und zukunftsorientiert in ein kooperationsfreundliches Klima umzuwandeln,*
- *die Absicht, die Zusammenarbeit zum beiderseitigen Nutzen zu gestalten („Ein sehr gutes Geschäft ist ein schlechtes Geschäft."),*
- *das Bestreben, die Zusammenarbeit durch gemeinsame Vorhaben stabil zu gestalten und gemeinsame Strategien zu entwickeln,*
- *die Orientierung auf eine nachhaltige – über einen längeren Zeitraum stabile – Zusammenarbeit und*
- *der sinnvolle Umgang mit den eigenen Ressourcen und den Ressourcen der Partnerregionen (Vermeiden von „Raubbau")."* (K. H. Busch, 2005)

Der dreißigjährige Krieg zerstörte den Handelsraum der Hanse. Ein geordneter Warenverkehr war nicht mehr möglich bzw. sehr erschwert. Im Jahre 1669 fand in Lübeck der letzte Hansetag der historischen Hanse statt.

Zweites Beispiel: Die Entwicklung von Zubehörschienen für ein Angiographie-System

Die Problemsituation stellt sich wie folgt dar:
„Der Professor und sein Student standen am Patiententisch während der Prozedur nebeneinander. Dies ist in Trainingssituationen üblich. Die Bedienmodule der Angiographie-Anlage waren sehr weit kopfseitig mittels der verschiebbaren Zubehörschienen positioniert worden. Dadurch hatten beide nicht genügend Platz, um bequem nebeneinander zu stehen." (E. Busch, 2008a)

Der Arzt – als einbezogener Partner – formulierte folgenden Problemhinweis:

"Wenn wir zu zweit (Professor, Student) am Tisch stehen, kommen wir nicht nah genug an den Patienten ran. Wir brauchen eine längere Zubehörschiene." (E. Busch, 2008a)

Folgende Ursache wurde im Dialog identifiziert:
„Das aufgeführte Beispiel illustriert die klinische Anforderung für eine Lösung zur Fixierung der Arme des Patienten während der Untersuchung. Das Herangehen des Anwenders war pragmatisch, aber führt wie von ihm geäußert zu neuen Problemen. Bei genauer Betrachtung und Analyse der Anwenderanforderung ergab sich ein anderer Lösungsansatz.
Die Arme des Patienten waren an der verschiebbaren Zubehörschiene festgebunden, da die gelieferten Armhalter unzureichend waren. Die Arme mussten aber während der langen Untersuchungen (bis zu 6 Stunden) fixiert werden." (E. Busch, 2008a)

Daraus ließ sich folgende Aufgabe ableiten:
„Finde eine Lösung, um die Arme des Patienten auch bei längeren Untersuchungen komfortabel zu fixieren.
Sie muss einfach und schnell einsetzbar sein und den Anwender nicht mehr als 500 US-Dollar kosten." (E. Busch, 2008a)

Folgende Lösung wurde vorgeschlagen:
„Armhalter wird zur seitlichen Lagerung der Arme eingesetzt und dazu unter den Patienten geschoben." (E. Busch, 2008a)

Drittes Beispiel zur Produktdefinition: Auffahrschutz für Angiographie-Systeme aus der Medizintechnik

Die Problemsituation stellt sich wie folgt dar:
„Angiographie-Systeme sind mit Sicherheitseinrichtungen versehen, die den Patienten und die Anwender schützen. Dazu gehört auch der Auffahrschutz, der bei Annäherung an den Bereich in dem der Patienten liegt, die Gerätebewegungen verlangsamt." (E. Busch, 2009a)

Der Arzt – als eingezogener Partner – formulierte folgenden Problemhinweis:
„Der Auffahrschutz ist zu empfindlich. Schalten Sie ihn aus" (E. Busch, 2009a)

Folgende Ursache wurde durch den Entwickler identifiziert:
„Der Auffahrschutz war nicht korrekt kalibriert." (E. Busch, 2009a)

Daraus ließ sich folgende Aufgabe ableiten:
„Finde eine Lösung, die eine einfache Kalibrierung des Auffahrschutzes durch den Service erlaubt." (E. Busch, 2009a)

Folgende Lösung wurde umgesetzt:
„Anpassung der Installationsanleitung" (E. Busch, 2009a)

Das aufgeführte Beispiel illustriert die klinische Anforderung für die Funktionsfähigkeit. Das eigentliche Problem hatte aber nicht seine Ursache in der Entwicklung des Auffahrschutzes, sondern in der Gestaltung der Konfiguration desselben, denn die Kalibrierung durch den Servicetechniker wurde inkorrekt durchgeführt.

Viertes Beispiel: Die Arbeit des Creativity Training Center (ctc)

Innovative Aktivitäten zur Entwicklung der Innovationsfähigkeit fanden im Zeitraum 1986 bis 1990 im traditionsreichen Bauhaus Dessau statt.

Nach etwa fünfzigjähriger Nutzung des Bauhauses in Dessau als Berufsschule wurde es nach gründlicher Rekonstruktion wieder der Pflege und Wahrung der Bauhaustradition und der Weiterbildung zugeführt. In diesem Rahmen wurden auch Bildungsmaßnahmen – als gemeinsames Vorhaben der Bauakademie und des Kombinates Carl-Zeiss-Jena zur Förderung begabter Spezialisten beider Einrichtungen – durchgeführt. Dabei spielte das Engagement von *HEYSE*, der 1982 das "Creativity Training Center" gründete, eine entscheidende Rolle. Im Bauhaus Dessau wurden in den Folgejahren diese Trainingskurse als internationale Kurse weitergeführt, an denen Spezialisten aus Rumänien, Jugoslawien, Polen, der Tschechoslowakei und Lettland sowie ab 1988 Ingenieure aus Österreich und der Bundesrepublik Deutschland beteiligt waren.

Das Lernen und Arbeiten wurde an realen Forschungsprojekten durchgeführt.
Zu den gemeinsam bearbeiteten Vorhaben gehörten unter anderem
- die Fenstergestaltung für Hochgeschwindigkeitszüge unter extremen Klimabedingungen,
- Verfahren in der Glasindustrie,
- die Abgasreinigung in Kohlekraftwerken und
- die hochauflösende Digitalisierung.

Fachkollegen in Riga, Moskau und Kiew waren an einer Zusammenarbeit mit deutschen Partnern interessiert. Sie verfügten über fundierte Erfahrungen in den Kreativitätstechniken einschließlich ihrer rechnergestützten Erarbeitung und ihrer technischen Anwendung. Von 1977 bis 1989 wurden zum Beispiel mehrere gemeinsame wissenschaftliche Artikel mit Heinrich Busch in Lettisch, Russisch und Deutsch veröffentlicht und weitere Arbeitsergebnisse wechselseitig genutzt. (H. Busch, 1979, 1981; K. H. Busch & Busch, 1980, 1983; Kurth et al., 1981)

Die multidisziplinäre Arbeit in den Trainingsgruppen knüpfte dabei an Bauhaustraditionen an. Die Kurse basierten auf der Integration von Kreativitätspsychologie, Kreativitätsmethodik, Medizin, Patentrecht und Innovationsmethodik (Heyse, 1984) und verwirklichten folgende Prinzipien:
- Die Einheit von wissenschaftlich-technischer und sozialer Kreativität wurde verwirklicht.
- Um erfolgreich Innovationen zu initiieren und zu realisieren wurde darauf orientiert, die Fähigkeit zu entwickeln, Probleme rechtzeitig zu erkennen und den Willen auszuprägen, sie zu lösen.
- Den Teilnehmern wurden ein methodisches Instrumentarium und soziale Kreativität, um die Ideen zu verwirklichen, vermittelt.
- Das Training wurde an realen Forschungs- und Entwicklungsthemen durchgeführt.
- Die Kurse wurden in der Einheit von Vorlesungen und selbständigen Übungen organisiert.
- Die Einheit von Gruppenarbeit und individueller Problembearbeitung war gewährleistet.

- Intuitive und systematische Vorgehensweisen wurden in den Bearbeitungsstrategien verflochten.
- Die jeweilige Bearbeitungsstrategie baut auf wenigen Grundmethoden auf (Modulsystem).
- Die Einheit von realer Problembearbeitung und Entwicklung der Gruppendynamik wurde bewusst gesteuert und analysiert.
- Gesundheitsförderung und Freizeitgestaltung waren in das Trainingsprogramm integriert.

Abbildung 43: Das ctc-Kollegium vor dem Bauhaus in Dessau.

Die Einheit von Methodik und Psychologie wurde in jeder Trainingsgruppe durch die unmittelbare Zusammenarbeit von zwei Trainern, einem Methodiker und einem Psychologen, gewährleistet. Mit dem projektintegrierten Lernen wurden Vorgehensweisen praktiziert, die eine nahe Verwandtschaft zum situierten und konstruktivistischen Lernen besitzen.

Der Problemlöseprozess ist untrennbar mit Lernprozessen verbunden. Als Lernformen in Innovationsprozessen sind sowohl das formale Lernen in Kursen und Seminaren als auch das informelle und implizite Lernen vorzufinden.

Das informelle Lernen spielt in Innovationsprozessen eine besondere Rolle. Es ist kein reines Erfahrungslernen. Es gehen theoretische

Grundlagen sowohl aus eigenem Gedächtnisbesitz als auch aus äußerer Information ein.

Eigene Untersuchungsergebnisse lassen darauf schließen, dass das formale Lernen in Kursen (und auf Tagungen) nur etwa 5% des Lernens in Innovationsprozessen umfasst. Die übrigen 95% teilen sich etwa gleichmäßig auf das informelle und das implizite Lernen auf. Die Proportionen in der Förderpolitik und in der traditionellen Weiterbildungsforschung weisen jedoch ein umgekehrtes Verhältnis auf; die Mittel und Potenziale werden nahezu ausschließlich auf das formale Lernen konzentriert.

Durch das Verschmelzen von Projektbearbeitung und Lernen sowie Arbeits- und Lernorganisation sind günstige Voraussetzungen für eine permanente aktuelle Motivation im Rahmen des einsichtigen Lernens gegeben.
Die Untersuchungen zum Lernen in Innovationsprozessen lassen deutlich werden, dass sich die Formen des aufgabenorientierten und des arbeitsplatznahen Lernens zum projektintegrierten Lernen weiterentwickeln. Der Kompetenzerwerb ist in den konkreten Innovationsprozess integriert.

Projektintegriertes Lernen ist die Aneignung von beruflichen Kompetenzen (als individueller Gedächtnisbesitz) im Rahmen konkreter Innovationsprojekte, die bei den Lernenden eine Verhaltensänderung bewirken. (K. H. Busch et al., 1985)

Abbildung 44: Seminar in einem ctc-Kurs.

Zum Kurs gehörte ein umfassendes Prophylaxe-Programm unter ständiger medizinischer Betreuung zur Beherrschung körperlicher und geistiger Belastungen.

Die Kurse im Rahmen des ctc waren durch die Arbeit in multidisziplinär schöpferischen Gruppen geprägt. Interdisziplinäres Forschen und Gestalten kann solche Ergebnisse erzielen, die für jede Einzeldisziplin umfassender, neu und mit traditionellen disziplinorientierten Methoden nicht erreicht werden können. (K. H. Busch et al., 1985)

Kernerkenntnisse des Kapitels
- Die Kommunikation schafft die Voraussetzung, dass die Kompetenzen mehrerer Personen im Innovationsprozess gebündelt werden. Damit stehen mehr Wissen, Erfahrungen und Können zur Verfügung als die Summe der Kompetenzen der Einzelnen, da im *prozessintegrierten Dialog* ein *Gruppeneffekt* entsteht, der für die Assoziationsketten bei der Ideenfindung ständig neue Impulse auslöst. Der Dialog gewährleistet bereits bei der Präzisierung der Aufgabenstellung ein komplexeres Vorgehen und eine höhere Sicherheit bei der verbindlichen Zielsetzung für das Innovationsprojekt.
- Neben dem spontanen Dialog stehen für intensive Phasen der Gruppendiskussion rationale Verfahren – zum Beispiel das *Brainstorming* – zur Verfügung.
- Die Intensität und Effektivität der Kommunikation in der Projektgruppe wird von deren Umfang, von der personellen Zusammensetzung und vom Stand der *Gruppenentwicklung* bestimmt. Um den Entwicklungsstand zu *innovativen Gruppen* zu erreichen, bedarf es komplizierter Entwicklungsprozesse mit Auseinandersetzungen zwischen den Gruppenmitgliedern, Suche nach gemeinsamen Vorgehensweisen sowie Suche nach neuen und kreativen Lösungen und Akzeptanz dieser durch alle Teilnehmer.
- Die gegenwärtige und weiter zu erwartende Entwicklung zu *internationalen multidisziplinären Gruppen* in der Forschung sowie in der Produkt- und Verfahrensentwicklung stellt zunehmen hohe Führungsansprüche an das Innovationsmanagement. Dabei bekommt die *Kommunikationspsychologie* zunehmend an Bedeutung.

6 Von der Invention zur Innovation

Mit einer Invention wurde ein bedeutendes Ergebnis erreicht. Diese Leistung – so bedeutend sie auch sein mag – ist zunächst lediglich die Starterlaubnis für einen weiteren herausfordernden Hürdenlauf, der möglichst erst mit der erfolgreichen Einführung auf dem Markt enden sollte.

Als Unterstützung und Ermutigen für diese neue Herausforderung werden wir in diesem Kapitel zehn Innovationsregeln vorstellen.

Eine notwendige Voraussetzung für das Erreichen einer Innovation ist ein professionelles Projektmanagement, verbunden mit einem wirksamen Controlling. Zunächst sollte jedoch abgeschätzt werden, welche Erfolgsaussicht die Neuerung auf dem Markt haben könnte und welche Strategie zu ihrer Realisierung dabei sinnvoll und aussichtsreich ist. Als ein Hilfsmittel zur Entscheidungsfindung kann dazu eine Marktwachstum-Marktanteil-Matrix dienen. Diese Matrix kann gleichzeitig als eine Grundlage für das Erarbeiten einer Schutzrechtsstrategie zum Sichern des geistigen Eigentums dienen. Die Schutzrechtsarbeit wird wesentlich erleichtert, wenn eine geeignete Infrastruktur verfügbar ist, in der sowohl Patentingenieure als auch Patentanwälte einbezogen sind.

In vielen Fällen ist es zweckmäßig, wenn die Wirkungsweise der vorgeschlagenen Neuerung zunächst mit einem Muster bzw. Funktionsmodell erprobt wird. Damit lassen sich wichtige Schlussfolgerungen für die Weiterführung dieses Projektes ziehen, und Fehlentwicklungen können vorausschauend leichter ausgeschlossen werden.

Eine besondere Hürde auf dem Weg zur Markteinführung ist die Zulassung der Produkte. Das betrifft sowohl die klinische Zulassung von Medizinprodukten als auch allgemein die CE-Kennzeichnung. Die Vorbereitung auf die Zulassungen ist keine einmalige Aktion, sondern sie erstreckt sich durch alle Phasen des Produktentstehens.

Das wichtigste Kriterium, ob eine Idee zur Innovation wird, entscheidet sich beim Schritt vom Hersteller zum Anwender. Die dazu erforderliche Implementierung und Distribution schließen sowohl das Marketing als auch den Vertrieb und den Service ein.

Begleitend in allen Schritten vom Erkennen eines Problems bis zur Einführung eines Produktes auf dem Markt, ist das Erwerben der erforderlichen Innovationskompetenz bei allen beteiligten Akteuren. Dabei spielen das lebensbegleitende Lernen und der projektintegrierte Kompetenzerwerb eine wichtige Rolle. Das Lernen wiederum setzt die Verfügbarkeit geeigneter Lehr- und Lernmittel als auch das Schaffen

---

© Der/die Autor(en), exklusiv lizenziert an Springer Fachmedien Wiesbaden GmbH, ein Teil von Springer Nature 2023
E. Busch et al., *Methodik der Innovation*, https://doi.org/10.1007/978-3-658-42737-5_6

lernfordernder und lernförderlichen Bedingungen voraus. In diesem Kapitel werden dazu praktische Erfahrungen aus der langjährigen Forschungs- und Gestaltungsarbeit der Autoren dieses Buches vermittelt.

6.1 Zielorientierung und Erfolgswille

Eine Idee für eine Verbesserung, für ein originelles Produkt oder für ein neues Verfahren zu finden, kann freudige Emotionen oder auch Stolz auf die eigene Leistung hervorbringen. Mit der Idee ist jedoch erst der halbe Weg geschafft, manchmal endet der Weg bereits an dieser Stelle und der schöpferische Gedanke wird „auf Eis gelegt".

Aus einer Invention – also einer Erfindung – wird erst dann eine Innovation, wenn die Idee erfolgreich in der Praxis realisiert ist
und sich auf dem Markt durchgesetzt hat.
Siehe Abschnitt **Bedeutung und Umsetzung von Innovationen aus Sicht**
der Betriebswirtschaft

Eine der bekanntesten Persönlichkeiten, die die Brücke zwischen Invention und Innovation erfolgreich aufbauen konnten und konsequent nutzten, war Thomas Alva Edison. Sein Leben, seine Arbeitsweise und seine Erfolge sind ausführlich im Band 4 der „Propyläen Technikgeschichte" (König, 1997) dargestellt.
Zu seinen Ergebnissen zählen über 2000 Erfindungen, von denen über 1000 in den USA und über 1200 international geschützt wurden.

Weitaus bedeutender ist die Umsetzung von Erfindungen in marktfähige Produkte (Conrad, 1980).
Besonders bekannt sind die Vervollkommnung der Glühlampe, der Phonograph, die Errichtung von Elektrizitätswerken und das gesamte System der Stromverteilung. Edison war damit einer der bedeutendsten Innovationsmanager, der in Gesamtsystemen dachte, die internationalen Märkte im Blick hatte, ein intensives Marketing organisierte und Ideen umsetzte, die von anderen Erfindern „liegen gelassen" wurden.
Es ist wenig nutzbringend, darüber diskutieren, wo und von wem bedeutende Ideen zuerst entwickelt wurden, die erst später von Edison weltweit (und auch ökonomisch wirksam) realisiert wurden.

Für unsere wirtschaftliche und gesellschaftliche Entwicklung in Europa sollen wir – neben der Verehrung unser Dichter und Denker –
auch die „Macher" hervorheben und fördern!

6. Von der Invention zur Innovation

Aufbauend auf internationalen Erfahrungen lassen sich für die Gestaltung von Innovationsprozessen die im Abschnitt **Grundlagen** des innovativen Denkens und Handelns vorgeschlagenen Kreativitätsregeln um die folgenden Innovationsregeln ergänzen.

Erste Innovationsregel

Bewerte deine Ideen hinsichtlich ihrer Realisierbarkeit und ihrer *technisch-ökonomischen sowie gesellschaftlichen Wirkung* umfassend und kritisch!
Nutze dabei auch die *Technikfolgeabschätzung* und die Einordnung der Idee in übergeordnete Systeme.

Zweite Innovationsregel

Vertraue auf deine Idee und deine Entscheidung über eine Realisierbarkeit deiner Ideen und entwickle daraus einen starken Willen zu deren Umsetzung!

Dritte Innovationsregel

Lass dich nicht durch erste Stolpersteine entmutigen!
Jeder Misserfolg liefert dir wichtige Erfahrungen und eröffnet neue Chancen.

Vierte Innovationsregel

Nutze die *vertrauensvolle Zusammenarbeit* mit Personen aus anderen Fachbereichen und mit Rechtsschutzexperten!
Beachte dabei den untrennbaren Zusammenhang von Technik und Ökonomie!

Fünfte Innovationsregel

Beachte von Anfang an den *internationalen Markt* und die Möglichkeiten einer *internationalen Kooperation*!
Bedenke dabei die Dynamik von politischen, wirtschaftspolitischen und naturbezogenen Entwicklungen!

Sechste Innovationsregel

Schaffe dir eine geeignete Infrastruktur und gliedere dich in regionale, nationale und internationale Netze ein! Baue gegebenenfalls eigene Netze auf!

Siebte Innovationsregel

Organisiere das *Marketing* kontinuierlich von Beginn an und zu allen Arbeitsschritten unter Nutzung aller (modernen) Möglichkeiten!
Beziehe selektiv und gezielt VertreterInnen der Presse vertrauensvoll (und unter Beachtung einer erforderlichen Geheimhaltung und des Patentrechtes) in die Entwicklungen ein.

Achte Innovationsregel

Beachte, dass viele Arbeitsschritte im Innovationsprozess neue Anforderungen an die Kompetenzen der Beteiligten erfordern können.
Sichere dazu eine vorausschauende *Kompetenzentwicklung und Personalentwicklung* ab! Bedenke dabei auch die Zusammenarbeit mit den relevanten Bildungseinrichtungen.

Neunte Innovationsregel

Bedenke, dass jede Innovation (besonders Basisinnovationen) eine Kette von *Folgeinnovationen* und kontinuierlichen Verbesserungen auslösen kann.
Nutze deinen Erkenntnisvorlauf, um Lösungen im Gesamtsystem vorauszudenken und deine *Rechte daran zu sichern*.

Zehnte Innovationsregel

Würdige die Leistungen aller Beteiligten und die Ideen und Erfahrungen derer die Vorleistungen erbracht haben! Deine eigenen Verdienste werden dadurch nicht in den Schatten gestellt, sondern ungeteilt anerkannt.

Ein wichtiges Instrument für die Realisierung von Innovationen ist das – im folgenden Abschnitt dargestellte – Innovationscontrolling.

6.2 Controlling von Innovationsaktivitäten

Neue Wettbewerber, komplexe Umweltbedingungen und individueller werdende Kundenwünsche stellen Unternehmen zunehmend vor die Herausforderung, Innovationen schnell, kostengünstig und zuverlässig in kundenorientierte Produkte bzw. Dienstleistungen umzusetzen.

Dies erfordert ein professionelles *Innovations- und Projektmanagement*, das sowohl eine strategisch sinnvolle Auswahl von Innovationsvorhaben als auch eine erfolgreiche Projektabwicklung gewährleistet (Fischer et al., 2015).

Nach Analyse der Innovationspotenziale müssen Unternehmen zunächst die Felder identifizieren, die am stärksten dazu beitragen können, die Konkurrenzfähigkeit zu erhöhen und neue Wettbewerbsvorteile zu generieren. Auf diesen Feldern müssen anschließend zügig *Projekte initiiert, geplant und effizient abgewickelt* werden.

In diesem Zusammenhang spielt das *Innovationscontrolling als eigenes Aufgabenfeld des Innovationsmanagements* eine zentrale und übergeordnete Rolle (Horváth et al., 2020).

Im Folgenden wird daher beleuchtet, wie das *Controlling von Innovationsvorhaben* gestaltet werden sollte, um die Umsetzung von Innovationen in Produkte bzw. Dienstleistungen möglichst effektiv und effizient zu unterstützen. Dabei sollen im Einzelnen folgende Fragen beantwortet werden:

- Welche Ziele und Aufgaben werden mit dem Innovationscontrolling verfolgt?
- Auf welchen Ebenen sollte das Innovationscontrolling ansetzen?
- Wie kann Innovation ganzheitlich auf Unternehmens- und Portfolioebene gesteuert werden?
- Welche Instrumente können für das Controlling von Innovationsprojekten genutzt werden?

6.2.1 Ziele und Aufgaben des Innovationscontrollings

Das Innovationscontrolling befasst sich mit der *funktionsübergreifenden Steuerung* sämtlicher Innovationsaktivitäten im Unternehmen und geht damit über ein reines Performance Measurement im F&E-Bereich hinaus. Die Controllingtätigkeiten dienen in erster Linie dazu, innovationsbezogene Managemententscheidungen zu fundieren und die Kommunikation im Innovationsprozess zu unterstützen.

Die Steuerungslogik zielt darauf ab, schnell, kostengünstig und erfolgreich zu innovieren. Um dies zu gewährleisten, muss das Innovationscontrolling sowohl *operative als auch strategische Aufgaben* übernehmen (Schuh et al., 2012). Aus strategischer Sicht geht es darum, das Innovationsportfolio mit Blick auf die strategischen Ziele zu gestalten und letztlich *„die richtigen" Innovationsprojekte* auf- und umzusetzen. Das operative Innovationscontrolling beschäftigt sich hingegen damit, die einzelnen Innovations- bzw. Forschungs- und Entwicklungsprojekte so zu steuern, dass diese *„richtig" im Sinne von wirtschaftlich effizient* abgewickelt werden (Landwehr-Zloch, 2022).

Die *Steuerung* umfasst dabei die Koordination aller zur Realisierung der Projektziele notwendigen Planungs-, Umsetzungs- und Kontrollaktivitäten im Innovationsprozess sowie die Unterstützung von Projektentscheidungen durch Vermittlung relevanter Informationen (K. Möller et al., 2016). Dies bedeutet konkret, dass Controller in Innovationsprojekten folgende *Aufgaben* übernehmen sollten:

- Koordination des Planungs- und Entscheidungsprozesses zur Umsetzung von Innovationsaktivitäten
- Abstimmung von Teilzielen und -plänen des Innovationsprojektes
- Erfassung und Analyse der Projektzielgrößen (Kosten, Auszahlungen, Termine, Time-to-Use etc.)
- Auswertung wichtiger Prozessparameter (Durchlaufzeiten, Prozesskosten etc.)
- Hinterfragen und kostenmäßige Bewertung möglicher Alternativen und Problemlösungsmethoden
- Regelmäßige und rechtzeitige Information über den Projektstatus
- Vorschlag von Maßnahmen und Aufbereitung von Entscheidungsvorlagen
- Aufbau und Pflege des Projekt- und Risikomanagementsystems
- Auditsichere Dokumentation von Projektereignissen und projektspezifischen Entscheidungen

Maßgeblich für den *Erfolg des Innovationscontrollings* ist dabei einerseits die *Nutzung eines standardisierten Vorgehensmodells* und andererseits die konsequente *Einbeziehung aller innovationsrelevanten Unternehmensfunktionen*.

Es ist jedoch darauf zu achten, dass in die Koordination nur die Akteure einbezogen werden, die tatsächlich zum Innovationserfolg beitragen können, da entwicklungsspezifische Abstimmungsprozesse häufig zeitintensiv sind und sich negativ auf die Time-to-Use auswirken können (E. Busch, Strobel, et al., 2021). Mit Blick darauf müssen Innovationscontroller als *Business Partner* agieren und das Management von Innovationsprozessen aktiv bei der Koordination der maßgeblichen Unternehmensbereiche unterstützen. Dies setzt voraus, dass entsprechende Kompetenzprofile für Controller entwickelt und umgesetzt werden (Gleich & Munck, 2021).

So wurde beispielsweise bei der Robert Bosch GmbH ein Kompetenzmodell konzipiert, um den Aufbau von Business Partner-Kompetenzen gezielt zu fördern (Nobach & Immel, 2017).

6.2.2 Bedeutsame Steuerungsebenen des Innovationscontrollings

Die Koordinations- und Informationsaufgaben eines umfassenden Innovationscontrollings beziehen sich in der Praxis auf verschiedene *Steuerungsebenen*, für die *jeweils eigene Performance-Aspekte* relevant werden (Horváth et al., 2020).

Mit Blick darauf lassen sich Controlling-Aktivitäten auf Unternehmensebene, Multiprojektebene und Einzelprojektebene unterscheiden (siehe Abbildung 45).

Auf *Unternehmensebene* muss das Innovationscontrolling die marktorientierte Umsetzung der Innovationsstrategie begleiten, Veränderungsprozesse zur Verbesserung der Innovationsgegebenheiten (Ressourcenausstattung, Effektivitätssteigerungen im F&E-Bereich etc.) anstoßen und das Wissens- und Changemanagement unterstützen. Im *Multiprojektlevel* geht es darum, das Portfoliomanagement, bei der Auswahl und Zusammenstellung der strategisch bedeutsamen Innovationsvorhaben zu beraten, Abhängigkeiten und Synergien zwischen Projekten aufzuzeigen sowie Risikopotenziale zu analysieren. In der *Einzelprojektsteuerung* zielen die Controllingaktivitäten vor allem auf die Effizienz der Innovationstätigkeit ab (Gleich & Munck, 2021) ab. Hierfür ist es notwendig, den Projektfortschritt in Bezug auf Kosten, Zeit und Qualität zu überwachen, Projektrisiken zu managen und Optimierungspotenziale in der Projektabwicklung zu identifizieren.

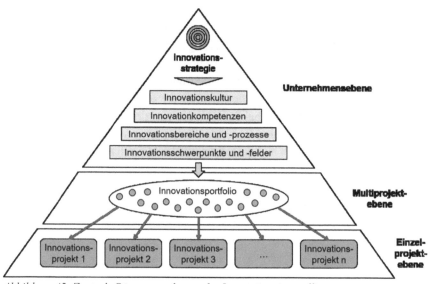

Abbildung 45: Zentrale Steuerungsebenen des Innovationscontrollings

Neben dem oben skizzierten Ebenenmodell können auch *Geschäftsmodellansätze* herangezogen werden, um innovationsspezifische Controllingprozesse zu strukturieren. Danach ist bei der Steuerung neuer Geschäftsmodelle darauf zu achten, dass diese transparent und verständlich erklärt (explaining the business), effektiv entwickelt (developing the business) und effizient abgewickelt (running the business) werden (Horváth et al., 2020). Das Innovationscontrolling muss deshalb *Abläufe etablieren*, die das Management unterstützen, die Komplexität von Geschäftsmodellinnovationen zu beherrschen, die strategische Planung zu gewährleisten und die Herausforderungen bei der Performance Messung und Umsetzung von Maßnahmen zu bewältigen.

 Für das *Performance Management* auf den einzelnen Steuerungsebenen stehen zahlreiche Instrumente zur Verfügung, die sinnvoll kombiniert und aufeinander abgestimmt werden müssen, um ein integriertes und durchgängiges Controlling zu gewährleisten.

6. Von der Invention zur Innovation

Dabei spielen neben innovationsspezifischen *Kennzahlen und Kennzahlensystemen* insbesondere *Portfolio-Konzepte, Kosten- und Investitionsrechnungsverfahren* und *Methoden des Projektcontrollings* eine zentrale Rolle (siehe Abbildung 46).

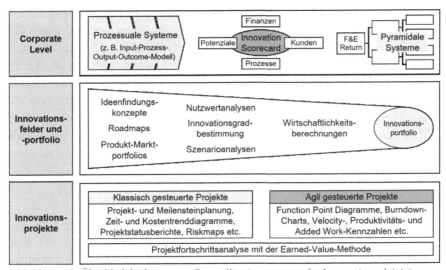

Abbildung 46: Überblick bedeutsamer Controllinginstrumente für Innovationsaktivitäten

6.2.3 Controllingsysteme für die Innovationssteuerung auf Unternehmens- und Portfolioebene

Für ein *unternehmensübergreifendes Innovationscontrolling auf Corporate-Ebene* ist zunächst eine Systematik nötig, um zu überprüfen, ob die strategischen Innovationsziele mit den definierten Suchfeldern, erarbeiteten Ideen und verfügbaren Ressourcen realisiert werden können. Dabei sind sowohl die Quantität der Ideen und Ressourcen als auch um deren Qualität zu betrachten.

Möchte ein Unternehmen zum Beispiel aus strategischen Gründen für existierende Produkte neue Funktionen entwickeln und gleichzeitig digitale Geschäftsmodellinnovationen generieren, so kann es mit einem *ganzheitlichen Controllingsystem* analysieren, ob beide Themen parallel und kontinuierlich verfolgt werden können.

Ein unternehmensweites Controllingsystem für Innovationsaktivitäten muss zudem ermöglichen, die *Effektivität und Effizienz der Innovationsleistung* transparent zu messen und geeignete Steuerungsmaßnahmen abzuleiten.

Dabei geht es in erster Linie darum, den Beitrag *der Innovationstätigkeiten* für die *Erreichung der strategischen Ziele und den wirtschaftlichen Erfolg* des Unternehmens zu bewerten.

Hierfür gelangen in der Praxis vor allem *Kennzahlen* zum Einsatz, die sinnvoll kombiniert und zu ganzheitlichen Steuerungssystemen ausgebaut werden können (Fischer et al., 2015). Dabei sollten sowohl quantitative Größen (z. B. F&E-Produktivität, Anzahl generierter Ideen im Zeitablauf, Produktentwicklungszeit, Anzahl Patente) als auch qualitative Kennzahlen (z. B. Mitarbeiterprofessionalität, Ausarbeitungsgrad einer Produktidee, Bewertungsniveau der Idee durch Nutzer oder Experten) herangezogen werden (zu weiteren Kennzahlen siehe etwa (Kaschny et al., 2015). Zur *Systematisierung der Kennzahlen* auf Unternehmensebene können prozessuale und pyramidale Ansätze sowie das weit verbreitete Konzept der Balanced Scorecard genutzt werden (siehe hierzu sowie im Folgenden (K. Möller et al., 2016).

Prozessorientierte Konzepte, wie das häufig in der Praxis eingesetzte Input-Prozess-Output-Outcome-Modell betrachten die Leistung von Innovation entlang der Wertschöpfungsphasen und messen diese sequentiell mithilfe spezifischer Kennzahlen, die nicht rechnerisch miteinander verknüpft sind. Damit lässt sich beispielsweise analysieren, mit wie vielen Mitarbeitern im Entwicklungsbereich (Input), in welcher Zeit (Prozess) wie viele Neuprodukte entwickelt (Output) und erfolgreich vermarktet wurden (Outcome). *Pyramidale Systeme* basieren auf hierarchisch strukturieren Treibergrößen, die mathematisch und sachlogisch zueinander in Beziehung stehen und sich zu einer finanziellen Spitzenkennzahl (z. B. F&E-Return = Gewinn / F&E-Aufwand) verdichten lassen.

Für ein ganzheitliches Innovationscontrolling unter Berücksichtigung monetärer und nicht monetärer Aspekte ist das Konzept der *Balanced Scorecard* zu empfehlen, da dieses die Leistung von Innovationsaktivitäten sowohl aus finanzieller Sicht als auch aus Prozess-, Potenzial- und Kundenperspektive betrachtet (Horváth et al., 2020). Eine Innovation Balanced Scorecard geht von unternehmensübergreifend formulierten Innovationszielen aus und kann daher nicht nur als kennzahlengestütztes Kontrollsystem, sondern auch als Kommunikationsinstrument sowie zur Unterstützung des organisationalen Lernens eingesetzt werden (Fischer et al., 2015).

Die Gestaltung und Steuerung des *Projektportfolios* zur Umsetzung der Innovationsstrategie erfordert ein Controllingsystem, das einerseits die Generierung und Erfassung von Innovationsideen unterstützt und andererseits eine transparente Beurteilung und Auswahl der Innovationsprojekte ermöglicht. Die Ideenfindung kann durch Anreizsysteme (z. B. betriebliches Vorschlagswesen), Wissensdatenbanken und Kreativitätstechniken gefördert werden (Kaschny et al., 2015). Zur Erfassung und Auswertung der generierten Ideen und Projektvorschläge können einheitliche Projektantragsformulare genutzt werden. Darin sollten auch Muss-Kriterien definiert werden, um bereits eine erste Vorselektion durchführen zu können. Für die Beurteilung, Priorisierung und Auswahl konkreter Innovationsvorhaben spielen quantitative und *qualitative Analyseverfahren* eine Rolle, da die Attraktivität einer Innovation sowohl von monetären als auch von nicht-monetären Faktoren abhängt (Schuh et al., 2012).

 Für eine differenzierte Betrachtung und Priorisierung von *Innovationsalternativen* bieten sich beispielsweise *Nutzwertanalysen* sowie spezifische *Portfolio-Konzepte* an (siehe Abbildung 47).

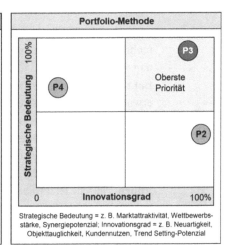

Abbildung 47: Beispiel für eine Nutzwert- und Portfolio-Analyse (Nobach, 2021)

Mit *Nutzwertanalysen* lassen sich finanzielle, qualitative und strategische Aspekte beleuchten, so dass eine ganzheitliche Beurteilung von Innovationsvorhaben möglich wird (Granig, 2007). Dabei ist neben der Definition der Bewertungskriterien vor allem auf deren Gewichtung zu achten. Zur Vereinfachung der Bewertung können Muss-Ziele definiert, Präferenzmatrizen verwendet und Mindestpunktesummen festgelegt werden (Fiedler, 2020).

Mit Blick auf die Subjektivität bei der Gewichtung und Bewertung der Zielkriterien ist überdies zu empfehlen, *verschiedene Szenarien in der Nutzwertanalyse* abzubilden. Ändert sich die Gesamtbewertung für mehrere Szenarien nur unwesentlich, kann diese als zuverlässig erachtet und für die Priorisierung der Innovationsprojekte herangezogen werden (Nobach, 2021).

Für die *Visualisierung von Priorisierungsergebnissen* eignen sich Portfolio-Konzepte (Schuh et al., 2012), die Innovationsvorhaben zum Beispiel nach deren strategischer Bedeutung und dem Innovationsgrad kategorisieren. Für die Achsen des *Portfolios* können jedoch auch andere Dimensionen, wie etwa die Technologieattraktivität, Ressourcenstärke oder das Disruptionspotenzial gewählt werden. Dadurch wird es möglich, Entscheidungen über die Realisierung, Aussetzung oder Einstellung von Innovationsprojekten gezielt vorzubereiten.

Die *Wirtschaftlichkeit* von Innovationsvorhaben kann mit statischen oder dynamischen Investitionsrechenverfahren beurteilt werden (Granig, 2007).

 Statische Verfahren, wie Kosten-, Gewinn- und Rentabilitätsvergleichsrechnungen basieren auf durchschnittlichen Erfolgsgrößen und setzen Finanzierungskosten nur für das im Durchschnitt gebundene Kapital an. Bei *dynamischen Verfahren* werden hingegen die in der Projektlaufzeit erwarteten Cash-Flows geplant und finanzmathematische Prozeduren genutzt, um die projektspezifische Kapitalverzinsung abzubilden. Zu den in der Praxis oft angewendeten Verfahren zählen die *Methode des Internen Zinssatzes* sowie die Kapitalwertmethode und die Amortisationsrechnung (Landwehr-Zloch, 2022). Der interne Zinssatz wird meist in den frühen Phasen der Projektbeurteilung vor Kenntnis der Finanzierungskosten berechnet und kann im Sinne eines kritischen Sollzinssatzes als Maßstab für Finanzierungsentscheidungen dienen. Steht der Finanzierungszinssatz fest, lässt sich mithilfe der *Kapitalwertmethode* der Wertbeitrag des Innovationsprojektes ermitteln. Als Kapitalkostensatz wird in der Praxis häufig der sogenannte Weighted Average Cost of Capital (WACC) angewendet (Schmitt, 2013), der das gewogene Mittel des unternehmensspezifischen Eigen- und Fremdkapitalzinssatzes darstellt. Mit der *Amortisationsrechnung* kann schließlich die zeitliche Dauer der Kapitalbindung für das Projekt bestimmt werden. Da die dynamischen Investitionsrechenmethoden das während der Projektlaufzeit gebundene

Kapital realitätsgetreuer abbilden, ist der Einsatz dieser Methoden für die Wirtschaftlichkeitsbeurteilung zu präferieren.

In der Praxis kommt es häufig zu einem *parallelen Einsatz mehrerer Investitionsrechenmethoden*, um die projektbezogenen Zielgrößen Wertbeitrag, Rentabilität und Amortisationsdauer simultan abzubilden (siehe Abbildung 48).

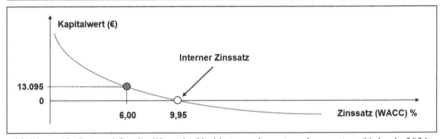

Abbildung 48: Beispiel für die Wirtschaftlichkeitsanalyse einer Innovation (Nobach, 2021)

Einen derartigen *Methoden-Mix* nutzen beispielsweise Airbus und MTU Aero Engines für die Business Case-Analyse von Entwicklungsprojekten (Nobach, 2021). Dabei geht es vor allem darum, den Einfluss des geplanten Cash-Flows und Projektlaufzeiten sowie die Auswirkungen des Kapitalkostensatzes auf die Projektzielgrößen zu analysieren und unter Risikogesichtspunkten zu simulieren.

Für die Betrachtung von Innovationsrisiken können beispielsweise *Sensitivitätsanalysen, Szenarioverfahren und Simulationsrechnungen* herangezogen werden (zum Einsatz von Simulationsrechnungen im Risikocontrolling siehe (Nobach, 2010). Sensitivitätsanalysen eignen sich, um die besonders erfolgskritischen Größen für die Projektbeurteilung zu identifizieren und die Stabilität des Projektergebnisses bei Variation einzelner Inputparameter zu überprüfen. Mit der Szenariotechnik kann hingegen untersucht werden, wie sich Veränderungen sämtlicher Input- und Outputfaktoren auf die projektspezifische Zielgröße (zum Beispiel den Kapitalwert) auswirken. Der szenariobasierte Ansatz lässt sich zudem um *Monte Carlo-Simulationen* erweitern, die eine zeitgleiche Variation aller Parameter im Bewertungsmodell ermöglichen. Monte Carlo-Simulationen liefern ausgehend von zufällig generierten Stichproben der Bewertungsparameter eine Wahrscheinlichkeitsverteilung der erwarteten Projektzielgröße und können damit insbesondere bei Innovationsvorhaben, für die noch nicht alle bewertungsrelevanten Größen bekannt sind (zum Beispiel Absatzzahlen für inkrementelle Produktinnovationen), eine zusätzliche Entscheidungsgrundlage bieten (siehe dazu im Einzelnen (Landwehr-Zloch, 2022)).

Szenarioanalysen und Simulationsrechnungen spielen zudem eine wichtige Rolle für die Gestaltung des Innovationsportfolios, da die Berechnungsergebnisse die Grundlage für die *Bildung von Risikoklassen* und die Festlegung von Zielwerten (hurdle rates) für die Projektauswahl darstellen. Die Kategorisierung der Risiken ermöglicht anschließend den Aufbau einer Bewertungsmatrix zur Gegenüberstellung von Risiko und Attraktivität der einzelnen Projekte (Schreckeneder, 2013).

Mit Blick auf die Zusammensetzung des Innovationsportfolios sollte zudem eine *Prüfung potenzieller Projektabhängigkeiten* durchgeführt werden, da sich Innovationsvorhaben in der Praxis gegenseitig beeinflussen können (zum Beispiel aufgrund konzeptioneller Abhängigkeiten). Hierbei muss auch die Verfügbarkeit von Ressourcen und Know-How berücksichtigt werden, um zu einer sinnvollen Priorisierung der Einzelvorhaben zu kommen. In diesem Kontext ist vor allem darauf zu achten, dass nicht zu viele Projekte gleichzeitig ablaufen, weil dies zu Personalüberlastung und Engpässen in Schlüsselpositionen führen kann. Daher ist es häufig ratsam, *Projekte eher sequenziell statt parallel abzuarbeiten*. Überdies kann eine Beschränkung des zuteilbaren Budgetvolumens für bestimmte Projekte ein wirkungsvolles Instrument sein, um eine ausgewogene Zusammensetzung des Projektportfolios zu gewährleisten (Fiedler, 2020).

6.2.4 Besonderheiten bei der Steuerung von Innovationsprojekten

Für eine sinnvolle Gestaltung und Anwendung von Controllinginstrumenten auf Einzelprojektebene müssen zunächst die *Besonderheiten von Innovationsvorhaben* betrachtet werden. Diese resultieren zum einen daraus, dass der Ausgang bei solchen Projekten meist ungewiss ist und zum anderen aus dem zeitlichen Auseinanderfallen von Kosten und Erlösen. Daher sind Instrumente erforderlich, die ein systematisches Vorgehen bei der Planung, Kontrolle und Steuerung der Innovationsaktivitäten ermöglichen. Zudem muss sich der Instrumenteneinsatz nach der Innovationsart und dem Innovationsgrad richten sowie die Anforderungen in den einzelnen Phasen des Innovationsprozesses berücksichtigen (Fischer et al., 2015).

Darüber hinaus ist bei der Methodenwahl zu prüfen, ob die *Projektabwicklung klassisch, agil* oder mit einem *Hybridansatz* erfolgt.

Während bei *klassisch abgewickelten Projekten* auf detaillierte Planungskonzepte (Projektstrukturplan, Ablaufplan, Zeit- und Kostenplan etc.), Soll-Ist-Vergleiche, Meilensteinanalysen und Trenddiagramme zurückgegriffen werden kann, müssen bei *agiler Arbeitsweise* Instrumente eingesetzt werden, die eine flexible Ressourcenallokation, offenen Informationsaustausch und konstruktiven Diskurs unterstützen und gleichzeitig eine kontinuierliche Überprüfung des Projektfortschritts erlauben. In der Praxis werden Innovationprozesse, die bislang nach traditionellen Ansätzen strukturiert wurden, zunehmend um agile Elemente ergänzt (Ulrich & Rieg, 2020), in dem zum Beispiel in einigen Phasen klassisch und in anderen Stages nach agilen Prinzipien gearbeitet wird (Landwehr-Zloch, 2022). So setzt etwa die Bankengruppe BNP Paribas bei der Entwicklung kundenspezifischer Software-Lösungen auf eine Kombination von agilem und klassischem Vorgehen in sogenannten *„Agile Mixed"-Projekten* (Nobach, 2021).

Im Folgenden werden daher zunächst Controllinginstrumente für klassisch gesteuerte Innovationsvorhaben und anschließend Methoden für agil gemanagte Projekte vorgestellt.

6.2.5 Controllinginstrumente für klassische Innovationsprojekte

Im klassischen Management werden Innovationsvorhaben meist in *sequentielle Phasen* untergliedert, deren Teilergebnisse aufeinander aufbauen und schließlich zu einem vorher spezifizierten Gesamtprojektergebnis führen. Daher müssen nach der Projektdefinitionsphase zunächst die Struktur und der Verlauf des Innovationsvorhabens detailliert ausgeplant werden (zum Beispiel nach dem Wasserfall- oder V-Modell).

Dies erfordert unterschiedliche *Planungsinstrumente*, um die Innovationsaktivitäten mit Blick auf Kosten, Qualität und Zeit ganzheitlich abbilden zu können (siehe Abbildung 49).

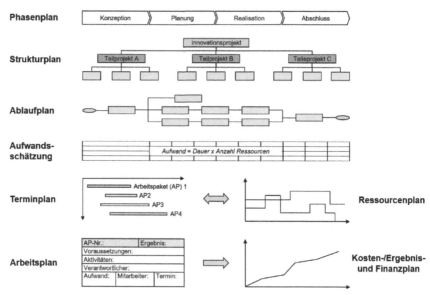

Abbildung 49: Basiselemente der klassischen Projektplanung (Nobach, 2021)

Die Planungsaktivitäten beginnen mit der Aufstellung eines *Phasenplanes*, in dem die Erfolgsfaktoren für die einzelnen Projektabschnitte gezielt dargestellt werden. Im Anschluss daran wird ein *Projektstrukturplan* konzipiert, der alle Arbeitspakete und Meilensteine beinhaltet, die für die Erfüllung der Innovationsziele erforderlich sind. Nach Festlegung der Struktur sind die Reihenfolge und die Schnittstellen der definierten Arbeitspakete in einem *Ablaufplan* zu bestimmen. Im nächsten Schritt muss der Aufwand für die einzelnen Arbeitspakete geschätzt werden. Die initiale *Aufwandsschätzung* spielt für das Innovationscontrolling eine zentrale Rolle, da die Genauigkeit der Schätzung in der Praxis häufig über den Projekterfolg entscheidet. Der prognostizierte Projektaufwand bestimmt nämlich bei termingesteuerter Planung den Ressourcenbedarf und bei ressourcengesteuerter Planung die Bearbeitungsdauer des Projektes. In der *Terminplanung* wird die Dauer der einzelnen Arbeitspakete ermittelt und in einer Vorgangsliste festgehalten. Aus der Zeitplanung lässt sich später die *Ressourcenplanung* ableiten. Diese zielt darauf ab, die Verfügbarkeit der notwendigen Kapazitäten für die Innovationstätigkeiten sicherzustellen. Nach Abschluss der Ressourcenplanung sollten detaillierte Arbeitspläne für jedes Arbeitspaket erstellt werden. Die *Arbeitspläne* enthalten alle nötigen Innovationstätigkeiten sowie die Verantwortlichen für deren Durchführung und bilden damit die Grundlage für die Kosten-/ Ergebnis- und Finanzplanung. In der *Kosten- und Ergebnisplanung* sind zunächst alle direkt zurechenbaren Kosten für die Arbeitspakete zu bestimmen und die Gemeinkosten für das Entwicklungs- und Konstruktionspersonal zuzuordnen. Überdies müssen Risikozuschläge (Contingency) und Finanzierungskosten in die Planung einbezogen werden. Neben der Prognose der Kosten- und Ergebnisgrößen sind schließlich in einer projektspezifischen *Finanzplanung* die im Projektablauf erwarteten Ein- und Auszahlungen (Cash-Flows) zu prognostizieren, mögliche Liquiditätsengpässe zu identifizieren und Finanzierungsmaßnahmen zu initiieren. (siehe dazu ausführlich (Zirkler et al., 2019))

Im Rahmen der Erstellung der Teilpläne sind auch die zu erwartenden *Projektrisiken* detailliert zu analysieren und entsprechende Steuerungsmaßnahmen einzuleiten (Granig, 2007). Hierfür stehen zahlreiche Methoden und Instrumente zur Verfügung, die sich danach unterscheiden lassen, ob sie zur Identifikation, Bewertung, Dokumentation oder Steuerung der Risiken eingesetzt werden. Für die *Risikoidentifikation* können zum Beispiel Checklisten, Fehlerbäume oder Szenarioanalysen verwendet werden, die auf die spezifischen Rahmenbedingungen und individuellen Stakeholder-Interessen des Innovationsvorhabens auszurichten sind. Dabei sollten verschiedene Methoden kombiniert und Risiken nach Projektphasen differenziert werden, um eine ganzheitliche Risikobetrachtung sicherzustellen (Nobach, 2021). Die *Bewertung der Risiken* kann mit qualitativen oder quantitativen Ansätzen erfolgen. Dabei muss für jedes Risiko neben der Eintrittswahrscheinlichkeit und potenziellen Schadenshöhe auch dessen Veränderung im Projektverlauf abgeschätzt werden (Kuster et al., 2022). Überdies ist es sinnvoll, die identifizierten *Bedrohungen zu typisieren* (zum Beispiel in akzeptierbare versus existenzbedrohende Risiken, Ereignis- und Planungsrisiken) und *nach Größenklassen zu differenzieren*. Zur *Steuerung und Kontrolle* von Risiken können passive und aktive Strategien (zum Beispiel Risikoakzeptanz oder Einleitung von Mitigationsmaßnahmen) sowie Kennzahlen genutzt werden (Nobach, 2010). Für die Dokumentation und Berichterstattung von Projektrisiken eignen sich *Risikoinventare und Risk Maps* (siehe Abbildung 50) oder auch spezifische Risiko-Cockpits (Bär et al., 2017).

In der *Projektdurchführungsphase* werden in erster Linie Controllinginstrumente benötigt, die eine wirkungsvolle Projektfortschrittskontrolle und Risikosteuerung sowie eine transparente Projektberichterstattung ermöglichen. Hierbei ist vor allem auf eine adressatengerechte Aufbereitung der projektbezogenen Controllinginformationen zu achten (Schreckeneder, 2013), da diese für unterschiedliche Zwecke des Projektmanagements genutzt werden (zum Beispiel zur projektinterne Ressourcensteuerung oder zur Information des Projektlenkungsausschusses).

Für die Generierung dieser Daten muss das Instrumentarium so gestaltet sein, dass jederzeit überprüfbar ist, ob die innovationsspezifischen Zielgrößen *Budget, Zeit, und Qualität* noch im vorgegebenen Rahmen liegen. Zudem sind Instrumente erforderlich, um die Risiken zu analysieren und den Status der Maßnahmenumsetzung zu überwachen.

Grundstruktur eines Risikoinventars

Nr.	Risiko	Ursache	Wahr-sch.keit	Aus-wirkung	...
1					
2					
3					
...					

...	Projekt-phase	Maß-nahme	Status	Verant-wortlich	...
1					
2					
3					
...					

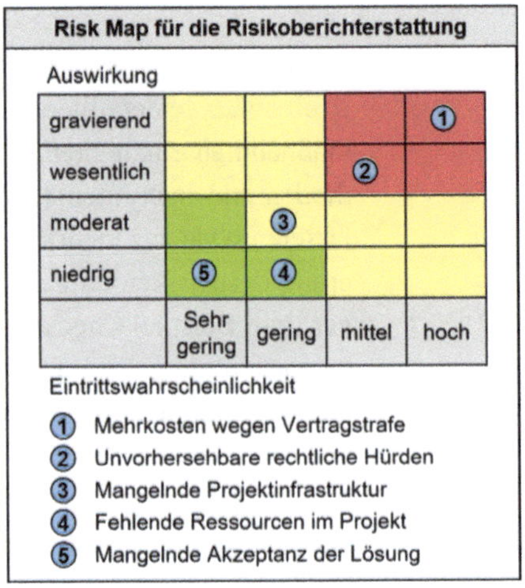

Abbildung 50: Dokumentations- und Berichtsinstrumente für Innovationsrisiken (Nobach, 2021)

Für die Termin- und Budgetüberwachung können Meilenstein- und Kosten-Trenddiagramme eingesetzt werden (siehe Abbildung 51). Die *Meilenstein-Trendanalyse* zeigt im Gegensatz zu einem einfachen Balkendiagramm auf, ob in einem Innovationsprojekt für einzelne Abschnitte, Arbeitspakete oder Meilensteine mit zeitlichen Verzögerungen zu rechnen ist. Während ein kontinuierlich steigender oder fallender Kurvenverlauf möglicherweise auf eine zu optimistische Planung bzw. zu viele Zeitpuffer hindeutet, kann ein schwankender Verlauf ein Indiz dafür sein, dass die Planung mit einer hohen Unsicherheit behaftet ist (Zirkler et al., 2019).

Das *Kosten-Trenddiagramm* stellt anschaulich dar, wie sich die erwarteten Kosten für einzelne Arbeitspakete während des Projektverlaufs verändern (Noé, 2017).

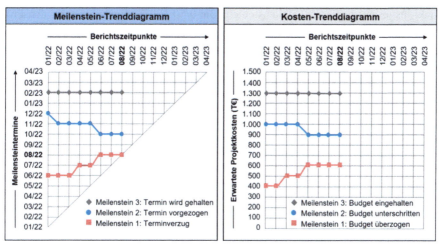

Abbildung 51: Beispiele für eine Meilenstein- und Kosten-Trendanalyse (Nobach, 2021)

Überdies lassen sich Kostendaten mit zeitbezogenen Informationen kombinieren und in einem *Zeit-/Kosten-Trenddiagramm* abbilden, um den Budgetverbrauch im Zeitablauf zu verfolgen (Fiedler, 2020). Dabei ist jedoch zu beachten, dass ein Projekt bezogen auf den genehmigten Zeit- und Budgetrahmen auch dann im Verzug sein kann und/oder das Kostenbudget überschreiten wird, wenn zum Betrachtungszeitpunkt keine Abweichung der Istkosten von den Plankosten vorliegt und der Kostenverbrauch mit dem Zeitverbrauch übereinstimmt. Dies ist dann der Fall, wenn der *Leistungsfortschritt* nicht dem Kosten- und Zeitverbrauch entspricht und noch mehr Leistungen zu erbringen sind, als Zeit und Budget zur Verfügung stehen.

 Mit Blick darauf sollte ein Kontrollsystem etabliert werden, das es ermöglicht, den *Fertigstellungsgrad der Projekte kontinuierlich zu überwachen* (Kuster et al., 2022).

Der *Fertigstellungsgrad* von Innovationsprojekten kann mit input- und outputorientierten Verfahren gemessen werden. Zu den inputbezogenen Methoden zählen die Efforts-Expended-Methode und die in der Praxis weit verbreitete *Cost-to-Cost-Methode* (Fiedler, 2020). Diese Methoden bestimmen den projektspezifischen Fertigstellungsgrad ausgehend von der Relation des Istaufwandes (zum Beispiel gemessen in Personentagen) oder der Istkosten zum prognostizierten Aufwand bzw. Kostenvolumen für das Gesamtprojekt. Für eine outputbasierte Ermittlung des Leistungsfortschritts können zum Beispiel die Meilenstein-Methode oder die 0/50/100-Methode herangezogen werden. Nach der Meilenstein-Methode ergibt sich der Fertigstellungsgrad aus dem Verhältnis der erreichten Meilensteine zu den für das Projekt insgesamt geplanten Meilensteinen. Die 0/50/100-Methode bewertet den Projektfortschritt hingegen auf der Basis von Arbeitspaketen (Dechange, 2020). Danach liegt der Fertigstellungsgrad für abgeschlossene Arbeitspakte bei 100 %, für angearbeitete Pakete bei 50 % und für noch nicht begonnene Pakete bei 0 %. Zur Gewährleistung einer vergleichbaren Messung des Fortschritts von Innovationsvorhaben sollte das Vorgehen zur Ermittlung des Fertigstellungsgrades unternehmensweit einheitlich in einer *Earning Rule* vorgegeben werden (Nobach, 2021).

Die Bestimmung des projektspezifischen Fertigstellungsgrades spielt auch für die Anwendung der sogenannten *Earned-Value-Methode* eine zentrale Rolle.

Diese Methodik ermöglicht eine integrierte Kosten- und Leistungskontrolle, da sie den *Arbeitswert (Earned Value)* des Projektes auf Basis einer simultanen Betrachtung von Kosten, Zeiten und Leistungsfortschritt analysiert (siehe Abbildung 52).

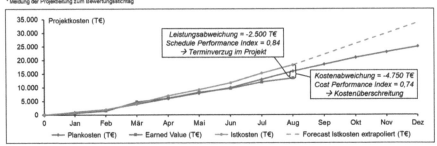

Abbildung 52: Berechnungsbeispiel für eine Earned-Value-Analyse (Nobach, 2021)

Der Earned Value (EV) wird dabei als *Sollkosten der erbachten Leistung* (= Plankosten des Ist-Projektfortschritts) verstanden und mit den aufgelaufenen Istkosten (IK) sowie den kumulierten Plankosten (PK) für das Projekt verglichen (Zirkler et al., 2019).

Liegt der Earned Value zum Bewertungszeitpunkt über oder unter den Istkosten, weist die *Kostendifferenz (Cost Variance)* auf einen unvorhergesehenen Ressourcenverbrauch hin. Weicht der Earned Value von den Plankosten ab, deutet dies eine *Leistungsabweichung (Schedule Variance)* im Sinne eines nicht planmäßigen Arbeitsfortschrittes an.

In dem Beispiel in Abbildung 52 signalisiert die negative Kostenabweichung im Monat August (EV 13.500 T€ – IK 18.250 T€ = –4.750 T€), dass das Budget überschritten wurde. Zudem ist das Projekt im Zeitverzug, da die Leistungsabweichung ebenfalls einen negativen Wert annimmt (EV 13.500 T€ – PK 16.000 T€ = –2.500 T€).

Das Earned-Value-Konzept sieht überdies spezifische *Effizienzkennzahlen* vor, die zur Prognose der Gesamtkosten und der Fertigstellungsdauer von Projekten herangezogen werden können (Menze, 2013). Die Kosteneffizienz (Cost Performance Index) ergibt sich aus dem Verhältnis des Earned Values zu den Istkosten und zeigt auf, ob die Kosten überschritten (Wert < 1) oder unterschritten (Wert > 1) wurden. Für das oben betrachtete Projekt beläuft sich der Wert im August auf 0,74 (= EV 13.500 T€ / IK 18.250 T€). Setzt man die Kosteneffizienz in Relation zum Projektkostenbudget (BUD), lassen sich die *voraussichtlichen Gesamtkosten* bestimmen, wenn unterstellt wird, dass die noch anstehenden Arbeiten weiterhin mit der gleichen Effizienz ausgeführt werden (Fiedler, 2020). Für das betrachtete Projekt sind demnach Gesamtkosten in Höhe von 33.796 T€ (= BUD 25.000 T€ / 0,74) zu erwarten. Die Zeiteffizienz (Schedule Performance Index) drückt das Verhältnis des Earned Values zu den Plankosten aus und informiert darüber, ob das Projekt im Terminverzug ist (Wert < 1) oder vor dem Zeitplan liegt (Wert > 1). In dem Projektbeispiel beträgt der Wert für August 0,84 (= EV 13.500 T€ / PK 16.000 T€). Dividiert man die ursprünglich geplante Projektdauer durch die Zeiteffizienz, erhält man die *prognostizierte Gesamtdauer* für das Innovationsvorhaben (Dechange, 2020). Für das untersuchte Projekt ist demnach mit einer Dauer von insgesamt 14,2 Monaten (= 12 Monate / 0,84) zu rechnen, sofern von einer gleichbleibenden Zeiteffizienz ausgegangen wird.

Ein effektives Innovationscontrolling muss während der Projektdurchführungsphase *nicht nur laufend den Projektfortschritt kontrollieren,*

sondern auch die Projektrisiken aktiv steuern. Dies erfordert ein Werkzeug, das es ermöglicht, die vor Projektbeginn aufgenommenen Risiken kontinuierlich zu verfolgen, neu auftretende Risiken zu analysieren und die Maßnahmenumsetzung zu überwachen (Bär et al., 2017).

Hierfür eignet sich eine detaillierte *Risikoliste*, die neben den Informationen aus dem Risikoinventar auch Fälligkeitstermine für die Risiken- und Maßnahmenüberprüfung sowie eine Priorisierung der Risiken enthalten sollte. Das Ranking der Risiken kann mithilfe von Risikoprioritätszahlen (bei qualitativer Bewertung) oder mathematischen Erwartungswerten (bei quantitativer Bewertung) erstellt werden (Dechange, 2020). Ausgehend davon können die besonders erfolgskritischen Risiken (zum Beispiel die 5 oder 10 Top-Risiken) selektiert und mit einer *Risk Map* regelmäßig im Projektlenkungsausschuss berichtet werden. Zudem sollte auf Projektleitungsebene *wöchentlich oder zweiwöchentlich ein Routinetermin* stattfinden, in dem auch die übrigen Risiken und die Maßnahmenumsetzung überprüft werden. Ergänzend dazu lassen sich in bestimmten Abständen *Risikoanalyse-Workshops* durchführen, um die Risikosituation und -entwicklung detailliert mit dem Projektteam zu beleuchten. Hierfür bieten sich zum Beispiel Checklisten und Maßnahmenkataloge für spezifische Innovationsrisiken an (Kraus & Westermann, 2019). In diesem Kontext ist vor allem auch an Kommunikationsmaßnahmen zu denken, da diese häufig zu den wirkungsvollsten Instrumenten des Risikomanagements zählen (zur grundlegenden Bedeutung von Kommunikation im Innovationsprozess siehe Kapitel 5 „Die Kommunikation im Innovationsprozess").

Die mit den dargestellten Planungs- und Analysemethoden generierten Projektinformationen müssen schließlich mit geeigneten *Berichtinstrumenten* auf unterschiedlichen Ebenen (zum Beispiel im Projekt Jour Fixe, Lenkungskreis oder Projekt Audit) präsentiert werden. Dabei sollten neben Ad-hoc-Berichten regelmäßig auch *Standard-Reports* erstellt werden, um kontinuierlich und vergleichbar über den Projektverlauf zu informieren.

 Für das Projektreporting kommen zum Beispiel Statusberichte oder Dashboards in Frage (siehe Abbildung 53).

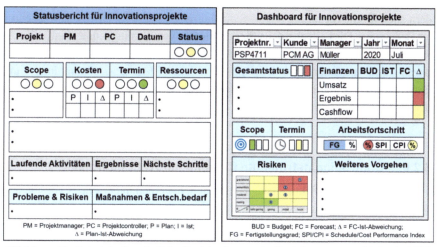

Abbildung 53: Beispiele für mögliche Berichtsformate im Projektreporting. (Nobach, 2021)

Das Reporting für Innovationsprojekte ist so zu konzipieren, dass es die Informationsbedürfnisse der verschiedenen Berichtsempfänger bzw. Anwender bestmöglich erfüllt. Dies kann beispielsweise durch *Ampelansichten* oder *individualisierte Auswertungsmöglichkeiten* erreicht werden. Überdies sollten die Berichte aussagekräftige Kommentierungen und Empfehlungen enthalten und auf innovationsspezifische Entscheidungsbedarfe hinweisen.

 Hierbei ist auch darauf zu achten, dass unrealistisch erscheinende Entwicklungen und *Zahlen nicht ignoriert, sondern in jedem Falle ernst genommen und validiert werden*, da es sonst zu schwerwiegenden Fehlentscheidungen kommen kann (Madauss, 2020).

Die Berichte für Innovationsprojekte müssen jedoch nicht nur adressatengerecht und aussagekräftig gestaltet, sondern auch qualitätssicher und effizient erstellt werden. Hierfür bieten insbesondere die *Möglichkeiten der Digitalisierung* wesentliche Ansatzpunkte. Mithilfe moderner Zugriffstechnologien (zum Beispiel In-Memory-Technik) sowie leistungsfähigeren Tools zur Datenintegration und -analyse (Business Analytics) können projektspezifische Informationen schneller und tiefgehender analysiert werden. Zudem lassen sich durch Robotic Process Automation (RPA) Standardberichte für Innovationsvorhaben vollautomatisiert und in kurzer Zeit zu sehr niedrigen Kosten erstellen (Nobach, 2019).

Die Nutzung standardisierter und aussagekräftiger Berichte ist nicht nur im klassischen Management von Innovationsprojekten ein wesentlicher Erfolgsfaktor, sondern auch für die Steuerung *agil durchgeführter Innovationsaktivitäten* von zentraler Bedeutung. Dies gilt ebenfalls für den Einsatz von Planungs- und Analyseinstrumenten, da auch bei agilem Arbeiten die Projektziele und -aktivitäten geplant, überwacht und gesteuert werden müssen. Das Planungs-, Steuerungs- und Berichtswesen ist hierfür allerdings anders auszugestalten, um den Anforderungen der Agilität gerecht zu werden.

6.2.6 Controllinginstrumente für agile Innovationsprojekte

Agile Projektmanagementmethoden werden in der Praxis vor allem bei Entwicklungsvorhaben angewendet, für die zu Projektbeginn die *Anforderungen und Ziele nur grob skizzierbar* sind (zum Beispiel im Bereich Softwareentwicklung). Viele Unternehmen setzen jedoch auch bei anderen Innovationsprojekten zunehmend auf agile Arbeitsweisen, um besser auf *schnelle Marktänderungen und höhere Komplexitätsniveaus* reagieren zu können (Wobser, 2022).

Dies ist unter anderen deshalb geboten, weil heute oftmals nicht mehr nur neue Produkte oder innovative Services, sondern auch die dazu passenden Geschäftsmodelle und Marketingkonzepte entwickelt werden müssen. Solche Vorhaben erfordern eine hohe Flexibilität und Anpassungsfähigkeit der Innovationsteams, um dynamisch auf inhaltliche, zeitliche und finanzielle Änderungen reagieren zu können.

Agile Arbeitstechniken folgen dem Prinzip des *System Thinking*, das auf die Bewältigung komplexer Problemstellungen abzielt, die nicht durch lineare Denkmuster lösbar sind (Böhm, 2019). Zu den meist bekannten Ansätzen zählen KANBAN und SCRUM (Schastok et al., 2018). Mit Blick auf den hohen Verbreitungsgrad von *SCRUM* (Ulrich & Rieg, 2020) fokussieren die folgenden Ausführungen auf Controllinginstrumente für Projekte, die nach diesem Vorgehenskonzept abgewickelt werden.

Der SCRUM-Ansatz basiert auf der Annahme, dass das Ergebnis eines Projektes nicht von Beginn an detailliert ausplanbar ist, sondern *iterativ und inkrementell* in kurzen Zeitabschnitten (Sprints) erarbeitet wird; siehe grundlegend dazu (Schwaber & Sutherland, 2020). Das Projektcontrolling kann daher meist nur auf eine grobe Kosten- und Terminplanung für das Gesamtprojekt zurückgreifen (Schopka, 2015). Dies führt dazu, dass differenzierte Soll-Ist-Vergleiche im klassischen Sinne nicht mehr möglich werden.

6. Von der Invention zur Innovation

Das Controlling muss deshalb kontinuierlich den Arbeitsfortschritt in den Sprints verfolgen, um sicherzustellen, dass die Arbeitsergebnisse zuverlässig und mit vorhersagbarer Qualität erbracht werden.

Die *Planungsgenauigkeit* für die Lieferzeitpunkte und -ergebnisse ist dabei aufgrund des agilen Vorgehens in der Regel höher als bei klassischer Vorgehensweise. Weiter in die Zukunft reichende Prognosen (mehr als drei Sprints) sind zwar ungenauer im Umfang, aber exakt im Zeitpunkt (Böhm, 2019).

Vor diesem Hintergrund kommt der laufenden *Planung der Projektaktivitäten* bei agilen Innovationsvorhaben eine zentrale Bedeutung zu.

Nach dem SCRUM-Konzept findet vor jedem Sprint ein Planning statt, um das Sprint-Ziel sowie die zu erledigenden Aufgaben festzulegen und den Aufwand für die Projektaktivitäten zu schätzen. Dieses Vorgehen erfordert neben einer flexiblen Allokation von Innovationsressourcen vor allem eine geeignete *Planungsmethodik*, um die projektspezifischen Umsetzungsaufwände möglichst genau prognostizieren zu können (Nobach, 2021).

Hierfür bietet sich zum Beispiel die *Function-Point-Methode* an, die in der Praxis häufig bei innovativen Digitalisierungsprojekten Anwendung findet (Schmid, 2019). Damit lassen sich ausgehend von Erfahrungswerten aus früheren Entwicklungsprojekten die erwarteten Aufwände für neue Innovationsvorhaben bestimmen. Dazu analysiert man zunächst die in vergangenen Projekten oder Arbeitspaketen durchgeführten Aktivitäten zur Realisierung von Systemfunktionen bzw. User Stories und bewertet diese mit Punkten, die die *Umsetzungskomplexität und andere Aufwandstreiber* zum Ausdruck bringen (Fiedler, 2020).

Anschließend wird für jeden Function / Story Point der angefallene Arbeitsaufwand bestimmt und statistisch eine *Function-Point-Kurve* berechnet (siehe Abbildung 54). Für neu anstehende Innovationstätigkeiten können nun die Function Points ermittelt und der dafür zu erwartende Aufwand auf der Kurve abgelesen werden.

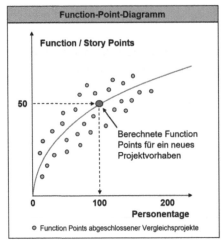 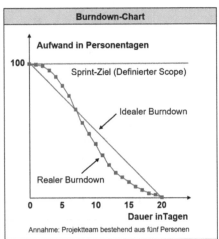

Abbildung 54: Beispiel für eine Function-Point-Kurve und ein Burndown-Chart.(Nobach, 2021)

Die Aufwandschätzung für die einzelnen Sprints wird von den agilen Innovationsteams selbst durchgeführt und zusammen mit dem Projektfortschritt während der *Durchführungsphase* täglich kontrolliert.

 Hierfür kann zum Beispiel ein *Burndown-Chart* eingesetzt werden (Friedl et al., 2022), das aufzeigt, wieviel Arbeit für einen Sprint geplant war und tatsächlich noch zu erledigen ist (siehe Abbildung 54).

Der ideale Burndown (lineare Verbindung zwischen den beiden Achsen) gibt an, welcher Arbeitsaufwand täglich zur Erreichung des *Sprint-Ziels (Target)* erbracht werden muss (Dechange, 2020). Der reale Burndown stellt den am Ende jedes Sprint-Tages tatsächlich noch verbleibenden Restaufwand dar. Für die Bewertung des Plan- und Ist-Aufwandes kommen Personentage oder Story Points in Frage, die von dem Sprint-Team abhängig von der Komplexität, Menge und Unsicherheit der Aufgaben festgelegt werden. Dabei entspricht ein Story Point häufig ein bis zwei Personentagen (Fiedler, 2020).

Das Burndown-Chart ist ein wesentliches Instrument für die Fortschrittskontrolle einzelner Sprints, da auf Sprint-Ebene der geplante Arbeitsumfang (Scope) in der Regel fixiert ist. Für das *Gesamtprojekt* können sich allerdings während der Projektlaufzeit Änderungen im Leistungsumfang ergeben, die im Burndown-Chart keine Berücksichtigung finden. Für eine sprint-übergreifende Ermittlung des Gesamtprojektfortschritts sollte daher ein *Burnup-Chart* genutzt werden, da hiermit auch Änderungen des Projektumfanges darstellbar sind (siehe Abbildung 55).

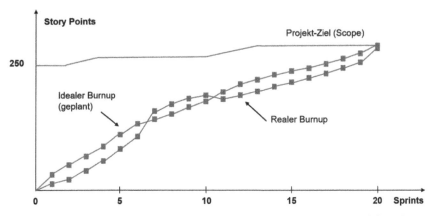
Abbildung 55: Beispiel für ein Burnup-Chart zur Steuerung des Gesamtprojektfortschritts.

Die Grundidee entspricht der des Burndown-Charts, der Kurvenverlauf ist allerdings ansteigend, so dass auch Scope-Änderungen im Projektverlauf erkennbar werden (T. Möller, 2020). Burnup-Charts eignen sich deshalb vor allem für die Gesamtprojektsteuerung auf Managementebene. Setzt man dafür zudem die bereits beschriebene *Earned-Value-Methode* ein, lassen sich aussagekräftige Steuerungsinformationen für das Management generieren (Fiedler, 2020).

Neben den dargestellten Methoden zur Aufwandschätzung und Visualisierung des Projektfortschritts können *spezielle Metriken* genutzt werden, um agile Innovationsprojekte effektiv zu steuern (siehe Abbildung 56).

Entwicklungsbezogene Kennzahlen (Interne Sicht / Delivery)		Management- / Stakeholderbezogene Kennzahlen (Externe Sicht / Product Owner)	
Unterstützung des **Sprint-Teams** bei der Steuerung der Konzeptions-, Umsetzungs- und Auslieferungsaktivitäten		Unterstützung des **Managements** bei der Steuerung des Projekterfolges und der Einleitung von Risikomaßnahmen oder Strategieanpassungen	
Beispiele		Beispiele	
Sprint Fortschritt	Im Sprint erledigte Story Points (Ist)	Finanzperspektive	Investitionsbudget, Kosten pro Sprint, Projektumsatz/-ergebnis/-cashflow
	Umzusetzende Story Points (Plan)		
Ø Sprint Velocity	∑ Erledigte Story Points Sprint 1 - n	Personalperspektive	Teamkapazität, Fluktuationsrate, offene Stellen, Teamzufriedenheit
	Anzahl durchgeführter Sprints (n)		
Sprint Produktivität	Im Sprint erledigte Story Points	Prozessperspektive	Vorlauf-/Lieferzeit (Lead Time), Bearbeitungszeit (Cycle Time)
	Einsatzkapazität (Personentage)		
Ø Added Work pro Sprint	∑ Zusatzanforderungen Sprint 1 - n	Kundenperspektive	Kundennutzen (Value Delivered), Net Promoter Score, Nutzungsintensität
	Anzahl durchgeführter Sprints (n)		

Abbildung 56: Bedeutsame Kennzahlen für das Controlling agiler Innovationsprojekte.

Beim Einsatz dieser Metriken ist ebenfalls zwischen der internen Sicht der Sprint-Teams (Delivery) und der externen Perspektive des Managements bzw. der Stakeholder (Product Owner) zu differenzieren. *Interne Kennzahlen* dienen den Sprint-Teams bei der Überwachung der Entwicklungs- und Auslieferungsaktivitäten. *Externe Kennzahlen* sollen hingegen dem Management helfen, einerseits die Kosten- und Ergebnissituation zu steuern und anderseits den Überblick über die Ressourcen, Termine, Qualität und Effektivität zu behalten.

Für die Steuerung der *Sprint-Performance* ist vor allem die *Velocity* bedeutsam, da sich mithilfe dieser Kennzahl vorhersagen lässt, welches Arbeitspensum das Innovationsteam in einem Sprint bewältigen kann (Böhm, 2019).

Die Velocity misst die in einem Sprint erledigte Arbeitsmenge (meist in Story Points) und ist in der Regel im Projektablauf nicht konstant (Kuster et al., 2022). Für die Sprint-Planung sollte daher die *durchschnittliche Velocity* der letzten drei bis fünf Sprints herangezogen werden. Weicht die Bearbeitungsgeschwindigkeit im Zeitablauf erheblich vom bisherigen Durchschnitt ab, ist dies eventuell ein Indiz dafür, dass sich das Team gerade in einer Hoch- bzw. Tiefphase befindet. Eine steigende oder sinkende Velocity kann aber auch auf eine Veränderung der Teamkapazität zurückzuführen sein (Wanner, 2018). Deshalb ist es sinnvoll, zusätzlich zur Velocity auch die *Sprint Produktivität* zu messen. Bei dieser auch als „Fokus-Faktor" bezeichneten Metrik wird die angestrebte oder erledigte Arbeitsmenge eines Sprints ins Verhältnis zur geplanten oder tatsächlichen Teamkapazität gesetzt. Die

Kennzahl sollte wie die Velocity nach den ersten Sprints ansteigen und sich stabilisieren, da zu erwarten ist, dass Innovationsteams bei agilem Vorgehen nach einiger Zeit fokussierter arbeiten. Die Sprint Produktivität kann auch herangezogen werden, um die Performance einzelner Teams zu vergleichen (Prowareness, 2014). Dabei sollte jedoch stets berücksichtigt werden, ob und in welchem Umfang sich Änderungen (zusätzliche User Stories) in dem Sprint ergeben haben. Zur Messung des ungewollten Anstieges des Leistungsumfangs im Projektverlauf eignet sich zum Beispiel die Kennzahl *Added Work*, die aufzeigt, wieviel Neuanforderungen durchschnittlich in jedem Sprint hinzukommen.

Neben den erläuterten Metriken sind natürlich noch andere agile Kennzahlen einsetzbar, um beispielsweise die Schätzgenauigkeit (= Geschätzter Aufwand / tatsächlicher Aufwand) oder die Zuverlässigkeit (= geplante Story Points / erledigte Story Points) von Innovationsteams zu analysieren (siehe dazu zum Beispiel (Sellinger et al., 2020)).

Für die sprint-übergreifende Gesamtsteuerung von Innovationsprojekten aus *Sicht des Managements* bzw. der Stakeholder wird ein Kennzahlenset benötigt, das sowohl über die finanzielle Situation im Projekt als auch über nicht-finanzielle Erfolgsfaktoren informiert. Im Hinblick darauf bietet es sich an, die Kennzahlen nach dem bereits erwähnten Konzept der Balanced Scorecard zu bestimmen (K. Möller et al., 2016). Aus der *Finanzperspektive* eignen sich zum Beispiel der Budgeteinhaltungsgrad, die Kosten pro Sprint oder der projektbezogene Return on Investment (= erledigte Story Points bzw. User Stories / Investitionskosten) als Steuerungsgrößen. Für die *Personalperspektive* sind hingegen nicht-monetären Kennzahlen wie die Teamkapazität, Fluktuationsrate oder Zufriedenheit der Projektteammitglieder von Bedeutung. Zur Messung der aus *Prozesssicht* verfolgten Projektziele lassen sich Zeitgrößen wie die Time-to-Use sowie Effizienzkennzahlen (zum Beispiel geleisteter Aufwand / verfügbare Entwicklungszeit) und Qualitätskennzahlen (zum Beispiel Anzahl aufgetretener Fehler bei Produkttests) nutzen. Auf der *Kundenperspektive* können beispielsweise der Value Delivered (= Kundennutzen eine umgesetzte Anforderung bewertet in Euro oder Punkten) oder der Net Promoter Score (Weiterempfehlungsrate der Kunden) als agile Messgrößen eingesetzt werden.

Das Controlling in agilen Innovationsprojekten darf sich allerdings nicht nur auf die Messung der Projektzielerreichung beschränken, sondern *muss auch aktiv bei der Steuerung der Projektrisiken unterstützen* (siehe ausführlich dazu (Brandstäter, 2013)).

Dies erfordert ein effektives und anpassungsfähiges Risikomanagementkonzept, da das Umfeld und die Arbeitsweise bei agilen Innovationsvorhaben regelmäßig durch eine hohe Dynamik gekennzeichnet sind. Im agilen Projektmanagement gilt die frühzeitige Erkennung von Fehlern (fail fast) als integraler Bestandteil, so dass der systematischen Identifikation von Risiken eine zentrale Bedeutung zukommt (Böhm, 2019). Hierfür spielen insbesondere die Sprint-Planung und das Taskboard eine wesentliche Rolle. In der *Sprint-Planung* sollten die Anforderungen konsequent in Tasks heruntergebrochen und in einem Umsetzungspfad abgebildet werden. Dabei ist der Plan unter Risikogesichtspunkten so zu gestalten, dass die schwierigsten Aufgaben zuerst angegangen werden (Kuster et al., 2022). Während des Sprints stellt das *Taskboard* ein wichtiges Instrument zur frühzeitigen Erkennung von Risiken dar. Durch eine detaillierte Beschreibung der Aktivitäten und sorgfältige Erfassung des Arbeitsfortschritts lässt sich maximale Transparenz über die Leistungsrisiken schaffen (Nobach, 2021). Daneben sollte eine projektspezifische *Risikoliste* geführt werden, um die identifizierten Risiken und die dafür eingeleiteten Maßnahmen zu verfolgen (Kusay-Merkle, 2021). Dabei ist aufgrund der Selbstorganisation im Rahmen des agilen Arbeitens verstärkt auf soziale und qualitätsbezogene Risiken zu achten. Für die Bewältigung sozialen Risiken eignen sich vor allem kommunikative Maßnahmen. Zur Begrenzung von Qualitätsrisiken sind eindeutige Kriterien festzulegen, wann ein Arbeitspaket aus qualitativer Sicht als erledigt gilt (Definition of Done). Überdies stellt das *„Inspect and Adapt"-Prinzip* der agilen Arbeitsweise ein wirkungsvolles Instrument dar, um potenzielle Risiken durch zügige Anpassung der Ergebnisanforderungen zu mindern (Dechange, 2020).

Die Risiken müssen schließlich zusammen mit dem Projektfortschritt und weiteren erfolgskritischen Faktoren teamintern sowie gegenüber der Projektleitung und den Stakeholdern transparent berichtet werden. Dies erfordert ein *Projektreporting*, das einerseits auf die Anforderungen agiler Arbeitsweisen ausgerichtet ist und andererseits die Informationsbedürfnisse des Managements und der Stakeholder bestmöglich befriedigt. Für das *Berichtswesen in den Innovationsteams* ist vor allem das Taskboard von Bedeutung, weil es den Sprint-Backlog aufzeigt und einen Überblick über alle User Stories und Tasks sowie den jeweiligen Arbeitsfortschritt gibt (Kusay-Merkle, 2021). Zudem können Kennzahlen und Diagramme integriert werden, um das Innovationsteam bei der Steuerung der Sprint-Aktivitäten zu unterstützen. Darüber hinaus kann das Innovationscontrolling weitere Berichte wie zum Beispiel einen Themenpark für das teaminterne Reporting bereitstellen. Mit diesem auch als *Parking Lot Diagramm* bezeichneten Berichtsformat lässt sich der Fertigstellungsgrad einzelner Produktfunktionen oder Module eines Innovationsprojektes übersichtlich darstellen (Wanner, 2018). Die Berichte zur Steuerung agiler Innovationsteams sollten möglichst flexibel und nicht zu detailliert sein, da starre Berichtsstrukturen nicht mit einer agilen Arbeitsweise vereinbar sind (Dufft et al., 2018).

Für das *Reporting auf der Managementebene* eignen sich wie im klassischen Projektmanagement vor allem Standardberichte und Dashboards. In agilen Innovationsprojekten müssen diese wegen der stärkeren Einbindung von Auftraggebern und Stakeholdern jedoch häufig differenzierter ausgestaltet werden, um die unterschiedlichen Informationsbedürfnisse zu befriedigen. Dabei sind auch *Zielkonflikte* zwischen Stakeholdern oder Szenarien für erkennbare Seiteneffekte des Projektes darzustellen, die zum Beispiel bei Digitalisierungsvorhaben auftreten können (Schmid, 2019). Das Reporting für agile Innovationsprojekte muss letztlich so ausgestaltet sein, dass es einen *offenen Informationsaustausch* sowie schnelle, zielorientierte Entscheidungen ermöglicht und das gemeinsame Lernen fördert. Die Lehren und Ergebnisse aus der Projektarbeit sollten zudem als „Lessons Learned" in Wissensdatenbanken dokumentiert werden. In diesem Zusammenhang ist auch darauf zu achten, dass das geistige Eigentum der Innovationsleistung umfassend geschützt wird. Wie dies gelingen kann, wird im folgenden Kapitel aufgezeigt.

6.3 Sichern des geistigen Eigentums

Es wird zunehmend deutlich, dass sich die Unternehmen in Zeiten einer weltweiten Wirtschaftsdynamik von einer eher abwartenden Übernahme neuer Entwicklungen auf eigenständige Ideenquellen und deren systematischen Nutzung umstellen müssen. Das bedeutet, dass die Verbesserung ihrer Innovationsfähigkeit unverzichtbar ist. (K. H. Busch, 2003a)

Die strategische Planung von Innovationen, ihre Erarbeitung und ihre Realisierung auf dem Markt ordnen sich als ein entscheidendes Element in das Unternehmensmanagement ein.

Der dazu erforderlich umfassende Schutz des geistigen Eigentums wird durch den Begriff „IP-Management" (intellectual property) gekennzeichnet. (Reich, 2021; Wurzer et al., 2016)

Zum Gegenstand des IP-Managements gehören besonders
- das Erkennen von innovativen Problemstellungen, abgeleitet aus der allseitigen globalen Entwicklung der verschiedenen Politikfelder, des Marktes, der Wirtschaft, der Wissenschaft, der Literatur und der Patentaktivitäten,
- das Erwerben der erforderlichen Innovationskompetenzen und der Grundkenntnisse im Patentrecht bei den relevanten Mitarbeitern sowie die Motivation aller Beschäftigten des Unternehmens,
- die Entwicklung und Weiterentwicklung einer innovationsfreundlichen Infrastruktur im Unternehmen mit ihren informellen, materiellen, personellen und finanziellen Voraussetzungen,
- die Erarbeitung und kontinuierliche Aktualisierung eines Schutzrecht-Portfolios und
- die Sicherung der eigenen Schutzrechte und die Abwehr fremder Schutzrechtsverletzungen

Welche Arten von Innovationen für das einzelne Unternehmen vordringlich sind und wie diese schutzrechtlich zu sichern sind, hängt unter anderem von der Stellung der Produkte bzw. der Dienstleistungen des Unternehmens im Produkt-Lebenszyklus und von der konkreten und vorhersehbaren Marktsituation ab.

6. Von der Invention zur Innovation

Aufbauend auf der im Abschnitt **Bedeutung und Umsetzung von Innovationen aus Sicht der Betriebswirtschaft** erläuterten Marktwachstum-Marktanteil-Matrix kann sich die Erarbeitung einer Schutzrechtsstrategie auf das folgende Portfolio stützen.

Abbildung 57: Schutzrechtsstrategien in Abhängigkeit von der Erfindungshöhe und der Marktentwicklung.

Stehen Unternehmen mit ihren wichtigsten Erzeugnissen im Produkt-Lebenszyklus am Beginn der Einführungsphase – wie das gegenwärtig für viele Unternehmen in den Technologie- und Gründerzentren typisch ist – so werden beim Übergang vom Prototyp zum Markt plötzlich völlig neue Anforderungen an die Personal- und Organisationsentwicklung gestellt.

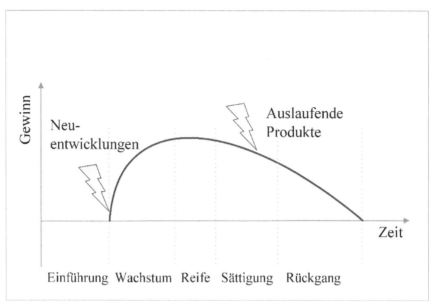

Abbildung 58: Produkt-Lebenszyklus.

Die Produktentwicklung muss nun dem Aufbau der Herstellungs- und Vermarktungsprozesse den Vorrang geben. Verfahrens- und Organisationsinnovationen sowie kontinuierliche Verbesserungsprozesse rücken stärker in das Blickfeld des Innovationsmanagements. Eine vorausschauende breite Sicherung durch (internationale) Patente und gegebenenfalls durch Marken auf Grundlage einer fundierten Schutzrechtsstrategie wird unverzichtbar.

Es entsteht außerdem ein erheblicher Bedarf an technischem und mittlerem Personal insbesondere für die Produktion, das Marketing und den Service.
Befinden sich die Produkte bzw. Dienstleistungen eines Unternehmens im Wesentlichen in der Sättigungs- oder sogar in der Rückgangsphase, sind dringend Produkt und Dienstleistungsinnovationen einzuleiten, durch ein System von Detailpatenten (gestützt auf eine Kombinationsmatrix siehe Abbildung 18: Portfolio-Matrix im Abschnitt *Auswahl und Anwendung geeigneter Verfahren*).

Es ist anzustreben, dass eine möglichst gleichmäßige Verteilung der Produkte und Produktgruppen über die einzelnen Phasen des Produktlebenszyklus erreicht wird. Innovations- und Schutzrechtsstrategien sind dabei untrennbar mit Aus- und Weiterbildungsstrategien und dem Aufbau entsprechender Lerninfrastrukturen verbunden. (Vahs & Burmeister, 2005)

Es ist vorteilhaft, wenn sich das Sichern des geistigen Eigentums auf eine geeignete *Infrastruktur* stützen kann. In Abhängigkeit von den Geschäftsfeldern, der Größe, der Struktur und der Rechtsform der Unternehmen sowie der Unternehmenskultur kann eine mehrschichtige Struktur der Erarbeitung von Neuerungen vorliegen.
Die **erste Ebene** – die Basis – der Schutzrechtsarbeit liegt auf der breiten Ebene der *Beschäftigten* des Unternehmens.

Die einzelnen Beschäftigten sollten über die Motivation und die Kompetenz verfügen, Probleme in dem Arbeitsgegenständen, den Arbeitsmittel und der Arbeitsorganisation zu erkennen, Ideen zu ihrer Lösung zu entwickeln, diese Ideen im Rahmen der betrieblichen Strukturen weiterzuleiten und an ihrer Realisierung mitzuwirken.

Die Effektivität der Erarbeitung von Verbesserungsvorschlägen kann durch das Einbeziehen mehrerer Beschäftigter in *schöpferische Gruppen* (Verbesserungsaktive, Verbesserungsteams, Neuererkollektive) effektiver gestaltet werden.

Es ist zu empfehlen, dass die in der Forschung und Entwicklung Tätigen eine Grundausbildung in auf dem Gebiet der Schutzrechtsarbeit besitzen.

Die **zweite Ebene** kann durch *Patentingenieure* mit entsprechenden Kompetenzen gebildet werden.

Die Patentingenieure orientieren die Beschäftigten auf strategische Schutzrechtsziele und beraten zu vorliegenden schöpferischen Ideen. Sie führen zum Schutz der Ideen Literatur- und Patentrecherchen durch und Beobachten die Schutzrechtsaktivitäten der Mitbewerber auf dem Markt.

Die Beratungstätigkeit der Patentingenieure konzentriert sich dabei i. d. R. auf das eigene Unternehmen.

Für die Ausbildung zum Patentingenieur wird im Allgemeinen ein Hochschulabschluss als Ingenieur oder Naturwissenschaftler vorausgesetzt.
In der Zusammenarbeit von Patentingenieur mit den erfinderischen Beschäftigten sind besonders folgende Fragen zu berücksichtigen:
- Wer hat das Problem erkannt und benannt?
- Wer hatte die erfinderische Idee zur Problemlösung?
- Waren an der Ideenfindung Personen aus fremden Unternehmen (Kunden, Zulieferer, …) beteiligt?
- Wurde die erfinderische Idee bisher geheim gehalten?

- Betrifft die Idee ein Produkt, ein Verfahren oder eine Organisationslösung?
- Wurde die Idee bereits schriftlich dargelegt oder bildlich dargestellt?
- Wie ist die Bedeutung der Idee einzuschätzen? Kann die Bedeutung in einer Ideen- Matrix (Erfindungsmatrix) dargestellt werden? (Derksen, 2003)

Größere und forschungsintensive Unternehmen oder Institute können – als **dritte Ebene** – über eigene Patentanwälte verfügen, die in Zusammenarbeit mit den Patentingenieuren folgende Aufgaben bearbeiten:
- Patentrecherchen
- Patentanmeldungen und Patentüberwachung
- Markenschutz
- Designschutz
- Lizenzrecht & Vertragsgestaltung
- vorprozessuale Schutzrechtsstreitigkeiten
- Verfahren vor den Behörden und Gerichten

Die Patentingenieure nehmen eine Brückenfunktion zwischen den Erfindern bzw. Neuerern und den Patentanwälten ein.

6.4 Transfergerechte Aufbereitung der Invention

6.4.1 Erprobung von Funktionsmodellen

Bevor der Entwurf einer Neu- oder Weiterentwicklung über die Zulassungen und Kennzeichnungen zur Markteinführung gelangt, ist es in nahezu allen Fällen sinnvoll, ein Muster bzw. ein Funktionsmodell verfügbar zu haben, an dem die Funktionserfüllung, die wesentlichen Parameter der Zielstellung und gegebenenfalls auch die Technologie der Herstellung erprobt werden können.

Die Unternehmen können zu diesem Zweck über einen eigenen Musterbau bzw. über ein Entwicklungslabor verfügen – oder sie vergeben dazu Aufträge an spezialisierte Firmen.

Für die Entwicklungen, die aus wissenschaftlich Instituten in die Industrie überführt werden sollen, haben Einrichtungen des „Wissenschaftlichen Gerätebaus" eine Brückenfunktion. Solche Einrichtungen können entweder in die Forschungseinrichtungen selbst integriert sein – oder sie sind als eigenständige Unternehmen eng mit den Forschungseinrichtungen verbunden. Eine effektive Überleitung von Forschungsergebnissen in die praktische Realisierung ist ein wesentliches Kennzeichen für die innovationsfreundliche Infrastruktur einer Region.

Die Feingerätetechnik – einschließlich der Hard- und Softwareentwicklung – kann eine wesentliche Rolle beim Transfer von wissenschaftlichen Ergebnissen in innovative Produkte spielen. (E. Busch, 2009b; K. H. Busch & Busch, 2015)

6.4.2 Zulassung der Produkte

6.4.2.1 Klinische Zulassung

Speziell für Medizinprodukte gelten besondere Richtlinien, die einzuhalten sind, bevor die Produkte auf den Markt kommen dürfen. In der EU-Verordnung vom 5. April 2017 für Medizinprodukte ist formuliert:

„*(1) Der EU-Rechtsrahmen für Medizinprodukte — mit Ausnahme von In-vitro-Diagnostika — besteht aus der Richtlinie 90/385/EWG des Rates und der Richtlinie 93/42/EWG des Rates. Um einen soliden, transparenten, berechenbaren und nachhaltigen Rechtsrahmen für Medizinprodukte zu schaffen, der ein hohes Niveau an Sicherheit und Gesundheitsschutz gewährleistet, gleichzeitig aber innovationsfördernd wirkt, ist jedoch eine grundlegende Überarbeitung dieser Richtlinien erforderlich.*

(2) Ausgehend von einem hohen Gesundheitsschutzniveau für Patienten und Anwender soll mit der vorliegenden Verordnung ein reibungslos funktionierender Binnenmarkt für Medizinprodukte unter Berücksichtigung der in diesem Sektor tätigen kleinen und mittleren Unternehmen sichergestellt werden. Außerdem sind in dieser Verordnung hohe Standards für die Qualität und Sicherheit von Medizinprodukten festgelegt, durch die allgemeine Sicherheitsbedenken hinsichtlich dieser Produkte ausgeräumt werden sollen. Die beiden Ziele werden parallel verfolgt; sie sind untrennbar miteinander verbunden und absolut gleichrangig. Gestützt auf Artikel 114 des Vertrags über die Arbeitsweise der Europäischen Union (AEUV) wird mit dieser Verordnung eine Harmonisierung der Rechtsvorschriften für das Inverkehrbringen und die Inbetriebnahme von Medizinprodukten und ihrem Zubehör auf dem Unionsmarkt vorgenommen, denen dadurch der Grundsatz des freien Warenverkehrs zugute kommen kann. Im Sinne von Artikel 168 Absatz 4 Buchstabe c AEUV werden mit dieser Verordnung hohe Standards für Qualität und Sicherheit der Medizinprodukte festgelegt, indem unter anderem dafür gesorgt wird, dass die im Rahmen klinischer Prüfungen gewonnenen Daten zuverlässig und solide sind und dass die Sicherheit der an klinischen Prüfungen teilnehmenden Prüfungsteilnehmer geschützt wird." (Verordnung (EU) 2017/745 des Europäischen Parlaments und des Rates vom 5. April 2017 über Medizinprodukte, 2017)

Das Medizinproduktrecht (Medizinprodukteverordnung) regelt die klinische Bewertung von Medizinprodukten. Der Leitfaden zur klinischen Bewertung MEDDEV 2.7.1 (Rev. 4).

6.4.2.2 CE-Kennzeichnung der Produkte

Während des gesamten Entwicklungsprozesses von Produkten und Verfahren erfolgt ein Einschätzen und Bewerten der erreichten Zwischenergebnisse. Dieser zyklische Prozess erstreckt sich über alle Phasen von der Idee bis zum fertigen Produkt. In der Abbildung 58 wird diese Vorgehensweise deutlich.

Die Bewertungen erfolgen nach jeweils vereinbarten Kriterien, die in folgende Gruppen eingeteilt werden können:
- Festforderungen, einzuhaltende Standards
- Mindestforderungen
- Wünsche siehe Seite 100-102 in (K. H. Busch, 2003a, S. 100–102)

Allgemein werden dabei besonders folgende Kriterien berücksichtigt:
- Leistungsparameter
- Bedienbarkeit

- Verfügbarkeit der eingesetzten Materialien und Baugruppen
- Abmessungen und Masse
- Transportfähigkeit
- Serviceeignung

Die Einschätzung sollte dabei nicht nur
- das aktuelle Entwicklungsobjekt berücksichtigen, sondern
- das gesamte System in das das Objekt eingebgliedert ist und
- dabei auch den Produkt-Lebens-Zyklus von der Rohstoffgewinnung, der Energieversorgung bis zum Recycling bzw. der Entsorgung unter Beachtung
- der Nachhaltigkeit

einbeziehen.

Die EC-Kennzeichnung und EN ISO 14971 orientieren außerdem besonders auf folgende Kriterien:
- Sicherheit bei der Nutzung des Produktes
- Verbraucherschutz, Gefährdung für Patienten und Anwender
- Wahrscheinlichkeit des Eintretens von Risiken und Havarien
- Vorausschauende Maßnahmen zur Risikobeherrschung
- Umweltschutz
- Nachhaltigkeit

Es ist sinnvoll, bereits in allen Zwischenbewertungen im Entwicklungsprozess auf die Belange der CE-Kennzeichnung zu achten.

Die CE-Kennzeichnung soll dazu beitragen den freien Warenverkehr innerhalb der Gemeinschaft des Europäischen Wirtschaftraume (EWR) zu gewährleisten. Diese Kennzeichnung ist kein Qualitätszeichen und weit auch nicht auf die Herkunft des Produktes hin. Es wird daher auch als Verwaltungszeichen betrachtet. Das CE-Kennzeichen bestätigt lediglich, dass für das vorliegende Produkt die Anforderungen aller relevanten EU-Richtlinien eingehalten wurden.

Die Die CE-Kennzeichnung wurde bereits 1985 durch eine Entscheidung des EG-Rates eingeführt.

1993 wird die Entscheidung über die in den technischen Harmonisierungsrichtlinien zu verwendenden Module für die verschiedenen Phasen der Konformitätsbewertungsverfahren und die Regeln für die Anbringung und Verwendung der CE-

Konformitätskennzeichnung veröffentlicht. (*Entscheidung über die in den technischen Harmonisierungsrichtlinien zu verwendenden Module für die verschiedenen Phasen der Konformitätsbewertungsverfahren und die Regeln für die Anbringung und Verwendung der CE-Konformitätskennzeichnung*, 1993)

Die Verordnung (EG) Nr. /765/2008 des Europäischen Parlaments und des Rates vom 9. 07.2008 formuliert die folgende Zielstellung:
„*(1)   Es muss sichergestellt werden, dass Produkte, die in den Genuss des freien Warenverkehrs innerhalb der Gemeinschaft gelangen, Anforderungen für ein hohes Niveau in Bezug auf den Schutz öffentlicher Interessen wie Gesundheit und Sicherheit im Allgemeinen, Gesundheit und Sicherheit am Arbeitsplatz, Verbraucher- und Umweltschutz erfüllen, während gleichzeitig gewährleistet wird, dass der freie Warenverkehr nicht über das nach den Harmonisierungsrechtsvorschriften der Gemeinschaft oder anderen einschlägigen Gemeinschaftsvorschriften zulässige Maß hinaus eingeschränkt wird. Daher sollten Bestimmungen für die Akkreditierung, die Marktüberwachung, die Kontrollen von Produkten aus Drittstaaten und die CE-Kennzeichnung vorgesehen werden.*
(2)   Es muss ein übergeordneter Rahmen an Regelungen und Grundsätzen für die Akkreditierung und die Marktüberwachung festgelegt werden. Dieser Rahmen sollte die materiellrechtlichen Bestimmungen bestehender Rechtsvorschriften, in denen die Anforderungen für den Schutz öffentlicher Interessen wie der Gesundheit, der Sicherheit sowie den Verbraucher- und Umweltschutz festgelegt werden, unberührt lassen und sollte vielmehr darauf abzielen, ihre Anwendung zu verbessern.
(3)   Diese Verordnung sollte als Ergänzung des Beschlusses Nr. 768/2008/EG des Europäischen Parlaments und des Rates vom 9. Juli 2008 über einen gemeinsamen Rechtsrahmen für die Vermarktung von Produkten betrachtet werden."
(VERORDNUNG (EG) Nr. 765/2008 DES EUROPÄISCHEN PARLAMENTS UND DES RATES über die Vorschriften für die Akkreditierung und Marktüberwachung im Zusammenhang mit der Vermarktung von Produkten und zur Aufhebung der Verordnung (EWG), 2008)

Am 16.07.2021 wurde die Verordnung 765/2008 aktualisiert.

6. Von der Invention zur Innovation

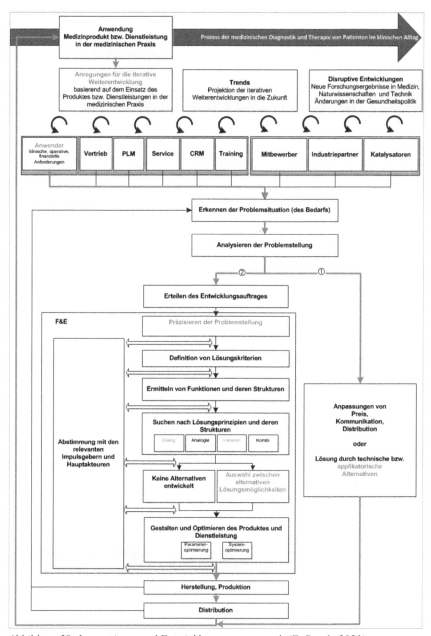

Abbildung 59: Innovations- und Entwicklungsprozess nach (E. Busch, 2021).

Für *Medizinprodukte* gelten – so wie für alle Produktgruppen – spezielle Richtlinien für die CE-Kennzeichnung. In Deutschland sind besonders folgende Richtlinien zu beachten:
Für *Medizinprodukte* (MDD) die Richtlinie 93/42/EWG vom 14. Juni 1993 über Medizinprodukte

„Medizinprodukte müssen für Patienten, Anwender und Dritte einen
hochgradigen Schutz bieten und die vom Hersteller angegebenen Leistungen errei-
chen. Die Aufrechterhaltung bzw. Verbesserung des in den
Mitgliedstaaten erreichten Schutzniveaus ist eines der wesentlichen Ziele
dieser Richtlinie." (RICHTLINIE 93/42/EWG DES RATES vom 14. Juni 1993 über Medizinprodukte, 1993, S. 2)

Diese Richtlinie wurde aktualisiert durch
- Richtlinie 98/79/EG des Europäischen Parlaments und des Rates vom 27. Oktober 1998 L 331 1 7.12.1998
- Richtlinie 2000/70/EG des Europäischen Parlaments und des Rates vom16. November 2000 L 313 22 13.12.2000
- Richtlinie 2001/104/EG des Europäischen Parlaments und des Rates vom 7. Dezember 2001 L 6 50 10.1.2002
- Verordnung (EG) Nr. 1882/2003 des Europäischen Parlaments und des Rates vom 29. September 2003 L 284 1 31.10.2003
- Richtlinie 2007/47/EG des Europäischen Parlaments und des Rates vom5. September 2007 L 247 21 21.9.2007

Für *aktiv implantierbare Medizinprodukte* (AIMDD) die Richtlinie 90/385/EWG des Rates vom 20. Juni 1990 zur Angleichung der Rechtsvorschriften der Mitgliedstaaten über aktive implantierbare medizinische Geräte veröffentlicht im Amtsblatt Nr. L 189 vom 20/07/1990 S. 0017 - 0036

„Die aktiven implantierbaren medizinischen Geräte müssen in jedem Mitgliedstaat den Patienten, den Anwendern und Dritten ein hohes Sicherheitsniveau bieten und das vorgegebene Leistungsniveau erreichen, wenn sie in den menschlichen Körper implantiert werden.

Für diese Richtlinie gelten folgende Begriffsbestimmungen:
a) Medizinisches Gerät: alle einzeln oder miteinander verbunden verwendeten Instrumente, Apparate, Vorrichtungen, Stoffe oder anderen Gegenstände, einschließlich der Zubehörteile und der Software, die für das einwandfreie Funktionieren des Geräts von Bedeutung sind und die vom Hersteller zur Anwendung beim Menschen für folgende Zwecke bestimmt sind:

- *Erkennung, Verhütung, Überwachung, Behandlung oder Linderung von Krankheiten oder Verletzungen,*
- *Untersuchung, Ersatz oder Veränderung der Anatomie oder eines physiologischen Vorgangs oder*
- *Empfängnisregelung,*

und deren bestimmungsgemäße Hauptfunktion weder durch pharmakologische, chemische oder immunologische Mittel noch durch Metabolismus erreicht wird, deren Funktion aber durch solche Mittel unterstützt werden kann.

b) Aktives medizinisches Gerät: jedes medizinische Gerät, dessen Betrieb auf eine elektrische Energiequelle oder eine andere Energiequelle als die unmittelbar durch den menschlichen Körper oder die Schwerkraft erzeugte Energie angewiesen ist.
c) Aktives implantierbares medizinisches Gerät: jedes aktive medizinische Gerät, das dafür ausgelegt ist, ganz oder teilweise durch einen chirurgischen oder medizinischen Eingriff in den menschlichen Körper oder durch einen medizinischen Eingriff in eine natürliche Körperöffnung eingeführt zu werden und dazu bestimmt ist, nach dem Eingriff dort zu verbleiben." (Richtlinie 90/385/EWG des Rates vom 20. Juni 1990 zur Angleichung der Rechtsvorschriften der Mitgliedstaaten über aktive implantierbare medizinische Geräte, 1990)

Verfahren zur Vorbereitung und Durchführung der EC-Kennzeichnung
Für das Verfahren zur CE-Kennzeichnung werden von den verschiedenen Beratern und den Benannten Stellen jeweils beraterbezogene Arbeitsschritte empfohlen. (z. B. Schmidt 2021)
Aus den relevanten Richtlinien lässt sich folgende Schrittfolge ableiten.
- Einordnen des zu kennzeichnenden Produktes in die zutreffende Risikoklasse
- Zusammenstellen der relevanten EU-Richtlinien, Normen und weiteren Rechtsvorschriften (Eine Übersicht dazu liegt u. a. bei (Niebling, 2017) vor.
- Aufbereiten der im Rahmen des Entwicklungsprozesses erarbeiteten technischen Dokumentation einschließlich der Bedienungsanleitung
- Dokumentierung des bereits während der Entwicklung, der Herstellung und der Vorbereitung des Vertriebs eingesetzten eigenen Risikomanagementsystems gemäß EN ISO 14971
- Vorbereitung und Realisierung einer eventuell erforderlichen
- klinischen Bewertung
- Ermitteln einer geeigneten Benannten Stelle durch Recherche bei der Deutschen Akkreditierungsstelle GmbH (DAkkS) und Zusammenarbeit

mit einer Benannten Stelle, falls das in der zutreffenden CE-Richtlinie festgelegt ist
- Falls gemäß EU-Richtlinie erforderlich, erbringen des Nachweises der Einhaltung der gesetzlichen Anforderungen Die Erfüllung der Grundlegenden sowie der übrigen gesetzlichen Anforderungen in einem Konformitätsbewertungsverfahren (gegebenenfalls gemeinsam mit der Benannten Stelle).
- Anbringen des CE-Zeichens durch den Hersteller vor dem Inverkehrbringen des Produktes

Der Weg zum CE-Zeichen ist vor allem bei erstmaligem Durchlauf aufwändig, aber mit realistischem Zeitaufwand zu bewältigen. Für Unternehmen, die sich mit der CE-Kennzeichnung befassen, bietet die Technologie- und Innovationsberatung der IHK-Hilfestellung und Unterstützungsleistung bei allen Fragen rund um die praktische Anwendung von EU-Rechtsvorschriften und Normen.

Konsequenzen für den Hersteller des Produktes
Bereits beim Beginn der Entwicklungsarbeiten sind die zutreffenden EU-Richtlinien zu ermitteln und einzuhalten. Außerdem sind alle gesetzlichen Regelungen zu berücksichtigen.

Das an der Entwicklung, der Fertigung und dem Vertrieb des Produktes beteiligte Personal ist umfassend zu informieren und zu schulen.

In allen zyklischen Entwicklungs- und Bewertungsphasen sind die Kriterien so festzulegen, dass die Richtlinien zur EC-Kennzeichnung erfüllt werden.

Falls bereits im Unternehmen die EC-Kennzeichnung durchgeführt wurde sind die vorhandenen Erfahrungsträger in neue Verfahren einzubeziehen und gleichzeitig sind die bereits vorhandenen Netze zu den erforderlichen Partnereinrichtungen zu nutzen.

Falls erstmalig eine EC-Kennzeichnung erfolgen soll, empfiehlt es sich, geeignete Berater (IHK, Behörden, TÜV, Rechtsanwälte) hinzuzuziehen, da der Prozess der EC-Kennzeichnung einen nicht unerheblichen Aufwand erfordert.

6.5 Implementation und Distribution

6.5.1 Von der Herstellung zur Anwendung

In den vorangegangenen Abschnitten dieses Buches konnten wir den Weg von dem Erkennen der Problemstellung bis zur Fertigstellung des Produktes nachvollziehen. Wenn sich die Idee zur Innovation entwickeln soll, muss der Schritt vom Hersteller zum Anwender erfolgen.

Diese Wege hängen davon ab,
- ob das Problem in der Praxis deutlich wurde, dass also die Anregung für eine iterative Weiterentwicklung aus dem Einsatz eines bereits vorhandenen Produktes bzw. Verfahrens resultiert
- oder ob das Entwicklungsprojekt als disruptive Entwicklung auf aktuellen Forschungsergebnissen und Trends basiert.

In Abbildung 60 sind diese beiden Möglichkeiten dargestellt.

Wird die Anregung zur Problemlösung oder bereits eine konkrete Aufgabenstellung für die Entwicklung eines Produktes, die das bereits bestehende Systeme ergänzen oder optimieren soll, vom Anwender gestellt, oder gemeinsam von ihm mit dem Service, dem Vertrieb oder den Beratern eines Herstellers präzisiert, verwenden wir in diesem Zusammenhang den Begriff *Implementation*.

In diesem Fall ist kein gesondertes Marketing erforderlich, da der Anwender bereits in den Innovationsprozess eingebunden ist.

Falls im Rahmen der Produktentwicklung erkennbar wird, dass das Produkt für einen breiten potenziellen Anwenderpool geeignet wäre, kann die Produktentwicklung auf eine Serienfertigung ausgerichtet werden.

Entspringt die Idee für die Produktentwicklung den Erkenntnissen aus Forschungsergebnissen oder ist aus dem aktuellen Entwicklungstrend zu erkennen, kann ein Auftrag für eine *disruptive* Entwicklung erteilt werden. Die Entwicklung und Fertigung wird dabei auf einen breiten potenziellen Anwenderpool ausgerichtet. Daraus ergibt sich eine *Distribution* strategisch zu planen und damit eine Marketingstrategie und ein Vertriebsstrategie zu erarbeiten.

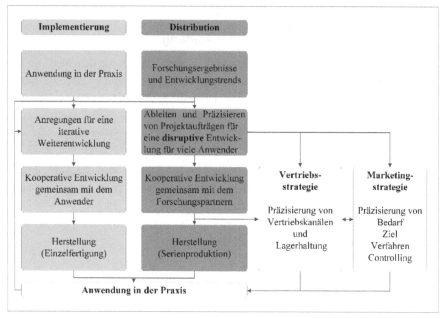

Abbildung 60: Implementierung und Distribution.

6.5.2 Erarbeiten der Distributionsstrategie

Die Distribution kennzeichnet den Prozess der Überleitung von Produkten an die Nutzer dieser Produkte. Sie schließt alle Aktivitäten ein, die zwischen den Aktivitäten des Herstellers – also dem Erkennen der Problemsituation, der Produktentwicklung, der Fertigung und dem Service – bis hin zum Einsatz beim Anwender realisiert werden.
In der Distribution sind Marketing und Vertrieb eng verflochten.

Das *Marketing* baut auf einer detaillierten und vorausschauenden *Marktanalyse* auf. Die Erkenntnisse aus dieser Analyse fließen sowohl in die Formulierung des Entwicklungsauftrages als auch in die kooperative Entwicklung – gemeinsam mit den Kooperations- und Forschungspartnern – ein.

Die Marktanalyse ist – in Verbindung mit der Unternehmensstrategie – auch die Basis für die Formulierung der *Marketingziele* und der Auswahl der *Marketinginstrumente*. Der gesamte Prozess ist in das betriebliche Controllingsystem einzubeziehen.

Das Marketing erhält kontinuierlich Informationen und Impulse aus dem Einsatz der Produkte beim Anwender. Der *Service* kann das Marketing durch seine anwenderfreundliche Kundenkommunikation unterstützen.

Der *Vertrieb* umfasst besonders
- das Festlegen der Absatzwege (Vertriebskanäle),
- die Lagerhaltung,
- den Transport und
- den Lieferservice.

6.6 Erwerben und Vermitteln von Innovationskompetenz

6.6.1 Lebensbegleitendes Erwerben von Innovationskompetenz

In den vorangegangenen Abschnitten wurde ein vielseitiges und umfangreiches Wissen präsentiert, das beim Erarbeiten und Realisieren von Inventionen und Innovationen eine Anleitung und Unterstützung bieten soll und kann.

Erinnern wir uns, wie Mephistopheles dem wissbegierigen Schüler einige Illusionen raubt:

„Grau, teurer Freund, ist alle Theorie, und grün des Lebens goldner Baum." (von Goethe, 1953)

Wir wissen auch: Ein Kochbuch macht den Besitzer nicht automatisch zu einem Gourmetkoch, und die Kenntnis der Verkehrszeichen ersetzt nicht die Fahrerlaubnis.

Für ein erfolgreiches Handeln ist also mehr erforderlich.
Im Abschnitt **Grundlagen des innovativen Denkens und Handelns** sind fünf Kreativitätsregeln genannt und im Abschnitt

Mit einer Invention wurde ein bedeutendes Ergebnis erreicht. Diese Leistung – so bedeutend sie auch sein mag – ist zunächst lediglich die Starterlaubnis für einen weiteren herausfordernden Hürdenlauf, der möglichst erst mit der erfolgreichen Einführung auf dem Markt enden sollte.

Als Unterstützung und Ermutigen für diese neue Herausforderung werden wir in diesem Kapitel zehn Innovationsregeln vorstellen.

Eine notwendige Voraussetzung für das Erreichen einer Innovation ist ein professionelles Projektmanagement, verbunden mit einem wirksamen Controlling. Zunächst sollte jedoch abgeschätzt werden, welche Erfolgsaussicht die Neuerung auf dem Markt haben könnte und welche Strategie zu ihrer Realisierung dabei sinnvoll und aussichtsreich ist. Als ein Hilfsmittel zur Entscheidungsfindung kann dazu eine Marktwachstum-Marktanteil-Matrix dienen. Diese Matrix kann gleichzeitig als eine Grundlage für das Erarbeiten einer Schutzrechtsstrategie zum Sichern des geistigen Eigentums dienen. Die Schutzrechtsarbeit wird wesentlich erleichtert, wenn eine geeignete Infrastruktur verfügbar ist, in der sowohl Patentingenieure als auch Patentanwälte einbezogen sind.

In vielen Fällen ist es zweckmäßig, wenn die Wirkungsweise der vorgeschlagenen Neuerung zunächst mit einem Muster bzw. Funktionsmodell erprobt wird. Damit lassen sich wichtige Schlussfolgerungen für die Weiterführung dieses Projektes ziehen, und Fehlentwicklungen können vorausschauend leichter ausgeschlossen werden.

Eine besondere Hürde auf dem Weg zur Markteinführung ist die Zulassung der Produkte. Das betrifft sowohl die klinische Zulassung von Medizinprodukten als auch allgemein die CE-Kennzeichnung. Die Vorbereitung auf die Zulassungen ist keine einmalige Aktion, sondern sie erstreckt sich durch alle Phasen des Produktentstehens.

Das wichtigste Kriterium, ob eine Idee zur Innovation wird, entscheidet sich beim Schritt vom Hersteller zum Anwender. Die dazu erforderliche Implementierung und Distribution schließen sowohl das Marketing als auch den Vertrieb und den Service ein.

Begleitend in allen Schritten vom Erkennen eines Problems bis zur Einführung eines Produktes auf dem Markt, ist das Erwerben der erforderlichen Innovationskompetenz bei allen beteiligten Akteuren. Dabei spielen das lebensbegleitende Lernen und der projektintegrierte Kompetenzerwerb eine wichtige Rolle. Das Lernen wiederum setzt die Verfügbarkeit geeigneter Lehr- und Lernmittel als auch das Schaffen lernfordernder und lernförderlichen Bedingungen voraus. In diesem Kapitel werden dazu praktische Erfahrungen aus der langjährigen Forschungs- und Gestaltungsarbeit der Autoren dieses Buches vermittelt.

Zielorientierung und Erfolgswille wurden diese Regeln durch zehn Innovationsregeln ergänzt.

Wir benötigen mehr als theoretisches Wissen.

 Das erfolgreiche Beschreiten des Weges von der erkannten Problemstellung bis zum marktreifen Produkt erfordert neben dem Wissen auch Fähigkeiten, Fertigkeiten und persönliches Engagement – es erfordert also Innovationskompetenz.

Der Grundstein für die Innovationskompetenz wird bereits in der Kindheit gelegt. Die frühen Kindheitsjahre haben sowohl für das Erwerben von Wissen und Werten als auch für das Lernen des Lernens eine grundlegende Bedeutung.

Das Zuhören beim Erzählen oder beim Vorlesen von Geschichten und Märchen schult die Fähigkeit, aufmerksam zuhören zu können und vermittelt neben dem Wissen auch Normen und Werte. Zur Bedeutung der Märchen bei der Entwicklung der Kinder seien folgende Aussagen zitiert:

Albert Einstein: *"Wenn du intelligente Kinder willst, lies ihnen Märchen vor. Wenn du noch intelligentere Kinder willst, lies ihnen noch mehr Märchen vor."* (Einstein, 2013)

Johann Gottfried von Herder: *„Ein Kind, dem nie Märchen erzählt worden sind, wird ein Stück Feld in seiner Seele haben, auf dem in späteren Jahren nichts mehr angebaut werden kann."* (Johann Gottfried Herder, 2021)

Nicht nur im Kindesalter – sondern auch noch in der beruflichen Aus- und Weiterbildung – können eigene Erlebnisse, Anekdoten oder andere Geschehnisse den Lernstoff nicht nur auflockern, sondern auch die Erinnerung an den Stoff (und an die Lehrenden) unterstützen.

Das Lernen erfolgte über viele Jahrtausende vorwiegend durch Beobachten, Begreifen (im eigentlichen Sinne des Wortes) und durch Nachmachen.
Das wird auch deutlich, wenn wir das Lernen in der Hansezeit betrachten. (s. erstes Beispiel, Abschnitt DIE KOMMUNIKATION IM INNOVATIONSPROZESS)

Den wirtschaftlichen und kulturellen Bedingungen (also den lernfordernden Situationen) musste sich auch die Lernkultur in den Hansestädten anpassen. Prägend für die berufliche Entwicklung waren besonders die Tätigkeiten in den ausländischen Kontoren der Hanse. Die Kontakte mit Kaufleuten aus den Partnerstädten und das kinästhetisch orientierte „Zugreifen und Anpacken" in den eigenen Werkstätten und

Handelshäusern bereiteten bereits die Kinder und die Jugendlichen auf ihre späteren Aufgaben vor.

Wenn die Hanse über mehrere Jahrhunderte stabil bestehen und sich allen Bedingungen und Situationen erfolgreich anpassen konnte, zeugt das davon, dass die Hanseaten über solide schöpferische Kompetenzen verfügten.

Das Lernen durch alle Sinne bereits im frühen Kindesalter wurde durch Friedrich Fröbel mit seinem Erziehungskonzept neu belebt. (Sauerbrey & Winkler, 2018)

Mit seinen Spielgaben sollen sich die Kinder selbstständig Wissen über ihre Umwelt aneignen. Die Erwachsenen werden dabei angeregt, sich am Spiel zu beteiligen und dabei zu kommunizieren. Das Vorstellungsvermögen und die Phantasie der Kinder werden gefördert, und die motorischen Fähigkeiten werden entwickelt.

Zu den Spielgaben gehören Bälle; dazu kommen Zylinder und Würfel sowie weitere Bausteine. Dabei wird auf bekannte Elemente aufgebaut, und schrittweise wird das Spielzeug durch neu hinzukommende Elemente erweitert. Die Spielgaben sind auch gegenwärtig noch käuflich zu erwerben.

In Kriegs- und Krisenzeiten wurde (und wird) – durch den vorhandenen Mangel – das Spielzeug von den Eltern, Geschwistern oder Großeltern selbst gebastelt, oder die Kinder erfanden mit ihrer Phantasie aus Holzstücken, Stöckchen, alten Schrauben oder Papier- und Stoffstücken ihr Spielzeug selbst und spielten begeistert und ideenreich damit.

Unter den Bedingungen eines (partiellen) Überflusses und Überangebotes in einer „Wohlstandsgesellschaft" findet zwischen den Schenkenden zurzeit ein „Wettrennen" um die größten und teuersten Spielgaben statt. Dabei wird bevorzugt komplett fertiges („Nicht kaputt machen!") und möglich elektronisch gesteuertes Spielzeug übergeben.

Die gesamte Familie ist stolz, wenn bereits die Kleinsten über den Bildschirm „wischen" können und die Bildserien den staunenden Zuschauern präsentieren. Der Phantasie und der Entwicklung „handwerklicher" Fähigkeiten wird lediglich beim (heimlichen) Zerlegen der Geschenke eine Chance geboten.

Die derzeitige und noch zu erwartende wissenschaftlich-technische Entwicklung und auch die damit verbundenen Veränderungen in der Arbeitswelt erfordern jedoch, dass die Möglichkeiten dieser Techniken bereits frühzeitig genutzt und die dazu erforderlichen Kompetenzen erworben werden.

Als ein Kanal zur Informationsaufnahme wurde auch das Fühlen genannt. Vermutlich wurde das von vielen Lehrergenerationen (und auch Eltern) missverstanden und vorwiegend auf die Wirkung des Rohrstocks bezogen.
Wer nicht hören will, muss fühlen.

Wie verbreitet das Fühlen als lernförderndes Mittel eingesetzt wurde beschreibt Mailly in den Deutschen Rechtsaltertümern: *„Die Grenzen eines Landgutes, einer Gemeinde wurden seit alters her strenge beaufsichtigt."* (Maily, 1929, S. 61)
„Die Grenzsteine werden von jeder Gemeinde auf ihrer Seite angekalkt und die anwesenden Jungen erhalten eine Ohrfeige oder es wird ihnen wie in alter Zeit an den Ohren gezupft, damit sie sich als Nachkommen die Grenzen (Raine) merken, wie man ihnen dazu noch heutigentags sagt. ... Das nennt man auch das Grenzsteinmarks." (Maily, 1929, S. 64)

Aus den Erfahrungen vieler Generationen von Lernenden und Lehrenden wurden Vorgehensweisen gesammelt und erprobt, die dazu beitragen können, das Lernen erfolgreich und effektiv zu gestalten.

- Das gemeinsame Basteln der Eltern mit den Kindern und das Basteln in der Kinderbetreuung sollte eine Selbstverständlichkeit sein.
- In der Schule ist es wichtig, dass das Erwerben von Basiskompetenzen mindestens gleichberechtigt neben der Vermittlung von (zu) umfangreichem Faktenwissen steht. Methodenwissen und Allgemeinbildung dürfen nicht vernachlässigt werden. Die Projektmethode bietet dazu viele Möglichkeiten.
- Außerhalb der Schule kann der Besuch von naturwissenschaftlichen und technischen Sammlungen und Museen zum schöpferischen Denken und Handeln (dazu gehört auch das Basteln) anregen.
- Auch das Lesen von Abenteuerbüchern (z. B. Robinson Crusoe von Daniel Defoe), Phantasiegeschichten und historischen Romanen schulen die Phantasie und regen zum Mitdenken beim Problemlösen an.
- Im Studium müssen das Erwerben von Methodenwissen und das Denken in System- und Prozesszusammenhängen – so wie bereits in den allgemeinbildenden Schulen – einen breiteren Raum bekommen. Die Praktika und das duale Studium bieten dazu günstige Voraussetzungen.

- In der beruflichen Weiterbildung und im gesamten lebensbegleitenden Lernen sollte der projektintegrierte (bzw. vorhabenbezogene) Kompetenzerwerb eine dominierende Rolle spielen.

In den Forschungs- und Gestaltungsarbeiten des ITF Schwerin (K. H. Busch, 2017) wurde bei der Analyse von Projekten der beruflichen Aus- und Weiterbildung u. a. folgende Erkenntnisse gewonnen:

- *„Dem Erwerben von Methoden- und Sozialkompetenz und der Befähigung zum selbstgesteuerten Lernen wird in der beruflichen Aus- und Weiterbildung (noch immer) nicht die erforderliche Bedeutung beigemessen.*
- *Die Lernkultur und insbesondere die Lerninfrastruktur in den Unternehmen sind nicht oder nicht genügend auf das selbstgesteuerte, projektintegrierte Lernen ausgerichtet.*
- *Eine externe Innovations- und Lernprozessunterstützung wird nur in Ausnahmefällen realisiert.*
- *Die eingesetzten Lern- und Lehrmittel berücksichtigen noch nicht ausreichend die Möglichkeiten moderner Informations- und Kommunikationstechnik (z. B. App, E-Book, interaktives Whiteboard, Multi-Touch-Table, multi-medialer Lern- und Ausstellungsraum) und die sich ständig verändernden Anwendungsgewohnheiten für diese Techniken in allen Bevölkerungsgeschichten.*
- *Der Transfer moderner Erkenntnisse der Bildungs- und Innovationsforschung erfolgt häufig nur in zeitlich begrenzten Modellprojekten.*
- *Regionale Lernkulturen werden nicht bzw. nicht ausreichend in ihrer Komplexität und besonders in ihrer Wechselwirkung mit den betrieblichen Lernkulturen betrachtet."* (K. H. Busch, 2017, S. 162–163)

Zunehmend können traditionelle Organisationsstrukturen und Arbeitsweisen
- mit einer definierten Ausgangssituation für Innovationsprozesse,
- einer Zielstellung mit fest vereinbarten Zielparametern und
- einem vorherbestimmten Bearbeitungsprozess

die wachsenden Anforderungen an Innovationsprozesse nicht immer erfüllen.

Die Projektbearbeitung in „eingefahrenen Gleisen" ist nicht ausreichend effektiv. Der Begriff „Team" im Sinne eines Pferde- oder Ochsengespanns kann sicherlich auf Abteilungen mit wenig innovativem Anspruch passen, er sollte nicht für schöpferisch arbeitende Gruppen verwendet werden, da sich diese nicht – von einem Kutscher angetrieben – in ausgefahrenen Wagenspuren bewegen sollten.

Es sind vielmehr flexible Arbeitsweisen erforderlich, die mehr dem Jagdverhalten von Rudeln ähneln, und in denen sich die einzelnen Gruppenmitglieder entsprechen ihrer speziellen Befähigung

- hochmotiviert,
- selbstständig,
- jedoch koordiniert handelnd und
- in ständiger Kommunikation miteinander

effektiv an der Zielerfüllung beteiligen.

Es besteht ein Widerspruch zwischen den Zielen und Inhalten der Innovationsprozesse und den traditionellen Methoden und Organisationsformen zur Erarbeitung von Innovationen.
Neue Ziele und Inhalte erfordern die Anwendung adäquater Methoden, Organisationsformen und Kompetenzen.

Im folgenden Abschnitt werden daher einige Hinweise auf das Gestalten der Vermittlung von Innovationskompetenz gegeben.

6.6.2 Projektintegrierte Vermittlung der Innovationskompetenz

In der Ausbildung an Hoch- und Fachhochschulen erwerben die Studentinnen und Studenten Fachkompetenzen, die sie für einen erfolgreichen Berufsstart befähigen. Die Befähigung zur Realisierung von Innovationen wird in der Regel nicht ausreichend entwickelt.
Daher fordert bereits 1959 LOHMANN eine Lehrveranstaltung, … „die etwa mit „Produktivem Denken" oder „Schöpferischem Arbeiten" zu bezeichnen wäre." (Lohmann, 1960, 1960).
Eine gründliche Analyse der Ingenieurausbildung im Hinblick auf deren Neugestaltung legte Buggenhagen im Jahre 1987 vor (Buggenhagen, 1987).

Die Qualität der methodischen Ausbildung von Ingenieuren und Naturwissenschaftlern hat sich zwischenzeitlich nicht wesentlich verbessert. Daher kommt der beruflichen Weiterbildung im Prozess der konkreten Projektbearbeitung in den Unternehmen weiterhin und verstärkt eine hohe Bedeutung zu.

Für die Bildungsunternehmen ergeben sich daraus Marktchancen, aber auch neue Anforderungen. Entscheidend für eine qualitative Weiterentwicklung der Bildungsunternehmen ist zunächst das Erarbeiten einer eigenen Unternehmensvision und einer Unternehmensstrategie. Die Personal- und Organisationsentwicklung bei den

Bildungsunternehmen für diese zukunftsträchtige Aufgabe ist ein langjähriger Prozess, der mit einer Erweiterung oder Erneuerung des Personals verbunden ist.
Die Trainer, Betreuer und Berater der Bildungsunternehmen müssen
das *Lehren lernen* und das *Lernen lehren*.
Bildungsunternehmen, die die Entwicklung der Innovationsfähigkeit insbesondere in kleinen und mittleren Unternehmen als Dienstleistung anbieten wollen, müssen nach unseren Erfahrungen über folgende Merkmale verfügen:

- Sie müssen in der Lage sein, den tatsächlich vorhandenen Innovationsbedarf der Unternehmen zu erkennen und gemeinsam mit dem Unternehmen den erforderlichen Kompetenzbedarf daraus abzuleiten.
- Sie müssen bei technischen und organisatorischen Innovationen in Unternehmen Angebote für die prozessbegleitende und gleichzeitige berufliche Kompetenzentwicklung der Mitarbeiter und für das Lernen im Prozess der Arbeit und speziell in Forschungs- und Entwicklungsprozessen unterbreiten und durchführen.
- Sie müssen über feste Kooperationsbeziehungen zu Unternehmensberatern und anderen Einrichtungen, mit denen sie gemeinsam eine umfassende Unternehmensbetreuung realisieren können verfügen.
- Sie müssen den Mitarbeiter in den Mittelpunkt der didaktisch-methodischen Konzepte und praktizieren moderne Methoden des Kompetenzerwerbs stellen. Das Lernen erfolgt vorwiegend projektintegriert und anhand von realen Arbeits- und Problemsituationen des Kunden.
- Sie müssen die theoretischen Inhalte mit modernen Selbstlernmedien vermitteln, mit deren Hilfe die Lernenden von beliebigen Lernorten aus auf die Wissensbasen zugreifen können.
- Sie müssen über ein enges Vertrauensverhältnis zu den betreuten Unternehmen verfügen.

Die Bildungs- und Beratungsleistungen sind für den gesamten Innovationsprozess zu erbringen. Sie umfassen dabei insbesondere folgende Gebiete:

- Einführung in die Innovationsmethodik
- Erarbeiten von Kompetenzbilanzen
- Erkennen innovativer Problemstellungen
- Erarbeiten von Marktanalysen und Marketingstrategien
- Erarbeiten von Finanzierungs- und Förderstrategien
- Erarbeiten von Schutzrechtsanalysen
- Präzisieren innovativer Problemstellungen
- Entwickeln innovativer Produkt- und Verfahrensideen
- Bewerten innovativer Lösungen und Strategien

- Erarbeiten von Innovationsstrategien
- Erarbeiten von Patenten, Gebrauchsmustern und Marken
- Entwickeln und Realisieren von Wegen zur Verbesserung der individuellen Entwicklung von Kreativität, Mobilität und Flexibilität

Der Problemlöseprozess ist untrennbar mit Lernprozessen verbunden.
In der Verknüpfung von Projektarbeit und Lernen spiegelt sich die in Abbildung 61 dargestellte Wechselwirkung zwischen Innovationsprozess und Lernprozess wider. Das projektintegrierte selbstbestimmte Lernen mit modernen Informations- und Kommunikationsmitteln gewinnt zunehmend an Bedeutung.

Für das Erarbeiten innovativer Lösungen und deren Umsetzungen auf dem Markt ist das Zusammenwirken von mehreren Akteuren in Innovationsgruppen in nahezu allen Fällen unverzichtbar.

Eine Innovationgruppe – als ein schöpferisches Kollektiv – ist eine Anzahl von Personen mit sich ergänzenden Kompetenzen, die in direktem Kontakt – oder über geeignete Medien verbunden – an solchen Neuerungen arbeiten, die einen Qualitätssprung in einem Entwicklungsprozess widerspiegeln. (K. H. Busch, 2017)

Eine multidisziplinäre Zusammensetzung mit unterschiedlichen sich jedoch ergänzenden Kompetenzen der Mitarbeiterinnen und Mitarbeiter ist für das Erreichen origineller Lösungsideen und für eine allseitige Betrachtung der Wirkungszusammenhänge der Prozessumstände und des Prozessergebnisses einschließlich der Folgeabschätzung förderlich. (K. H. Busch, 1993; Heyse, 1984)

Phasen	Projektbearbeitung	Kompetenzerwerb
1. Erkennen der Problemstellung	– Wahrnehmen der Außenforderung – Suchen des Problemkerns – Übernehmen der Problemstellung als Ziel	– Erwerben von Kenntnissen über Analyse- und Vorhersagetechniken – Erwerben von Fertigkeiten für die Informationsbeschaffung – Festigen von Verhaltensweisen (Problemsensibilität)
2. Präzisieren der Aufgabenstellung	– Bestimmen des Zieles, des Umfeldes und der verfügbaren Potenziale – Erwägen und Erarbeiten von Realisierungsmöglichkeiten – Formieren des Projektteams	– Erwerben von Methodenkompetenz – Erwerben und Festigen von Fähigkeiten zum Projektmanagement bzw. zur Managementunterstützung – Festigen von Verhaltensweisen – Weiterentwickeln der Teamfähigkeit
3. Erarbeiten von Lösungsvarianten	– Entwerfen von Teilzielfolgen – Entwickeln von Varianten – Abschätzen von Folgen und Nebenwirkungen	– Erwerben von Methodenkompetenz (Variantensuche, Kreativitätstechniken, Modellierung) – Erweitern der Fachkompetenz – Erwerben und Festigen der Fähigkeit zur Arbeit mit Simulationsmodellen – Weiterentwickeln der Sozialkompetenz
4. Bewerten der Lösungsvarianten und Entscheiden	– Ableiten von Bewertungskriterien – Bewerten – Entscheiden – Präzisieren des Zieles und des Lösungsweges	– Erwerben von Fähigkeiten zur Anwendung von Bewertungsverfahren und – Erwerben weiterer Sozialkompetenz
5. Realisieren des Projektes	– Umsetzen der Lösungskonzeption – Kontrollieren des Bearbeitungsfortschrittes – Dokumentieren des Ergebnisses	– Erwerben und Festigen der Befähigung zum Einsatz von Informations- und Kommunikationstechniken in Entwurfs- und Fertigungsprozessen – Erwerben von Fähigkeiten zur Anwendung des Controllings – Festigen der Befähigung zur Projektleitung bzw. zur aktiven Mitwirkung in der Projektgruppe
6. Analyse des Projektergebnisses	– Erarbeiten des Ziel-Ergebnis-Vergleiches – Analysieren und Kritisieren des Lösungsweges und der Lösung – Abheben von Erfahrungen – Speichern interner Modelle – Ableiten neuer Problemstellungen	– Festigen analytischer Fähigkeiten – Entwickeln der Kritikfähigkeit – Erwerben von Fähigkeiten zur Ergebnisdarstellung (Präsentationstechniken) – Festigen der Kommunikationsfähigkeit

Abbildung 61: Lernen und Arbeiten in den Phasen des Innovationsprozesses.

6. Von der Invention zur Innovation

Im Abschnitt DIE KOMMUNIKATION IM INNOVATIONSPROZESS wird im Beispiel 5 ein Beispiel für die erfolgreiche Arbeit von Innovationsgruppen beschrieben. In diesem Beispiel wird gezeigt, wie das Lernen und Arbeiten an realen Forschungsproblemen durchgeführt werden kann und wie dabei wissenschaftliche und soziale Kreativität gemeinsam entwickelt wird.

Das Lernen erfolgt – integriert in den Innovationsprozess – als selbstgesteuertes Lernen und wird von externen Experten unterstützt. Die Problembearbeitung erfolgt in der Einheit von Gruppenarbeit und individueller Arbeit.

Dieses Beispiel zeigt, dass externe Innovations- und Lernunterstützung nicht nur zur Entlastung der Unternehmen führt, sondern dass es den Unternehmen auch eine Verbesserung ihrer Wettbewerbsfähigkeit ermöglicht.

Das Erwerben der erforderlichen Kompetenzen für eine effektive Gestaltung von Innovationsprozessen ist kontinuierlich – beginnend in den allgemeinbildenden Schulen über die Ausbildung bis zur beruflichen Weiterbildung – in die Lernprozesse zu integrieren.
Dazu bedarf es einer entsprechenden Befähigung der Lehrenden und der Betreuenden sowie der Führungskräfte in den Unternehmen.

Im Vergleich der Dramaturgie des Unterrichts und der Methodik des Erfindens werden folgende *Analogien* deutlich:
- Ausgangspunkt beider Prozesse ist eine Problemsituation.
- Zur Lösung des Problems (Konflikt, Widerspruch) baut sich ein Spannungsfeld auf.
- Das Ziel muss klar definiert werden.
- Zur Lösung des Problems sind Trägheitswiderstände zu überwinden. Es sind Interesse und Begeisterung zu wecken.
- Grundlage der Problemlösung ist das gemeinsame Handeln der Beteiligten.
- Der Problemlöseprozess bedarf einer Führung.
- Zur Lösung des Problems werden schöpferische Methoden eingesetzt.
- Der Spannungsbogen wird durch einen überraschenden Effekt gelöst.
- Im Ergebnis des Prozesses wird neben dem fachlichen Wissenszuwachs auch die Weiterentwicklung der Methodenkompetenz und der Sozialkompetenz erreicht.
- Die Lösung des Problems zeigt neue Problemstellungen und nachfolgend zu bearbeitende Aufgaben auf.

Neben diesen Analogien bestehen zwischen beiden Prozessen *Wechselwirkungen*, die bewusst genutzt werden können.

- Der Prozess des Erfindens ist untrennbar mit Lernprozessen verbunden. Die bewusste Anwendung der Dramaturgie des Unterrichts kann den Prozess des Führens von (interdisziplinären und inhomogenen) Gruppen beim Erarbeiten von Neuerungen (Betriebliches Vorschlagswesen, Qualitätszirkel, Forschungsgruppen) wesentlich unterstützen.
- Außerdem kann das Nachvollziehen von Erfindungen im Rahmen der Aus- und Weiterbildung dazu beitragen, das Interesse am Bildungsgegenstand zu wecken, den Bildungsgegenstand in seiner Weiterentwicklung besser zu begreifen und dabei gleichzeitig Kenntnisse über die Anwendung schöpferischer Methoden (Innovationsmethodik) zu erwerben.

Als Lernformen in Innovationsprozessen sind sowohl das Lernen in Kursen und Seminaren (insbesondere hinsichtlich der methodischen Grundlagen) als auch das informelle und implizite Lernen vorzufinden.

Das informelle Lernen spielt für Innovationsprozesse eine besondere Rolle. Es ist kein reines Erfahrungslernen, denn es müssen auch theoretische Grundlagen angeeignet werden, die bisher nicht individuell vorhanden waren.

Untersuchungsergebnisse des ITF Schwerin lassen darauf schließen, dass das Lernen in Kursen (und auf Tagungen) nur etwa 5% des Lernens in Innovationsprozessen umfasst. Die übrigen 95% teilen sich etwa gleichmäßig auf das informelle und das implizite Lernen auf. Die Proportionen in der Förderpolitik und in der traditionellen Weiterbildungsforschung weisen jedoch ein umgekehrtes Verhältnis auf; die Mittel und Potenziale werden nahezu ausschließlich auf das Lernen in Weiterbildungskursen konzentriert.

Durch das Verschmelzen von Projektbearbeitung und Lernen sowie Arbeitsorganisation und Lernorganisation sind günstige Voraussetzungen für eine permanente aktuelle Motivation zur Entwicklung von Innovationen gegeben.

Der Kompetenzerwerb für Innovationsprozesse kann durch das projektintegrierte Lernen wesentlich optimiert werden. Das erfordert von den Bildungsunternehmen, von den Führungskräften in den Unternehmen und vom pädagogischen Personal neue Verhaltensweisen, Einstellungen und Kompetenzen.

Die Analyse des Innovationsprozesses lässt erkennen, dass die Unternehmenskultur, das Problemlöseverhalten (einschließlich der Innovationskultur) und die Lernkultur in einem engen Wechselverhältnis stehen und sich gegenseitig bedingen.

Die Unternehmenskultur schließt dabei besonders die Wertvorstellungen, die Verhaltensnormen, die Wissensvorräte, das Problemlöseverhalten und die Lernkultur ein. (K. H. Busch, 2003b)

Das Entwickeln der Innovationsfähigkeit wird auch für kleine und mittlere Unternehmen in Deutschland zunehmend zu einem wichtigen Faktor des Sicherns der Wettbewerbsfähigkeit und der Existenz der Unternehmen. Auch so kann das einseitige „Abwandern" industrieller Potenziale in Billiglohnländer und in rohstoff- sowie energiereiche Regionen vermieden werden.

Das Entwickeln der Innovationsfähigkeit ist nicht nur ein neues Betätigungsfeld für Bildungsunternehmen. Es ist eine Option für den Erhalt der Wettbewerbsfähigkeit kleiner und mittlerer Unternehmen und damit sind auch
- die politischen Entscheidungsträger,
- die Akteure im gesamten Bildungssystem
- das einzelne Individuum,
- die Unternehmen und alle regionalen Akteure, die die regionale Lernkultur mit formen,

gleichermaßen gefordert.

Für die Führungskräfte in den Unternehmen leitet sich die Aufgabe ab, eine innovationsfördernde Unternehmenskultur zu entwickeln, die es ermöglicht, die schöpferischen Potenziale aller Beschäftigten zu wecken und zu mobilisieren.

Das Bildungssystem wiederum muss gewährleisten, dass bereits im Vorschulalter die kreativen Potenziale der Kinder erkannt und gefördert werden. In den allgemeinbildenden Schulen und in der beruflichen Erstausbildung sind neben dem Fachwissen insbesondere die Methodenkompetenz und die soziale Kompetenz zu entwickeln. Die Kinder und Jugendlichen sind frühzeitig in altersgerechte und herausfordernde schöpferische Projekte einzubeziehen.

Auch durch die Verzahnung von beruflicher Ausbildung und betrieblicher Weiterbildung kann ein wesentlicher Beitrag für die Entwicklung der Innovationsfähigkeit in kleinen und mittleren Unternehmen geleistet werden.

6.7 Implementieren der Innovationsmethodik

6.7.1 Innovationsfelder

In den vorangegangenen Abschnitten dieses Buches haben wir uns besonders mit Neuerungsprozessen in der Technik, speziell der Medizintechnik, beschäftigt. Innovationen sind jedoch in allen Lebensbereichen möglich – und häufig auch notwendig.

Betrachten wir zur Veranschaulichung

- die Haarstylistin, die eine neue Frisur kreiert,
- die Floristin, die einen besonderen Blumenschmuck präsentiert,
- die Künstlerinnen und Künstler aller Bereiche,
- die Komponistinnen und Komponisten mit ihren Kompositionen,
- die Architekten aller Baustile,
- den Gärtner, der eine neue Apfelsorte züchtet oder
- das spielende Kind, das aus gebrauchten Pappkartons eine Burg für seine Ritter bastelt.

Allgemein bekannt sind folgende Erfindungen in der Medizin:
- die Entwicklung und der Einsatz des Penicillins als Antibiotikum aus der Entdeckung der Wirkung des Schimmelpilzes auf Bakterien,
- die Entwicklung des Aspirins aus den überlieferten Kenntnissen der Kelten und Germanen über die Wirkung der Weinbaumrinde,
- das Impfen gegen die Pocken,
- die Entwicklung der Narkoseverfahren,
- die Organtransplantation und
- den Embryotransfer.

In der Medizin wird besonderes die Wechselwirkung zwischen der Entwicklung medizinischer (biologischer) Verfahren und der Entwicklung von Medizintechnik deutlich. Anschauliche Beispiele dazu sind:
- die Entwicklung von Röntgengeräten und deren Einsatz in Diagnose und Therapie,
- der Einsatz des Embryotransfer und die Entwicklung des Transfer-Gerätesystems,
- die Konstruktion von OP-Robotern und deren Einsatz z. B. in der Mikrochirurgie sowie
- Die Konstruktion orthopädischer Hilfsmittel und die Weiterentwicklung der Behandlungsverfahren.

Auch in der militärischen Strategie und Taktik haben innovative Vorgehensweisen häufig zu unerwarteten und entscheidenden Ergebnissen geführt. In Erinnerung gerufen werden können dazu

- der Alpenübergang Hannibals mit 37 Kriegselefanten (218 v. Chr.),
- die Schlachtordnung und Taktik Alexanders in der Schlacht von Gaugamela (331 v. Chr.) und
- der Einsatz des „Griechischen Feuers" als Brandwaffe in den Kreuzzügen.

... und auch Casanova wäre nicht so erfolgreich gewesen, hätte er nicht die schöpferischen Mittel der Variation und Kombination beherrscht und eingesetzt.

Für die einzelnen Einsatzbereiche – die Innovationsfelder – können sich spezielle Modifikationen der Innovationsmethodik ergeben, die sich aus rechtlichen Regelungen, berufsspezifischen Gewohnheiten oder besonderen Randbedingungen herleiten.

6.7.2 Distributionspfade zum erfolgreichen Einsatz der Methodik

Die Distributionspfade ergeben sich aus der jeweiligen Distributionsstrategie. Da im vorliegenden Fall die Verfügbarkeit der Methodik in vielseitigen Einsatzgebieten angestrebt wird, sind

- mehrere nebeneinanderliegende, ergänzende Distributionswege
- mit zielorientierten rationellen Anpassungen

möglich und notwendig.

Der direkte, auf einzelne Personen orientierte, Weg zur Bereitstellung des vorliegenden Materials, kann sich besonders

- aus persönlichen Empfehlungen,
- aus gezielten Recherchen,
- aus der Werbung in der Fachliteratur und in anderen Medien sowie
- aus Buchvorstellungen und Lesungen

ergeben.

Weitaus breiter gefächert sind die Wege über mehrere Brücken zum potenziellen Neuerer und Erfinder.

Für die Schülerinnen und Schüler in *allgemeinbildenden Schulen* sind jeweils fächerbezogene Module der Innovationsmethodik einsetzbar, die vorzugsweise auch

in die Projektarbeit einzugliedern sind. Ein interessantes und anschaulich dargestelltes Beispiel dazu wird in dem Buch „Bienen in der Bildung für
nachhaltige Entwicklung" beschrieben. (E. Busch, Busch, et al., 2021)

Der Einsatz der Variationsmethode und der Kombinationsmethode macht erfahrungsgemäß den Schülerinnen und Schülern viel Spaß und wird nahezu spielend ausgeführt.
Dieser Weg setzt voraus, dass die Lehrenden und Betreuenden während ihrer Ausbildung und auch in ihrer berufsbegleitenden Weiterbildung die Innovationsmethode kennenlernten und selbst praktizieren konnten. Das erforderliche Material muss und für sie verfügbar sein.

Wesentlich intensiver und zielorientierter kann die Innovationsmethodik in die *naturwissenschaftlichen Fächer* in den höheren Klassen der allgemeinbildenden Schulen einbezogen werden. Das Material kann bei der Anwendung der Projektmethode und in der Projektarbeit als Lernmaterial und als praktische Anleitung fungieren. Das setzt sowohl die
- Verfügbarkeit des Materials als auch
- die Ausbildung der Lehrkräfte auf diesem Gebiet während ihres Studiums

voraus.

Für schulische und außerschulische *Arbeitsgemeinschaften und Projektgruppen* (z. B. „Jugend forscht") kann die Innovationsmethodik eine wichtige Anleitung bieten. Eine begleitende Beratung und die Bereitstellung des Materials sind zweckmäßig.

Im *Studium* - und besonders im dualen Studium – gehört die Innovationsmethodik in allen technischen, naturwissenschaftlichen und betriebswirtschaftlichen Richtungen als eigenes (und mit den übrigen Fächern verbundenes) Fach in den Studienplan. Die fächerübergreifende Verflechtung ergibt sich zum Beispiel auch dann, wenn aus betriebswirtschaftlicher Sicht aufgezeigt wird, dass Innovationen erforderlich sind, und gleichzeitig aufgezeigt wird, wie in disziplinübergreifender Arbeit geeignete Innovationen erreicht werden können. Das Kennenlernen solcher Vorgehensweisen ist im späteren Einsatz in den Unternehmen (auch persönlich) vorteilhaft.

In den Praktika und in den studentischen Arbeiten (besonders in Bachelor- und Masterarbeiten) ist Wert auf die Anwendung von geeigneten Modulen der Innovationsmethodik zu legen.
Ähnlich wie in den allgemeinbildenden Schulen ist auch hier sowohl
- die Verfügbarkeit des Materials als auch
- die Ausbildung der Lehrenden auf diesem Gebiet während des Studiums

erforderlich.

In der beruflichen *Aus- und Weiterbildung* müssen die Lehrenden und Betreuenden über solche Kompetenzen verfügen, dass sie die Lernenden befähigen können, in ihrer beruflichen Arbeit aktiv an der Neuererarbeit mitzuwirken und sich möglichst auch in die Erarbeitung von Inventionen einbringen können. Beispielhaft sind Kurse, wie sie im Abschnitt 5 (Beispiel 5) beschrieben wurden.

Die Führungskräfte der Unternehmen müssen selbst von der Effektivität der Innovationsmethodik überzeugt sein und die Bildungsarbeit bestmöglich (im eigenen Interesse) unterstützen.

Das Material zur Innovationsmethodik muss für die Beschäftigten in den Unternehmen verfügbar sein und gegebenenfalls auf die Spezifik der Unternehmen ausgerichtet werden.

Die vielseitigen Distributionspfade sind in der Distributionsstrategie zur Verbreitung und zum effektiven Einsatz der Innovationsstrategie zu berücksichtigen.
Ein Zusammenwirken mit allen Ebenen der Bildungspolitik und der Bildungseinrichtungen ist unverzichtbar, um das Potenzial der Innovationmethodik bestmöglich auszuschöpfen.

Allein das Erscheinen eines Buches
kann sein Anliegen nicht wirksam werden lassen.

6.7.3 Fördern des Einsatzes der Innovationsmethodik

Im Mittelalter sollten Zauberer und Alchemisten für die Beschaffung der gewünschten oder dringend erforderlichen Dinge sorgen. Sie erzielten teilweise erstaunliche Ergebnisse, wenn diese auch in der Regel nicht der ursprünglichen Aufgabenstellung entsprachen. So wurden unter anderem das europäische Porzellan und das Schießpulver neu erfunden.
Gegenwärtig wird das „Zaubern" von neuen Ideen und Produkten von den Erfindern erwartet.

In den zurückliegenden etwa 150 Jahren ist eine interessante Korrelation
- zwischen der jeweiligen politischen und wirtschaftspolitischen Situation einerseits
- und Entwicklung und der Anwendung der Innovationsmethodik sowie der Anzahl der eingereichten Patente andererseits

zu erkennen.

Es liegt im Interesse der einzelnen Unternehmen und des Staates, die technische, die ökonomische und die wirtschaftliche Entwicklung durch Innovationen dynamisch weiter zu entwickeln. Zur Verbesserung der Wettbewerbsfähigkeit der Unternehmen ist es daher unverzichtbar, die Motivation der Beschäftigten und deren Kompetenzen zu fördern und zu stimulieren.

Seit etwa Mitte des 19. Jahrhunderts gibt es in Deutschland Ansätze, die Vorschläge für Verbesserungen, die von den Arbeitern unterbreitet werden, zu belohnen. Neben einer finanziellen Vergütung spielt die ideelle Anerkennung eine wichtige Rolle.

Als eine der ersten Firmen führte Alfred Krupp eine verbindliche Regelung ein.
Mitte der 30er Jahre des 20. Jahrhunderts wurde in Deutschland das betriebliche Vorschlagswesen stark gefördert, um Arbeitskräfte, Material und Energie einzusparen.

Seit 1957 regelt das Gesetz über Arbeitnehmererfindungen die Anerkennung und den Schutz von Erfindungen und technischen Verbesserungsvorschlägen, die von Arbeitnehmern im privaten und im öffentlichen Dienst sowie von Beamten und Soldaten eingebracht werden: *"Gesetz über Arbeitnehmererfindungen in der im Bundesgesetzblatt Teil III, Gliederungsnummer 422-1, veröffentlichten bereinigten Fassung, das zuletzt durch Artikel 25 des Gesetzes vom 7. Juli 2021 (BGBl. I S. 2363) geändert worden ist".*

Dabei wird zwischen Erfindungen (die patent- oder gebrauchsmusterfähig sind) und technischen Verbesserungsvorschlägen unterschieden.

Neben den unmittelbaren ökonomischen Zielen können und sollen die Vorschläge auch den Arbeitsschutz, den Umweltschutz, die Arbeitsorganisation, das Marketing und die Unternehmenskultur berücksichtigen.

Als ein logischer Schritt der Weiterentwicklung des betrieblichen Vorschlagswesens zu einem Ideenmanagement erfolgte seine Einordnung in das Unternehmensmanagement und in die Gestaltung der Unternehmenskultur.

Ein Ideenmanagement ist dadurch gekennzeichnet,
- dass der Schritt vom einzelnen Vorschlagenden zum schöpferischen Kollektiv erfolgt,
- dass eine schöpferisch orientierten Unternehmenskultur zu gestalten ist, dass besonders auch Kunden und Lieferanten einzubeziehen sind,
- dass relevante Struktureinheiten des Unternehmens einzubeziehen sind (Konstruktion, Marketing, Service, Beschaffung, …)

Das Ideenmanagement ist auf das *Einbeziehen aller Beschäftigten* und das breite Ausschöpfen ihrer Kompetenzen gerichtet. Es ist Teil des umfassenderen Innovationsmanagements, das besonders auf grundlegendere und umfassende Innovationen orientiert.
In der Kette der beteiligten Personen vom Erkennen des Problems bis zu seiner Lösung sind besonders auch folgende Akteure zu berücksichtigen:

Impulsgeber
Die Rolle der Impulsgeber wurde im Kapitel ***Analyse von Innovationsbedarfen und Umsetzung***
von Innovationspotenzialen erörtert. Sie sind wichtig für die marktorientierte Steuerung der Innovations- und Entwicklungsaktivitäten in Unternehmen.

Problemlöser
Auf Basis der Information zu Produktproblemen werden von den Problemlösern im iterativen Innovations- und Entwicklungsprozess Lösungen erarbeitet.

Verbindungsperson
Liegt die Information bei den verantwortlichen Prozessakteuren im Unternehmen vor, ist es wichtig, dass diese priorisiert und an die Gruppe(n) weitergeleitet werden,

die diese Anregungen aufnehmen und für die Weiterentwicklung nutzen können. In dieser Rolle übernimmt die Verbindungsperson,
- dass Hochschulen und studentische Arbeiten berücksichtigt werden können,
- dass eine gezielte Kompetenzentwicklung der Beschäftigten erforderlich ist,
- dass Kreativitätstechniken bewusste genutzt werden und
- dass geeignete Ideenspeicherung und Ideenverwaltung entwickelt und eingesetzt werden.

Besonders auch diesem Personenkreis ist es zu ermöglichen, Grundkompetenzen über die für ihn relevanten Module des Innovationsmanagements zu erwerben. Die Motivation ist zu fördern und alle Möglichkeiten der materiellen und ideellen Förderung sind auszuschöpfen.

Die uralte Erfahrung lehrt: *Innovationsfordernde Situationen sind aktivierender und wirksamer als allein förderliche Bedingungen.*

Oder kurz formuliert: *Fordern ist die wirksamste Förderung. Not macht erfinderisch.*

Kernerkenntnisse des Kapitels
- Mit der Entscheidung, aus einer Invention eine Innovation entstehen zu lassen, beginnt ein umfangreicher und vielseitiger Prozess mit hohen Anforderungen an das *Innovationsmanagement*.
- Die Führungstätigkeit kann und muss sich dabei besonders auf die verfügbaren *Controllinginstrumente* stützen.
- Die bereits bei der Erarbeitung der Invention durchgeführten *Schutzrechtsaktivitäten* sind kontinuierlich weiterzuführen, da auch in allen Phasen der weiteren Projektarbeit neue Ideen am Produkt und an den Verfahren entstehen, für die das geistige Eigentum zu sichern ist. Die Vergabe und die Nutzung von Lizenzen erweitert das verantwortungsvolle Arbeitsgebiet der Patentingenieure und Patentanwälte.
- Zur Erprobung der Ideen vor ihrer Einführung in die Umsetzungsphase erweist sich die Verfügbarkeit von Testmöglichkeiten als sinnvoll und notwendig. Für technische Produkte und Verfahren haben sich eigene oder vertraglich gebundene Labore und *Modellwerkstätten* bewährt.

- Durchgehend durch alle Phasen des Innovationsprozesses ist die *CE-Kennzeichnung* zu berücksichtigen und in der Verantwortung des Managements zu gewährleisen. Auf den Gebieten der Medizin und Medizintechnik gelten besondere Anforderungen an die Kennzeichnungspflicht.
- Da eine Invention erst auf dem Markt zur Innovation wird, ist die *Distribution* mit all ihren Teilgebieten unter Nutzung der bereits bestehenden betrieblichen Erfahrungen und vorhandenen Distributionskanäle rechtzeitig zu aktivieren.
- Ohne die erforderlichen Kompetenzen bei allen am Innovationsprojekt beteiligten Personen ist kein Erfolg zu erreichen. Für die Entwicklung der *Innovationskompetenz* wird bereits in den allgemeinbildenden Schulen der Grundstein gelegt.
- Die berufliche Ausbildung muss im Zeitalter einer dynamischen wissenschaftlichen und wirtschaftlichen Entwicklung durch einen weiterführenden tätigkeitsintegrierten Kompetenzerwerb ergänzt werden. Das *Bildungssystem* muss sich dazu selbst innovativ weiterentwickeln.

Nachwort

Als sich die Autoren entschlossen, gemeinsam dieses Buch zu schreiben, konnten sie auf langjährige Expertise und Erfahrungen im Gerätebau, der beruflichen Aus- und Weiterbildung sowie der betriebswirtschaftlichen Unternehmenssteuerung zurückblicken.

Daraus erwuchs die Erkenntnis, dass

- erstens für die eigene fachliche Arbeit (und nebenbei auch für das private Leben) die Kompetenz verfügbar sein muss, schöpferisch zu Denken und neuartige – also innovative – Lösungen zu erarbeiten und diese praktisch zu realisieren und
- zweitens die eigenen methodischen Erfahrungen sowohl an Projekt-Mitglieder als auch an Studierende sowie Fach- und Führungskräfte in der beruflichen Weiterbildung vermittelt werden sollten.

Für die methodische Wegführung standen und stehen unzählige Empfehlungen und Gebrauchsanweisungen zur Verfügung. In der Arbeit der Autoren hat sich gezeigt, dass ein leicht verständliches, überschaubares und praktisch aufbereitetes Material nützlich für den Innovationsprozess ist.

Wir haben daher versucht, aus unserer Sicht zum Kern des schöpferischen Arbeitens vorzudringen und zu zeigen, dass Invention und Innovation auf wenigen Basismethoden aufbauen können.

Wir hoffen, dass uns das hinreichend gelungen ist, und Sie als Leser und Anwender dadurch einen bestmöglichen Erkenntnisgewinn erzielen konnten und weiterhin erzielen können.

Wir würden uns freuen, wenn wir ein „Echo" von Ihnen hören und Sie zukünftig mit uns im Dialog bleiben.

© Der/die Autor(en), exklusiv lizenziert an Springer Fachmedien Wiesbaden GmbH, ein Teil von Springer Nature 2023
E. Busch et al., *Methodik der Innovation*, https://doi.org/10.1007/978-3-658-42737-5

Literaturverzeichnis

Abbott. (2016). *Navigating away from live X-ray*. https://www.cardiovascular.abbott/content/dam/bss/divisionalsites/cv/pdf/guides/15345_SJM-MDG-0814-0002(1)_clinicalCompendium_r4_(Final).pdf

Bär, C., Fiege, J., & Weiß, M. (2017). *Anwendungsbezogenes Projektmanagement* (1. Aufl.). Springer Vieweg. https://doi.org/10.1007/978-3-662-52974-4

Baum, H.-G., Coenenberg, A., & Günther, T. (2013). *Strategisches Controlling*.

Boer, A. (2004). *Radiation Safety during Interventional Procedures*. Optima Grafische Communicatie.

Böhm, J. (2019). *Erfolgsfaktor Agilität: Warum Scrum und Kanban zu zufriedenen Mitarbeitern und erfolgreichen Kunden führen*. Springer Vieweg. https://doi.org/10.1007/978-3-658-25085-0

Bourier, F., Reents, T., Ammar-Busch, S., Buiatti, A., Kottmaier, M., Semmler, V., Telishevska, M., Brkic, A., Grebmer, C., Lennerz, C., Kolb, C., Hessling, G., & Deisenhofer, I. (2016). Evaluation of a new very low dose imaging protocol: Feasibility and impact on X-ray dose levels in electrophysiology procedures. *EP Europace*, *18*(9), 1406–1410. https://doi.org/10.1093/europace/euv364

Brainyquote.com. (2021). www.brainyquote.com/quotes/thomas_edison_132683

Brandstäter, J. (2013). *Agile IT-Projekte erfolgreich gestalten*. Springer Vieweg. https://doi.org/10.1007/978-3-658-04430-5

Brooks, S. S. (2017). Regulation and Device Development: Tips for Optimizing Your Experience With the Food and Drug Administration. *Techniques in Vascular & Interventional Radiology*, *20*(2), 109–115. https://doi.org/10.1053/j.tvir.2017.04.001

Buggenhagen, H. J. (1987). *Ingenieurausbildung – neue Ansprüche und Lösungsansätze aus hochschuldidaktischer Sicht*.

Busch, B. G. (1999). *Erfolg durch neue Ideen*. Cornelsen.

Busch, E. (2003). *Interne Erfindungsmeldung „Modulare Rechnerstruktur bei Linksherzkatheterlaboren (LHK)"*.

Busch, E. (2008a). *Gastvorlesung „Signal- und Bildgebung im interventionellen Herzkatheterlabor" Vorlesung Sommersemester TU Dresden, IBMT*.

Busch, E. (2008b). *Patent Application „Visualisierung der Katheterführung mittels Augmented Reality"*. http://www.freepatentsonline.com/DE102006033246.html

Busch, E. (2009a). *Gastvorlesung „Signal- und Bildgebung im interventionellen Herzkatheterlabor"*. Sommersemester TU Dresden, IBMT, Dresden.

Busch, E. (2009b). *Vortrag „Entwicklung innovativer Medizintechnik" zur 3.Tagung Feinwerktechnische Konstruktion*.

Busch, E. (2009c). *Patent „System to Optimize Radiation Exposure for User and Patient"* (USPTO Patent Nr. 7490987). http://patft.uspto.gov/netacgi/nph-Parser?Sect1=PTO1&Sect2=HITOFF&d=PALL&p=1&u=%2Fnetahtml%2FPTO%2Fsrchnum.htm&r=1&f=G&l=50&s1=7490987.PN.&OS=PN/7490987&RS=PN/7490987

Busch, E. (2021). *Dissertation „Optimierung des Innovations- und Entwicklungsprozesses von biomedizintechnischen Geräten"*.

Busch, E., Bulitta, C., Nobach, K., & Strobel, N. (2021). Innovation & Entwicklung im globalen Wettbewerb. *MED engineering*, *4*, 56–58. https://med-eng.de/2021/10/28/innovation/

Busch, E., Busch, K. H., Lehmann, F., Greulich, A., Busch, He., & Becker, K. (2021). *Bienen in der Bildung für nachhaltige Entwicklung.* epubli.

Busch, E., Roth, D., & Williams, J. (2009). *Sperrveröffentlichung „Vorrichtung zur Lagerung von Patienten auf Untersuchungs- und Op-Tischen".* http://www.priorartregister.com/publikationen/suchergebnis/?tt_products%5Bsword%5D=System%20zur%20Bolussteuerung&cHash=0ccb15a99cfc1ebbe55c227851943a1e

Busch, E., & Soukal, P. (2007). *Patent „Selbsterklärende Systemanalyse"* (Deutsches Patentamt Patent Nr. DE000010351782). https://register.dpma.de/DPMAregister/pat/register?AKZ=103517820

Busch, E., & Soukal, P. (2010). *Patent „Medical device for diagnostics or therapy" (Selbsterklärende Systemanalyse)* (USPTO Patent Nr. 7698596). http://patft.uspto.gov/netacgi/nph-Parser?Sect1=PTO1&Sect2=HITOFF&d=PALL&p=1&u=%2Fnetahtml%2FPTO%2Fsrchnum.htm&r=1&f=G&l=50&s1=7698596.PN.&OS=PN/7698596&RS=PN/7698596

Busch, E., Strobel, N., Nobach, K., Bulitta, C., Hirshfeld jun., J., Wu, L., & de Abreu, M. (2021). Optimizing the innovation and development process of medical devices—A study based on angiographic equipment. *Health and Technology, 11*(3), 563–574. https://doi.org/10.1007/s12553-021-00537-7

Busch, E., & Übler, J. (2012). *Patent „System to calculate and communicate the ‚path of least resistance' through a chronic total occluded vessel"* (Deutsches Patentamt Patent Nr. DE102008031146). https://register.dpma.de/DPMAregister/pat/register?AKZ=1020080311464

Busch, H. (1976). *Die Geburt erfinderischer Ideen.* Liesma.

Busch, H. (1979). *Hierarchiches System methodologidscher Mittel In: Methodologische Probleme des technischen Schöpfertums (russ.).*

Busch, H. (1981). *Analogie und technisches Schöpfertum.* Verlag Avots.

Busch, K. H. (1983). *Erfindungsmethodik – ein Mittel zur Effektivierung der Konstruktionsarbeit, 28. Intern. Wiss. Koll. TH Ilmenau 1983, Vortragsreihe „Entwicklung feinmechanisch-optisch-elektronischer Geräte".*

Busch, K. H. (1985). *Methodologische Untersuchungen zum Erfindungsprozess.*

Busch, K. H. (1993). *Kreativitätstraining in der DDR.* 116-127-116–127.

Busch, K. H. (2003a). *Innovationen erfolgreich realisieren: Erfinden lernen – lernend erfinden.* trafo verlag.

Busch, K. H. (2003b). *Lernen in Innovationsprozessen* (Bd. 4).

Busch, K. H. (2005). *Internationale Kooperationskompetenz. 16,* S. 27-28.

Busch, K. H. (2009). *Entwicklung von Geräten zum Embryotransfer bei Rindern. 64,* 442-446-442–446.

Busch, K. H. (2017). *Wandel der Arbeitswelt – Wandel der Innovationsprozesse.* itf.

Busch, K. H., & Busch, E. (2015). *Impulse der Feinwerktechnik auf den wissen-schaftlichen Gerätebau der Agrarforschung.* TU Dresden.

Busch, K. H., & Busch, H. (1980). *Ideensuchverfahren im technischen Entwicklungsprozess.*

Busch, K. H., & Busch, H. (1983). *Systeme methodologischer Mittel der technischen Heuristik Riga (russ.).* Verlag Snanie.

Busch, K. H., Christmann, C., & Heyse, V. (1985). *Problemlösen in interdisziplinären Kollektiven. 6,* 165-165 ff.

Busch, K. H., & Krause, S. (1973). *Praktische Verfahren für die Bearbeitung von Problemen. 3,* 359-371-359–371.

Busch, W. (1909). Niemals. In *Schein und Sein* (S. 365). Lothar Joachim. http://www.zeno.org/nid/20004610008

Cascio, J. (2020). *Facing the Age of Chaos*. https://medium.com/@cascio/facing-the-age-of-chaos-b00687b1f51d

Cerner's Siemens Acquisition: What Does It Mean? (2014). https://www.ecgmc.com/thought-leadership/blog/cerners-siemens-acquisition-what-does-it-mean

Chase, D., Varghese, A., George, P. V., & George OK. Livingstone, R. S. (2015). *Transition from image intensifier to flat panel detector in interventional cardiology: Impact of radiation dose*. 1. https://doi.org/10.4103/0971-6203.152241

Conrad, W. (1980). *Wer-Was-Wann: Entdeckungen und Erfindungen in Naturwissenschaft und Technik*. Fachbuchverlag.

Dechange, A. (2020). *Projektmanagement – Schnell erfasst* (1. Aufl.). Springer Gabler. https://doi.org/10.1007/978-3-662-57667-0

Desert Regional Medical Center (Regisseur). (2013, August). *Catheter Ablation to Treat Atrial Fibrillation and Heart Rhythm Disorders*. https://www.youtube.com/watch?v=sktm9ZF733k

Dollinger, P. (2012). *Die Hanse*. Alfred Kröner Verlag.

Dufft, N., Remmel, U., & Breden, T. (2018). Neues Denken für Controller. *Controlling & Management Review*, *62*(4), 34–39. https://doi.org/10.1007/s12176-018-0025-y

Ector, J. (2008). *New Three-Dimensional Fluoroscopic Imaging Applications to Support Rediofrequency Catheter Ablation Of Atrial Arrhythmias* [K.U.Leuven]. https://limo.libis.be/primo-explore/fulldisplay?docid=LIRIAS1669896&context=L&vid=Lirias&search_scope=Lirias&tab=default_tab&lang=en_US&fromSitemap=1

Einstein, A. (2013, Dezember 6). *Zitat Märchen*. www.spruchpool.de/. https://www.spruchpool.de/wenn-du-intelligente-kinder-willst-lies-ihnen-maerchen-vor/

Entscheidung über die in den technischen Harmonisierungs¬richtlinien zu verwendenden Module für die verschiedenen Phasen der Konformitätsbewertungsverfahren und die Regeln für die Anbringung und Verwendung der CE-Konformitätskennzeichnung. (1993).

Richtlinie 90/385/EWG des Rates vom 20. Juni 1990 zur Angleichung der Rechtsvorschriften der Mitgliedstaaten über aktive implantierbare medizinische Geräte, Pub. L. No. 90/385/EWG, 90/385/EWG 90/385/EWG (1990). https://eur-lex.europa.eu/legal-content/DE/ALL/?uri=CELEX:31990L0385

RICHTLINIE 93/42/EWG DES RATES vom 14. Juni 1993 über Medizinprodukte, Pub. L. No. 93/42/EWG, 93/42/EWG 93/42/EWG (1993). https://eur-lex.europa.eu/LexUriServ/LexUriServ.do?uri=CONSLEG:1993L0042:20071011:de:PDF

Verordnung (EU) 2017/745 des Europäischen Parlaments und des Rates vom 5. April 2017 über Medizinprodukte, Pub. L. No. (EU) 2017/745, (EU) 2017/745 (2017). https://eur-lex.europa.eu/legal-content/DE/TXT/?uri=celex%3A32017R0745

Fenzl, F. (1927). *Die Schule des Erfinders*. Carl Marhold Verlagsbuchhandlung.

Fibitz, A. (2019). *Wertschöpfung durch Geschäftsmodellinnovationen: Festschrift für Prof. Dr. Habil. Wolfgang Becker zum 65. Geburtstag* (S. 671–702). Springer Gabler. https://doi.org/10.1007/978-3-658-18573-2_30

Fiedler, R. (2020). *Controlling von Projekten: Mit konkreten Beispielen aus der Unternehmenspraxis – Alle controllingrelevanten Aspekte der Projektplanung, Projektsteuerung und Projektkontrolle*. https://doi.org/10.1007/978-3-658-28032-1

Fischer, T., Möller, K., & Schultze, W. (2015). *Controlling: Grundlagen, Instrumente und Entwicklungsperspektiven.* Schäffer-Poeschel.

Fleig, J. (2022). *Portfoliotechnik und Portfolioanalyse.* https://www.business-wissen.de/hb/portfoliotechnik

Freyer, R. (1994). *Lehrmaterial zur Vorlesung Biomedizinische Technik.* TU Dresden.

Friedl, G., Hofmann, C., & Pedell, B. (2022). *Kostenrechnung: Eine entscheidungsorientierte Einführung.* Vahlen. https://doi.org/10.15358/9783800668151

Frindte, W., & Geschke, D. (2019). *Kommunikationspsychologie.* Verlag Beltz.

Gemünden, H. G., & Littkemann, J. (2007). Innovationsmanagement und -controlling – Theoretische Grundlagen und praktische Implikationen. *Controlling & Management, 51*(3), 4–18. https://doi.org/10.1365/s12176-012-0171-6

Gleich, R., & Munck, J. C. (2021). Sechs Thesen zur Weiterentwicklung des Innovations-Controllings. *Controlling & Management Review, 65*(7), 8–15. https://doi.org/10.1007/s12176-021-0417-2

Gordon, W. J. J. (1961). *Synectics.* Harper.

Granig, P. (2007). *Innovationsbewertung Potentialprognose und -steuerung durch Ertrags- und Risikosimulation.* Gabler. https://doi.org/10.1007/978-3-8350-5412-7

Grupp, H. (1997). *Messung und Erklärung des Technischen Wandels: Grundzüge einer empirischen Innovationsökonomik.* Springer.

Hans Marguerre. (1991). *Bionik – Von der Natur lernen.* Siemens Aktiengesellschaft Berlin.

Hansen, F. (1965). *Konstruktionssystematik.* Verlag Technik.

Hansen, F. (1976). *Konstruktionswissenschaft.* Verlag Technik.

Heyse, V. (1984). *Grundlagen des wissenschaftlich-technischen Schöpfertums in Forschungs- und Entwicklungsprozessen.*

Heyse, V. (1993). *Berater-Toolbox „Teamentwicklung, Gruppendynamik" (DIC-Trainings- Unterlagen).*

Heyse, V. (2018). Kompetenzentwicklung 4.0 als Voraussetzung einer erfolgreichen Umsetzung von Digitalisierungsstrategien im Mittelstand 4.0. In J. Erpenbeck, S. Ortmann, & S. Coester (Hrsg.), *Mittelstand 4.0 – Eine digitale Herausforderung. Führung und Kompetenzentwicklung im Spannungsfeld des digitalen Wandels.* Waxmann.

Hildebrand, S. (1969). *Einführung in die feinmechanischen Konstruktionen.* Verlag Technik.

Hill, B. (1996). *Naturorientiertes Lernen.* Shaker Verlag.

Hill, B. (2018). *Bionik – Klimatisierung und Lüftung.* Knabe Verlag.

Hofstätter, P. (1973). *Sozialpsychologie.* Walter de Gruyter.

Höhne, G., & Koch, P. (1976). *Anwendung der Variationsmethode beim Konstruieren* (Bd. 25, S. 183–186).

Höpner, A., & Teigheder, M. (2019). *Milliarden-Wette auf die Zukunft: Siemens Healthineers übernimmt US-Firma Corindus.* https://www.handelsblatt.com/unternehmen/industrie/medizintechnik-milliarden-wette-auf-die-zukunft-siemens-healthineers-uebernimmt-us-firma-corindus/24882598.html

Horváth, P., Gleich, R., & Seiter, M. (2020). *Controlling* (14. Aufl.). Vahlen. https://www.vahlen.de/horvath-gleich-seiter-controlling/product/25337903

Hürlimann. (1974). *Probleme lösen – wie?* (Bd. 43, S. 91–99).

Innovationsökonomik. (2022). Deutsche Enzyklopädie. https://www.enzyklo.de/Begriff/Innovations%C3%B6konomik

Johann Gottfried Herder. (2021). *Johann Gottfried von Herder über Märchen*. gutezitate.com. https://gutezitate.com/zitat/223477

Kaschny, M., Nolden, M., & Schreuder, S. (2015). *Innovationsmanagement im Mittelstand—Strategien, Implementierung, Praxisbeispiele* (1. Aufl.). Springer Gabler. https://doi.org/10.1007/978-3-658-02545-8

Katzenbach, jon R., & Smith, D. (1998). *Teams. Der Schlüssel zur Hochleistungsorganisation*. Ueberreuter.

Klaus, G., & Buhr, M. (1976). *Philosophisches Wörterbuch*. Bibliographisches Institut.

Klöpffer, W. (1991). *Produktlinienanalyse und Ökobilanz—Methodische Ansätze zur rationalen Beurteilung von Produkten unter Umweltaspekten*. 3, 114-118-114–118.

Koch, P. (1983). *Ausarbeiten und Präzisieren von Aufgabenstellungen. 6*.

König, W. (1997). *Propyläen Technikgeschichte* (Bd. 4, S. 328). Ulstein Buchverlage GmbH.

Kottou, S., Kollaros, N., Dafnomili, P., Koutelou, M., Vano, E., & Neofotistou V. Tsapaki, V. (2004). *Comparison of a conventional and a flat-panel digital system in interventional cardiology procedures. 77*. https://doi.org/10.1259/bjr/83257582

Kraus, G., & Westermann, R. (2019). *Projektmanagement mit System: Organisation, Methoden, Steuerung* (6. Aufl.). Springer Gabler. https://doi.org/10.1007/978-3-658-24521-4

Krause, W. (1989). *Grundlagen der Konstruktion—Lehrbuch für Elektroingenieure* (S. 14). VEB Verlag Technik.

Kurth, J., Busch, K. H., & Busch, H. (1981). *Rechnergestützte Prinziperarbeitung in der Gerätekonstruktion* (Bd. 11, S. 492).

Kusay-Merkle, U. (2021). *Agiles Projektmanagement im Berufsalltag: Für mittlere und kleine Projekte* (2. Aufl.). Springer Gabler. https://link.springer.com/book/10.1007/978-3-662-62810-2#bibliographic-information

Kuster, J., Bachmann, C., Hubmann, M., Lippmann, R., & Schneider, P. (2022). *Handbuch Projektmanagement: Agil – Klassisch – Hybrid* (5. Aufl.). Springer Gabler. https://doi.org/10.1007/978-3-662-65473-6

Landwehr-Zloch, S. (2022). *Management und Controlling von Innovationen: Wertorientierung im Kontext von Bewertungsunsicherheit und Komplexität* (S. 1–21). https://doi.org/10.1007/978-3-658-04795-5_75-2

Lauritsch, G., Boese, J., & Kemeth, H. (2005). Towards cardiac angiographic computed tomography. *IEEE Nuclear Science Symposium Conference Record, 2005, 4*, 2350–2354. https://doi.org/10.1109/NSSMIC.2005.1596805

Lee, J. (2014). *Average cost of angiography system up 26% in June*. https://www.modernhealthcare.com/article/20141008/NEWS/310089965/average-cost-of-angiography-system-up-26-in-june

Lichtenheldt, W. (1961). *Konstruktionslehre der Getriebe*. Akademieverlag GmbH.

Linde, H. (1988). *Gesetzmäßigkeiten, methodische Mittel und Strategien zur Bestimmung von Entwicklungsaufgaben mit erfinderischer Zielstellung*.

Linde, H., & Hill, B. (1993). *Erfolgreich erfinden*. Hoppenstedt Technik Tabellen Verlag.

Lohmann, H. (1960). *Zur Theorie und Praxis der Heuristik in der Ingenieurerziehung*.

Luther, M. (1950). *Der kleine Katechismus Martin Luthers* (S. 5–8). Evangelische Verlagsanstalt GmbH.

Madauss, B. (2020). *Projektmanagement: Theorie und Praxis aus einer Hand* (8. Aufl.). Springer Vieweg. https://doi.org/10.1007/978-3-662-59384-4

Maily, A. (1929). *Grenzsteinmark* (S. 61 und 64). Reinhold-Verlag.

MCDonald, M., & Brown, L. (1994). *Competitive Marketing Strategy for Europe* (1. Aufl., S. 1). Bloomsbury Publishing PLC.

Menze, S. (2013). Projekt-Controlling mit Earned Value und Earned Schedule. *Controlling & Management Review, 57*(3), 68–76. https://doi.org/10.1365/s12176-013-0759-5

Meyer, J. U. (2017). *Die Innovationsfähigkeit von Unternehmen – Messen, analysieren und steigern* (2. Aufl.). BusinessVillage. https://www.businessvillage.de/die-innovationsfaehigkeit-von-unternehmen/eb-973.html

Michel, U. (2017). Digitalisierung der Unternehmenssteuerung: Prozessautomatisierung, Business Analytics, Big Data, SAP S/4HANA, Anwendungsbeispiele. In *Controlling digitaler Geschäftsmodelle* (S. 33–49). Schäffer-Poeschel Verlag.

Möhrle, M., & Specht, D. (2018). *Stichwort: Innovation.* Gabler Wirtschaftslexikon. https://wirtschaftslexikon.gabler.de/definition/innovation-39624/version-263028

Möller, K., Schultze, W., & Steinmann, J.-C. (2016). Innovationscontrolling. In C. P. Hoffmann, S. Lennerts, C. Schmitz, W. Stölzle, & F. Uebernickel (Hrsg.), *Business Innovation: Das St. Galler Modell* (S. 141–162). Springer Fachmedien Wiesbaden. https://doi.org/10.1007/978-3-658-07167-7_10

Möller, T. (2020). *Projektleiter/in – Pragmatischer Leitfaden für klassisches, agiles und hybrides Projektmanagement für Projektmanager/innen und alle Teammitglieder* (2. Aufl.). con-thor. http://www.pm-experten.de/downloads/e-book_Projektleiter-in_Leitfaden%20Projektmanagement_2Aufl_2020.pdf

Müller, J. (1979). *Möglichkeiten und Probleme der Entwicklung der Konstruktions-wissenschaft* (Bd. 28, S. 292–297).

Müller, M., & Deckstein, D. (2020). *Siemens riskante Milliardenwette.* https://www.spiegel.de/wirtschaft/unternehmen/siemens-uebernahme-von-varian-die-gewagte-milliarden-wette-a-b6ff2ad6-e4f0-4bf3-8232-9e05cc82ef99

Nelke, A. (2016). *Kommunikation und Nachhaltigkeit im Innovationsmanagement von Unternehmen* (1. Aufl.). Springer Gabler. https://doi.org/10.1007/978-3-658-14580-4

Nickoloff, E. (2005). *Radiology Review—Radiologic Physics.* Elesvier Saunders.

Nobach, K. (2010). Kennzahlengestütztes Risikocontrolling im Mittelstand. In G. Baier, G. Günther, G. Janke, & H. Muschol (Hrsg.), *Bewältigung von Unternehmensrisiken – Jahrbuch 2009/2010 des Instituts für Betriebswirtschaft der Westsächsischen Hochschule Zwickau* (S. 115–134). Peter Lang. https://www.peterlang.com/document/1135508

Nobach, K. (2019). Bedeutung der Digitalisierung für das Controlling und den Controller. In P. Ulrich & B. Baltzer (Hrsg.), *Wertschöpfung in der Betriebswirtschaftslehre: Festschrift für Prof. Dr. Habil. Wolfgang Becker zum 65. Geburtstag* (S. 247–269). Springer Fachmedien Wiesbaden. https://doi.org/10.1007/978-3-658-18573-2_11

Nobach, K. (2021). Projektcontrolling in der Unternehmenspraxis. In W. Becker & P. Ulrich (Hrsg.), *Praxishandbuch Controlling* (S. 1–28). Springer Fachmedien Wiesbaden. https://doi.org/10.1007/978-3-658-04795-5_72-1

Nobach, K., & Immel, C. (2017). Vom Controller zum Business-Partner bei Bosch. *Controlling & Management Review, 61*(3), 78–85. https://doi.org/10.1007/s12176-017-0044-0

Noé, M. (2017). *Mit Controlling zum Projekterfolg* (2. Aufl.). Springer Gabler. https://doi.org/10.1007/978-3-658-14799-0

Ohnesorge, B., Becker, C., Flohr, T., & Reiser, M. (2002). *Multi-slice CT in Cardiac Imaging.* Springer Verlag. https://doi.org/10.1007/978-3-540-49546-8

Osborn, A. F. *Applied Imagination-Principles and Procedures of Creative Thinking.* Scribner.

Ostwald, W. (1910). *Die Technik des Erfindens*. Akad. Verlagsgesellschaft.

Polovinkin, A. (1976). *Methoden der Suche neuer technischer Lösungen*.

Prowareness (Hrsg.). (2014). *Agile Metrics – Lassen wir die Zahlen sprechen*. http://www.prowareness.de/wp-content/uploads/2014/10/whitepaper_agile_metrics.pdf

Reich, A. (2021). *Was ist unter IP-Management zu verstehen?* www.dr-reich.com/wissenswertes/ip-management

Röhner, J., & Schütz, A. (2015). *Psychologie der Kommunikation*. Springer Verlag.

Rusch, M., Treusch, O., David, U., & Seiter, M. (2016). Industrie 4.0–Controllers Aufgaben. *Controller Magazin*, *3*, 70–79.

Ryckx, N., Sans-Merce, M., Meuli, R., Zerlauth, J., & Verdun, F. (2016). System upgrade on Philips Allura FD20 angiography systems: Effects on patient skin dose and static image quality. *Radiation Protection Dosimetry*, *169*(1–4), 313–318. https://doi.org/10.1093/rpd/ncv484

Sauerbrey, U., & Winkler, M. (2018). *Friedrich Fröbel und seine Spielpädagogik*. Verlag Fredinand Schöning.

Schallmo, D., & Brecht, L. (2017). *Prozessinnovation erfolgreich anwenden: Grundlagen und methodisches Vorgehen: Ein Management- und Lehrbuch mit Aufgaben und Fragen* (1. Aufl.). Springer Gabler. https://doi.org/10.1007/978-3-662-54504-1

Schäperkötter, H. (2022). *Grundlagen des Innovationsmanagements: Orientierung und Anregungen für Praktiker* (1. Aufl.). Springer Gabler. https://doi.org/10.1007/978-3-658-37725-0

Schastok, I., Munck, C., & Lill, P. (2018). *Steuerung agiler Teams und Organisationen: Kontinuierliche Leistungssteigerung und Anpassungsfähigkeit sicherstellen* (S. 177–192).

Schmid, A. (2019). Wirksames Projektcontrolling in Digitalisierungsprojekten. *Controlling*, *31*, 47–53. https://doi.org/10.15358/0935-0381-2019-1-47

Schmitt, M. (2013). Projektbewertung mit der Kapitalwertmethode. In A. Klein (Hrsg.), *Investitions-und Projektcontrolling* (S. 105–123). Haufe.

Schneid, H. (2017). *Siemens macht Cashcow Medizintechnik zum Börsestar*. https://www.diepresse.com/5262956/siemens-macht-cashcow-medizintechnik-zum-boersestar

Schopka, K. (2015). Controlling von hybriden Projekten—Herausforderungen und Chancen. In M. Engstler, M. Fazal-Baqaie, E. Hanser, M. Mikusz, & A. Volland (Hrsg.), *Projektmanagement und Vorgehensmodelle 2015* (S. 183–187). Gesellschaft für Informatik e.V.

Schreckeneder, B. C. (2013). *Projektcontrolling – Projekte überwachen, steuern, präsentieren* (4.). Haufe. https://shop.haufe.de/prod/projektcontrolling-buch

Schuh, G., Arnoscht, J., & Schiffer, M. (2012). Innovationscontrolling. In G. Schuh (Hrsg.), *Innovationsmanagement: Handbuch Produktion und Management 3* (2. Aufl., S. 249–349). Springer Vieweg. https://doi.org/10.1007/978-3-642-25050-7

Schuh, G., & Bender, D. (2012). Grundlagen des Innovationsmanagements. In G. Schuh (Hrsg.), *Innovationsmanagement: Handbuch Produktion und Management 3* (2. Aufl., S. 1–16). Springer Vieweg. https://doi.org/10.1007/978-3-642-25050-7

Schumpeter, J. (1961). *Konjunkturzyklen: Eine theoretische historische und statistische Analyse des kapitalistischen Prozesses*. Vandenhoeck & Ruprecht.

Schwab, G. (1959). *Die schönsten Sagen des klassischen Altertums*. Altberliner Verlag.

Schwaber, K., & Sutherland, J. (2020). *Der Scrum Guide—Der gültige Leitfaden für Scrum: Die Spielregeln*. https://scrumguides.org/download.html

Sellinger, K., Thomaschewski, D., & Völker, R. (2020). Agilitätsmanagement und Agilität im Controlling. In R. Gleich (Hrsg.), *Controlling Challenge 2025 – Agil, digital, effektiv* (S. 27–40). Haufe. https://shop.haufe.de/prod/controlling-challenge-2025

Sferrella, S. (2012, Dezember 28). *Equipment Service: Total Cost of Ownership*. Technology Management. https://www.radiologybusiness.com/topics/technology-management/equipment-service-total-cost-ownership

Sferrella, S. (2019). *Equipment Service: Total Cost of Ownership*. https://www.radiologybusiness.com/topics/technology-management/equipment-service-total-cost-ownership

Siemens. (2009). *Pressemitteilung „Siemens verkauft seinen Anteil an der Dräger Medical AG & Co. KG an Dräger"*. https://press.siemens.com/global/de/pressemitteilung/siemens-verkauft-seinen-anteil-der-draeger-medical-ag-co-kg-draeger

Siemens (Hrsg.). (2021). *Customer Advisory Council*. https://new.siemens.com/us/en/products/automation/process-analytics/customer-advisory-council.html

Siemens Healthineers. (2013, Mai). *Options and Upgrades*. https://www.siemens-healthineers.com/medical-imaging/medical-imaging-options-upgrades/options-and-upgrades-portfolio

Siemens Healthineers baut Standort Forchheim aus. (2021). https://med-eng.de/2021/11/02/siemens-healthineers/

Snopek, A. (2006). *Fundamentals of Special Radiographic Procedures*. Sounders Elsevier.

Stifterverband (Hrsg.). (2022). *Forschung und Entwicklung in der Wirtschaft 2020*. https://www.stifterverband.org/fue-facts-2020

Sustainability Report 2021. (2021). https://corporate.webassets.siemens-healthineers.com/e585979ac3319b35/1ba3d260915b/Siemens-Healthineers_Sustainability-Report_2021.pdf

todaysmedicaldevelopments.com. (2012, Oktober 9). *St. Jude Medical Announces Launch of Its MediGuide Technology*. Today's Medical Developments. https://www.todaysmedicaldevelopments.com/article/st-jude-mediguide-technology-100912/

Trommer, H. (1966). *Deutsche Heimatsagen* (S. 93–96). Der Kinderbuchverlag Berlin.

Ulrich, P., & Rieg, R. (2020). Agilität in Projektmanagement und Projektcontrolling – Ergebnisse einer empirischen Studie. *Die Unternehmung, 74*, 187–215. https://doi.org/10.5771/0042-059X-2020-2-187

Vahs, D., & Burmeister, R. (2005). *Innovationsmanagement: Von der Produktidee zur erfolgreichen Vermarktung (2005)*. Schäffer-Poeschel.

Vahs, D., & Burmester, R. (2005). *Innovationsmanagement: Von der Produktidee zur erfolgreichen Vermarktung*. Schäffer-Poeschel.

VERORDNUNG (EG) Nr. 765/2008 DES EUROPÄISCHEN PARLAMENTS UND DES RATES über die Vorschriften für die Akkreditierung und Marktüberwachung im Zusammenhang mit der Vermarktung von Produkten und zur Aufhebung der Verordnung (EWG), (2008). https://eur-lex.europa.eu/legal-content/DE/TXT/?uri=CELEX:32008R0765

von Goethe, J. W. (1953). *Faust*. Verlag Ohilipp Reclam.

von Schlötzer, K. (1851). *Die Hansa und der Deutsche Ritterorden in den Ostseeländern / Verfall und Untergang der Hansa und des Deutschen Ordes in den Ostseeländern*. BMA-Verlag Wiesbaden.

Wanner, R. (2018). *Scrum – Agiles Projektmanagement und Scrum erfolgreich anwenden*. DASsachbuch.

Weis, B. X. (2022). *Praxishandbuch Innovation Leitfaden für Erfinder, Entscheider und Unternehmen* (1. Aufl.). Gabler. https://link.springer.com/book/10.1007/978-3-8349-3778-0#bibliographic-information

Werner Gruner – Leben & Werk. (2005). Verlag Redieck & Schade.

Wobser, G. (2022). *Agiles Innovationsmanagement: Dilemmata überwinden, Ambidextrie beherrschen und mit Innovationen langfristig erfolgreich sein* (1. Aufl.). Springer Gabler. https://doi.org/10.1007/978-3-662-64515-4

Wonneberger, K. (2014). *Siemens will Krankenhaus-IT an Cerner verkaufen*. https://www.nordbayern.de/region/erlangen/siemens-will-krankenhaus-it-an-cerner-verkaufen-1.3815060

Wurzer, A. J., Grünewald, T., & Berres, W. (2016). *Die 360° IP-Strategie*. Verlag Franz Vahlen GmbH.

Zirkler, B., Nobach, K., Hofmann, J., & Behrens, S. (2019). *Projektcontrolling: Leitfaden für die betriebliche Praxis* (1. Aufl.). Springer Gabler. https://doi.org/10.1007/978-3-658-23714-1

Zwicky, F. (1989). *Entdecken, Erfinden, Forschen im morphologischen Weltbild*. Verlag Baeschlin.

Printed by Printforce, the Netherlands